积极职业教育研究丛书　　丛书主编◎崔景贵

积极职业教育范式
导　论

崔景贵◎著

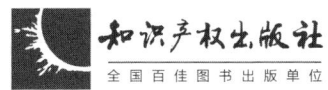

知识产权出版社
全国百佳图书出版单位

图书在版编目（CIP）数据

积极职业教育范式导论/崔景贵著. —北京：知识产权出版社，2016.4
ISBN 978 – 7 – 5130 – 3995 – 6

Ⅰ. ①积… Ⅱ. ①崔… Ⅲ. ①职业教育—研究 Ⅳ. ①G71

中国版本图书馆 CIP 数据核字（2016）第 001203 号

内容提要

积极是现代职业教育发展的新意蕴、新理念和新范式。积极职业教育意在"让每一个人都有人生出彩的机会"，是促进和引领职校生成长、成人、成才的"希望工程""阳光工程"和"幸福工程"。本书从职校生心理研究视角，探索积极职业教育范式的思想智慧和理论基础，探讨积极职业教育范式的实践策略和建构路径。本书主张积极读懂当代职校生的心理状态、心理特征与心理需求，积极引导职校生的心理潜能、心理优势与心理资本，理性把握职校生心理发展与积极职业教育的关系，深刻理解加快发展现代职教的新机遇和新挑战，深入推进职业教育改革创新实践，用心做好真正优质的积极职业教育，科学建构富有中国特色和风格的积极职业教育范式。

本书是国内第一本研究积极职业教育的论著。教育思想先进，学术视野开阔，理论联系实际，理念指导实践，职教特色鲜明，富有前瞻性、系统性、原创性和科学性。

责任编辑：冯 彤　　　　　　　　责任校对：谷 洋
装帧设计：张革立　　　　　　　　责任出版：刘译文

积极职业教育范式导论

崔景贵 著

出版发行：知识产权出版社有限责任公司	网 址：http://www.ipph.cn
社 址：北京市海淀区西外太平庄 55 号	邮 编：100081
责编电话：010 – 82000860 转 8386	责编邮箱：fengtong@cnipr.com
发行电话：010 – 82000860 转 8101/8102	发行传真：010 – 82000893/82005070/82000270
印 刷：北京嘉恒彩色印刷有限责任公司	经 销：各大网上书店、新华书店及相关专业书店
开 本：787mm×1092mm 1/16	印 张：20.75
版 次：2016 年 4 月第 1 版	印 次：2016 年 4 月第 1 次印刷
字 数：314 千字	定 价：58.00 元

ISBN 978 -7 -5130 -3995 -6

目　录

第一章　追寻积极：现代职业教育发展的理念、内涵与范式 ………… （1）

　　一、走近积极理念：现代职业教育兴起的时代意蕴 ……………… （1）

　　二、走进积极内涵：现代职业教育实践的"新常态" …………… （6）

　　三、走向积极范式：现代职业教育发展的希望之路 …………… （11）

　　本章小结 ……………………………………………………… （14）

第二章　积极视野：现代职业教育人才培养的特质、策略与战略 … （15）

　　一、现代职业教育技术技能人才的心理特质 …………………… （15）

　　二、现代职业教育技术技能人才培养的心理策略 ……………… （20）

　　三、现代职业教育技术技能人才培养的积极战略 ……………… （24）

　　本章小结 ……………………………………………………… （32）

第三章　积极内核：现代职业教育范式的特征、范畴与功能 ……… （33）

　　一、现代职业教育范式的基本特征 ……………………………… （33）

　　二、现代职业教育范式的基本范畴 ……………………………… （38）

　　三、现代职业教育范式的基本功能 ……………………………… （44）

　　本章小结 ……………………………………………………… （49）

第四章　积极导向：现代职业教育范式的区域建构与实践 ……… （50）

　　一、着力建构以提高质量为导向的现代职业教育范式 ………… （50）

　　二、加快建构以促进就业为导向的现代职业教育范式 ………… （56）

三、科学建构以服务发展为导向的现代职业教育范式 ············ (65)

　　本章小结 ·· (78)

第五章　积极语境：改革创新进程中的积极职业教育范式 ·········· (79)

　　一、积极理解改革创新视域中的现代职业教育范式 ············ (79)

　　二、基于改革创新视野理性把握积极职业教育范式 ············ (86)

　　三、推进改革创新，打造积极职业教育范式共同体 ············ (93)

　　本章小结 ·· (98)

第六章　积极诠释：积极职业教育范式的基本理念与建构策略 ······ (99)

　　一、积极职业教育范式的思想渊源 ·························· (99)

　　二、积极职业教育范式的基本理念 ························· (102)

　　三、积极职业教育范式的建构策略 ························· (106)

　　本章小结 ··· (108)

第七章　职校生心理发展与积极职业教育的心理策略 ············· (109)

　　一、促进职校生心理发展是积极职业教育的核心目标 ········· (109)

　　二、树立促进职校生心理发展的积极职业教育新观念 ········· (113)

　　三、科学建构积极职业教育范式的心理策略 ················· (115)

　　本章小结 ··· (120)

第八章　职校生心理特征与职校积极德育范式 ··················· (121)

　　一、积极认识职校生心理发展的基本特征 ··················· (121)

　　二、职校德育工作的时代内涵与创新提升 ··················· (123)

　　三、职校积极德育范式的系统变革与建构 ··················· (130)

　　本章小结 ··· (134)

第九章　职校生心理状态与职校积极生命教育 ··················· (136)

　　一、职校生生命教育的心理意蕴与教育回归 ················· (136)

　　二、积极心理学取向的职校生生命教育 ····················· (143)

　　三、职校建构积极生命教育范式的基本策略 ················· (149)

　　本章小结 ··· (155)

第十章　职校生心理潜能与职校积极心理教育 …………………（156）

　　一、现代职教视域中的职校生心理潜能 …………………（156）

　　二、职校心理教育与脑科学相关研究 ……………………（162）

　　三、基于脑科学进展的职校积极心理教育策略 …………（166）

　　本章小结 ……………………………………………………（176）

第十一章　职校生心理资本与职校积极人格教育 ……………（178）

　　一、现代职教视域中的职校生心理资本 …………………（178）

　　二、积极促进职校生心理资本的系统开发 ………………（183）

　　三、职校实施积极人格教育的基本策略 …………………（186）

　　本章小结 ……………………………………………………（195）

第十二章　职校生心理优势与职校积极个性教育 ……………（197）

　　一、现代职教视域中的职校生心理发展优势 ……………（197）

　　二、职业倾向测试：职校生职业生涯发展的"助推器" …（199）

　　三、引导职校生心理优势发展的积极职业教育策略 ……（207）

　　本章小结 ……………………………………………………（209）

第十三章　职校生青春期心理与积极职业教育管理 …………（211）

　　一、职校生青春期心理的表征与特征 ……………………（211）

　　二、青春期教育是职校积极职业教育管理的重要课题 …（219）

　　三、青春期职校生心理的教育管理智慧与艺术 …………（220）

　　本章小结 ……………………………………………………（223）

第十四章　职校问题学生心理与积极职业教育管理 …………（225）

　　一、职校问题学生的心理分析与教育反思 ………………（225）

　　二、积极职业教育：有效转化职校问题学生的实践智慧 …（230）

　　三、倡导心本管理：积极引导职校问题学生的心理策略 …（235）

　　本章小结 ……………………………………………………（238）

第十五章　职校生早恋心理与积极职业教育管理 ……………（240）

　　一、职校生早恋的理性心理解读 …………………………（240）

二、职校生早恋的心理特征与成因 …………………………… (246)

三、职校生早恋的积极教育管理策略 ………………………… (251)

　本章小结 ……………………………………………………… (256)

第十六章　职校生专业学习心理与职校积极课堂教学 ………… (258)

一、职校生专业学习的消极心理与原因分析 ………………… (258)

二、心理学视野中的职业教育行动导向教学范式 …………… (262)

三、职校积极课堂教学范式建构的基本策略 ………………… (274)

　本章小结 ……………………………………………………… (280)

第十七章　职校生技能竞赛心理与职校积极辅导训练 ………… (281)

一、职校生技能竞赛的心理问题与症结 ……………………… (281)

二、职校生技能竞赛心理辅导的积极策略 …………………… (288)

三、职校生技能竞赛心理训练的积极策略 …………………… (296)

　本章小结 ……………………………………………………… (310)

结语　读懂职校生心理，做专业卓越的积极职业教育实践者 ……… (311)

一、读懂职校生心理：积极职业教育实践的逻辑起点 ……… (311)

二、为积极而教：用心做积极职业教育实践的开拓者 ……… (314)

　本章小结 ……………………………………………………… (317)

主要参考文献 ……………………………………………………… (318)

后　记 ……………………………………………………………… (321)

第一章

追寻积极：现代职业教育发展的理念、内涵与范式

　　我国经济社会发展进入转型发展、结构调整的新阶段，理性认识和科学引领经济社会发展的"新常态"，成为现代职业教育科学发展的新逻辑、新起点、新使命。积极适应和引领经济社会发展的新挑战，现代职业教育该做怎样的战略选择和积极应对？面临教育改革创新的新机遇、新跨越，现代职业教育应当从哪里出发？走到哪里去？又该如何走？这些问题需要我们认真思考和回答。加快发展现代职业教育要有新思想、新范式，追寻积极的改革创新必将成为现代职业教育发展的新抉择、新征程。我们要自觉探寻现代职业教育发展的逻辑起点和时代内涵，深刻理解和全面把握现代职业教育的积极理念、实践内涵和建构路径。

一、走近积极理念：现代职业教育兴起的时代意蕴

　　积极是加快发展现代职业教育的重要取向，现代职业教育致力于追求积极和谐的发展变化。积极作为一种全新的发展理念和前行方向，为深化现代职业教育改革提供了一个广阔的创新视角与研究取向。加快发展现代职业教育，我们要理性认识和充分把握其追寻积极的价值意蕴。

（一）积极是现代职业教育的价值根基

　　积极心理学是当今社会转型发展的必然要求。积极心理学对人性有更

科学的理解与认识，它关注人们幸福的获得、潜能的发挥，致力于建构积极和谐的组织与社会，体现出对人类未来命运的理性思考，流露出浓厚的人文关怀，散发出强烈的时代气息。❶ 积极心理学充分体现以人为本、与人为善的思想，提倡积极人性论，它消解了传统主流心理学过于偏重问题的片面性，真正恢复了心理学本来应有的功能和使命，体现一种社会意义上的博爱和人性。❷ 积极心理学的诞生与兴起，不仅是丰富发展心理学的理论基础，而且是更加关注人类社会的发展；不仅是实现个体个人的幸福，而且也是为更广泛意义的人类福祉。❸

积极心理学的出现，必然对现有的职业教育产生影响。只有塑造积极的生活、生命与生存状态，才能夯实现代职业教育实践的基础。建设和谐社会、家庭和校园，需要培育自尊自信、理性平和、积极向上的心态，更需要创新变革的现代职业教育。这种思想必将拓宽现代职业教育工作者的发展视野，促使他们把积极心理学的思想、理论与自身的教育教学实践紧密结合，从而努力建构更加科学的、人性的现代职业教育范式——积极职业教育。如果现代职业教育能应用积极心理学的思想与技术，集中力量发现和发掘人的积极的本性，而人又能在社会转型和教育改革中表现出充分的积极，那么，现代职业教育在推动社会和谐发展方面就能做出更大的贡献。因此，在追求社会和谐与教育幸福的当今时代，追寻积极意蕴的现代职业教育就具有特别重要的现实意义。

积极是现代职业教育的心理意蕴。中国社会正在进入"心理人"的时代，更加呼唤培养积极乐观的现代"心理人"。现代职业教育是建构与重构职校生心理资本的实践过程，是引导与促进职校生心理发展的服务过

---

❶ 崔丽娟，张高产．积极心理学研究综述——心理学研究的一个新思潮［J］．心理科学，2005，28（2）：402－405.

❷ 宁娟，陈虎强．积极心理学的心理学意义与教育学价值［J］．当代教育论坛（综合研究），2010（7）：46－47.

❸ 苗元江，余嘉元．积极心理学：理念与行动［J］．南京师大学报（社会科学版），2003（2）：81－87.

程，是优化与提升职校生心理状态的创新过程。❶ 现代职业教育要把握积极的心理视角，努力发现职校生的心理优势，发掘心理潜能，增创心理资本，促进心理和谐，引导心理成长，优化心理发展。追寻积极的现代职业教育，主张一切从"心"出发，回到学生的心理世界，促进其积极和谐发展，把诚实、习惯、责任、感恩、爱心、自尊、成就等积极心理品质的养成，作为现代职业教育的核心内容，提高职校学生心理免疫力和抵抗力，使职校学生富有乐观希望感、拥有坚韧自信心。

积极是现代职业教育的教育意蕴。积极是职业教育的一种发展目标和理想信念，是职业教育的一种价值取向和意义追求，是职业教育的一种智慧实践和工作路径。现代职业教育主张用积极的心态对人的心理现象与问题进行解读，诠释和解决当前职业教育的危机、矛盾、冲突和困惑，从而激发职校师生自身内在的积极品质。可以说，现代职业教育的出发点与着力点，均指向于职校生的心理潜能与积极优势，更多关注积极的人性；倡导现代职业教育教学过程的积极情绪情感体验；对职业院校教育教学出现的问题现象和职校生的问题行为进行积极的专业解释，予以积极的认知与评价，实现积极有效的教育目标。

积极是现代职业教育的职业意蕴。追寻积极的现代职业教育，要注重突出职业精神和职业素养教育，推动产业文化进职教、企业文化进校园、职业文化进课堂，实现职业教育生源与资源的合理配置，为学生多样化选择、多路径成才搭建"立交桥"。通过科学规范的职业倾向测试引导学生充分开发职业心理资源，将学生潜在的职业心理能力纳入职业院校招生与职业资格选拔范畴，在职业教育中注重激发、培养学生的职业兴趣、职业动机、职业情感、职业意志，增强学生的职业学习认知能力和职业实践能力，加强敬业守信、精益求精等职业精神教育，着力把学生培养成为有职业专长、具有职业信念、职业人格完善的高素质技术技能人才是现代职业

❶ 崔景贵. 培养技术技能人才：加快发展现代职业教育的理念与战略 [J]. 中国职业技术教育，2014 (21)：180 - 183.

教育改革发展的重要内容❶。

积极是现代职业教育的幸福意蕴。现代职业教育可以解读为促进职校师生全面和谐发展的幸福教育。追求幸福、创造幸福、共享幸福,现代职业教育应当先行。幸福既是一种素养亦是一种能力,它与积极教育有关。基于积极心理学研究我们可以得出结论:幸福教育应该开展,而且必须在职业学校开展。当然,并不是说什么样的职业教育都可以培养出幸福的人,只有幸福的职业教育才可以培养出幸福的人,让人感受到职业教育带来的幸福。职校学生拥有幸福生活,职校教师收获职场幸福,职业学校教育才是幸福的现代教育。在幸福生活中开展职业教育,在职业教育中分享生活幸福;在幸福教育中创新职业教育,在职业教育中创造幸福教育。让幸福理念走进职业学校,让幸福教育浸润职业学校,让幸福能力造福职业学校,让每一个职校学生和教师和谐幸福地生活!

(二) 积极是现代职业教育的基本理念

尊重差异、开放包容、重视平等、推崇创新、倡导个性的教育理念,已成为现代职业教育的思想基础和基本主张;而人性化、人格化、人力化和人生化的价值取向,已成为现代职业教育发展的基本特征。积极职业教育主张以积极的态度重新解读职业教育,形成积极的职业教育理念,采取积极的职业教育行动,激发和引导职校学生积极求知并获得积极的情感体验,培养职校学生积极的人性品质、人格特征、人力资源与人生态度。

现代职业教育是积极人性教育。积极心理学认为,人人都有积极的心理潜能,都有自我向上的成长动力,对人性要坚持积极的价值追求和评价取向,重视和加强人自身的积极因素和潜能的开发,以人固有的、实际的、潜在的和具有建设性的力量、美德和善端为出发点❷。因此,现代职业教育将任务重点放在培养学生内在积极心理品质和开发心理潜能上,努力实现由"补短补差教育"向"扬长扬优教育"、"听话服从教育"向

---

❶ 刘星期,郑艳,安东. 职业心理资源开发:现代职业教育发展的重要理念 [J]. 教育发展研究,2013 (1):73-75,80.

❷ 苗元江,余嘉元. 积极心理学:理念与行动 [J]. 南京师大学报 (社会科学版),2003 (2):81-87.

"习惯责任教育"、"分数升学教育"向"能力人格教育"、"批评惩罚教育"向"赏识激励教育"的根本转变。毫无疑问，从"问题消解教育"变为"潜能优势教育"，是我国现代职业教育发展的范式转型和自我超越。

现代职业教育是积极人格教育。现代职业教育致力于培养学生获得健康健全的积极人格，成为一个真正意义上的职场人，一个人格健全大写的现代人，而不是作为一个只会读书或考试的"机器人"，不是只会动手操作的"技术动物"。反思当下的职业教育，恰恰在这些最重要的方面，走向了积极职业教育的反面。培养出来的学生，从教室、实验室到寝室，从课堂、课桌到课本，从对口升学考试、职业技能考试到求职入职考试，被"传道"、被"授业"或被"解惑"，被实地实践、被实习实训、被就业择业，不知不觉间，丢失的是健康快乐，迷失的是自信自尊，消失的是人心人品。如果职校生失去了积极乐观，失去了自主自立，能够指望他们走上工作岗位之后，成为充满自信心而快乐工作的职场人，成为富有责任感而幸福生活的国家公民吗？

现代职业教育是积极人力教育。人的资源体现就是人力。在人类一切资源中，人力资源最为宝贵。人力资源中的人力是指在社会经济活动中发挥主观能动性作用的人的各种具体力量的总称。人力的构成有体力、智力、知识与技能四大要素。现代职业教育是提高人力资本最基本的主要手段，而人力资本的核心是提高人口质量与素质，唯有教育才能使人成为符合企业或用人单位期待的职业人才。显而易见，现代职业教育是国民教育体系和人力资源开发的重要组成部分，是广大青年打开通往成功成才大门的重要途径，它肩负着积极培养多样化人才、积极传承技术技能、积极促进就业创业的重要职责。

现代职业教育是积极人生教育。现代职业教育要培养高素质劳动者和技术技能型人才，就要注重培养积极的心态、智慧的心智、和谐的心灵，让每一个职校学生成为最好的自我，让每一个职校学生拥有阳光的个性，让每一个职校学生享有幸福的人生❶。现代职业教育旨在让每一个人都有

---

❶ 崔景贵. 职校生心理教育论纲［M］. 北京：科学出版社，2013：297－313.

人生出彩的机会，就要让每一个职校学生都能找到适合自己的成才道路，让每一个职校学生都能成为服务社会的有用之才，让每一个职校学生都能把握成就人生的发展机会。让每个人学会创造幸福、分享快乐，最大限度发掘自身潜能和发挥智能优势，保持最佳的生命与生活状态，追求精神充实、卓越精彩的积极人生。

目前，我国现代职业教育正处于加快发展、创新实践的关键阶段，前景广阔，大有可为。我们相信，在积极职业教育这一新兴的领域，中国职业教育工作者将站在科学研究与实践应用的前沿，发出现代职业教育创新发展的中国好声音、最强音，大力推动现代职业教育走向积极、走进积极。

二、走进积极内涵：现代职业教育实践的"新常态"

追寻积极是现代职业教育实践的"新常态"和新姿态。积极已成为我国现代职业教育教学改革中使用最广泛的词汇之一，但人们对积极职业教育内涵的认识和理解却是众说纷纭、莫衷一是❶。笔者认为，积极职业教育就是一切从"积极"出发，即用积极的视角发现和解读各种教育现象，用积极的内容和途径培养积极乐观的心态，用积极的管理服务激发积极的情感过程体验，用积极的反馈强化积极的教育效果，用积极的态度塑造积极向上的人生，从而为和谐社会、校园和家庭建设奠定积极的心理基础和精神状态。在职业教育探索历程中，积极开始从职业教育思想的"边缘"，逐步进入现代职业教育实践行动的"中心"，这必将成为我国职业教育具有里程碑意义的最重要的变革之一。

（一）积极职业教育是现代职业教育的创新发展

积极职业教育倡导，职业教育要深入系统地研究科学促进现代人的心理发展，关注人性的积极方面。现实的职业教育好像用作消防的"灭火器"一样，针对职校生的个性弱点或发展问题，而不是发掘和激励职校生

---

❶ 陈振华. 积极教育论纲［J］. 华东师范大学学报（教育科学版），2009（3）：27－39，68. 任俊. 西方积极教育思想探析［J］. 外国教育研究，2006（5）：1－5.

的潜能、优点和特长。职校老师心中的学生、家长眼里的儿女，似乎永远都不够努力上进、不够勤奋刻苦、不够坚定坚持，没有目标、没有方向、没有志向。许多职校老师关心的是班级里的问题学生或问题现象，而不是有特色的班级文化、有兴趣特长或特殊才能的学生；关注的是帮助学生补好考试成绩最差的一科，而不是最擅长的科目。几乎所有职业教育工作者都在集中力量、想方设法解决问题，而不是去发现优点、发掘潜能、发挥优势。人人都有这样的想法，那就是：只要能改正职校学生的缺点，他们就会变得更优秀、更可爱；只要能改正学校的缺点，这所职业学校就会更优质、受欢迎。遗憾的是，这种主观臆断和简单推断是难以立足的。只注意改正一个人或一所学校的缺点或缺陷，而不注重发挥它的优点与优势，只能造就四平八稳的平庸之人，或者毫无特色的职业学校。因此，现代职业教育管理应改变这种偏向问题解决的价值取向，把工作重心放在挖掘培养学生固有的积极潜能与力量上，通过培育或扩大职校学生的积极优势而引导学生真正成为健康快乐、幸福生活的现代人。

积极职业教育是对前期集中于问题研究的病理式传统职业教育的反动和变革。从20世纪80年代算起，中国现代职业教育至今已有30多年的发展历史。遗憾的是，职业教育管理学的教材，职业院校开设的德育课程，大多是以"问题"为导向，罗列出职校生在学习生活、交往娱乐或就业创业中出现的诸多"问题"，对这些问题现象及症结进行全面深入探讨，尽力找出彻底消除或解决这些问题的建议、对策与实用技巧。这种问题取向的职业教育陷入一个深层次误区，即把没有问题简单等同于健康发展，把问题解决当成实现职业教育的育人目标。事实上，解决问题只是职业教育的基础目标之一。更需要反思的是，这种"问题诊断式"或"障碍治疗式"职业教育关注的基本是人性和社会的消极因素，渲染和传播的是消极的人生体验。当今职业教育最缺乏的就是精神昂扬、充满活力、体验幸福的价值取向和与之相应的内容形式。而这正是积极职业教育的实践优势和理想追求所在。

积极职业教育是对现实职业教育和消极职业教育的批判与反思。消极与积极是两种不同目标指向的职业教育实践路径与工作范式。现实职业教育最大的实践误区就是消极的价值取向。消极取向的职业教育管理秉持问题心理视角，认为教育是对职校学生存在问题的惩罚、干预、补救、矫正与治疗，将职业教育工作的重心指向关注心理缺陷，解决心理冲突，诊断心理矛盾，治疗心理障碍，干预心理危机，应对心理变态。消极职业教育表现为消极的教育人性观、消极的教育目标观、消极的教育管理方式、消极的课堂教学形式、消极的沟通交流语言、消极的职校师生关系、消极的学生评价方式。其实，消极现象的消除并不意味职业教育问题的有效解决和彻底根除，更不是积极品质的自然显现或悄然出现。而积极职业教育强调，要用积极理性的方式对职业教育或职业院校存在的问题做出适当的解释，并从中获得积极的意义与启示❶。

在这里，需要特别指出的是：借鉴积极心理学与积极教育思想，推进我国现代职业教育的积极转型，绝不是搬用套用西方职业教育的专业人才模式取代现有的职业学校教育，而是超越陈旧的传统职业教育与消极的现实职业教育，建构符合时代要求与社会期盼的新型现代职业教育。

（二）积极职业教育是现代职业教育的主导形式

一种职业教育范式富有引导力和影响力，不仅在于它的理论阐释深刻精辟，更在于它能推动现代职业教育教学实践的变革。积极职业教育主张从积极的优势视角入手，以积极的教育价值取向，用积极的内容、过程和方式，以积极的理念和行动，激发和引导学生积极主动获取从事职业或生产劳动所需的知识和技能，培养和塑造富有职业道德操守、坚韧精神、充满希望感和自信心的现代人。那么，积极职业教育如何成为当今职业教育教学的主流思想与主导形式？

第一，树立现代化教育思想。现代职业教育要以服务发展与促进就业创业为导向，实现由"消极教育"向"积极教育"的转型，建构高素质技术技能型人才大量涌现的积极职业教育，就必须超越传统的"三中心"（教材中心、教师中心、课堂中心）教育思想的羁绊，实现现代职业教育

---

❶ 崔景贵. 职校问题学生心理与积极职业教育管理［J］. 中国职业技术教育，2012（33）：53 - 59，68. 人大复印资料《职业技术教育》2013 年第 3 期全文转载。

思想观念的再建与重构。为此，现代职业教育应推动思想的三个切实转变：在职教主体观上，从"教师中心地位"转向"学生主体地位"；在职教价值观上，从"获得知识技能证书"转向"追求幸福人生"；在职教过程观上，从"课堂讲授灌输"转向"行动导向建构"。果真如此，职业教育改革创新的活力将不断迸发，人人皆能成才、个个尽展其才的现代职业教育梦想将不再遥远。

第二，实现整合化教育目标。现代职业教育的目标是努力让每一个人都有人生出彩的机会。掌握知识技能不再是职业教育的唯一目的，现代职业教育的最高目的是通过系统的教育过程来培养学生的核心职业能力，健全学生的现代人格，获得有意义的幸福人生。立足于当今社会对高素质劳动者和技术技能型人才的新期待，积极职业教育提出在未来社会生存与发展的"核心能力观"，培养的高技术技能型人才必须具备五种能力，即终身学习能力、实践创新能力、团队合作能力、就业创业能力和幸福生活能力。

第三，注重生命化教育内容。现代职业教育应该承担起拯救生命、唤醒生命意识的教育责任和使命，努力引导和促进职校生夯实生命、丰富生命、灿烂生命。积极职业教育以"基于生命，为了生命，促进生命"为理念，更加重视积极的幸福教育、人格教育、生活教育、实践教育和心理教育，重点是激发职校生的生命活力、提高生命质量，即积极的生命态度、积极的生命体验、积极的生命价值、积极的生命潜能，突出培养职校生强烈的社会责任感、精湛的专业实践技能、优良的职业文明习惯与高尚的职业道德精神。

第四，建构活动化教学方式。积极职业教育以建构主义教学论为指导，对传统课堂教学形式进行改造，主张营造具有活动性的课堂文化与环境，民主平等的师生关系；追求学生心理、教学内容、思维空间、教学结果的开放；创设由生活化课程、情境化教学、个性化作业等组成的行动性教学环境和条件❶。积极职业教育的教学过程，要把作为职场工作任务转

---

❶ 崔景贵，杨治菁. 职校生专业学习心理与职校积极课堂教学的建构 [J]. 职教论坛，2015（7）：15 – 19.

化为学生学习情境的目标任务，形成以合作学习、情境体验、问题探究、实践活动为形式的四类教学范型❶，力争使课堂教学丰富多彩，课堂互动形式多样，使学生的学习过程主体地位更加彰显。

第五，倡导心本化教育管理。积极职业教育要秉承以人为本、与人为善、助人自助、育人至上等理念，实现从"严格管理"到"热心服务"、从"全程控制"到"平等沟通"、从"要求人努力尽力"到"全员用心育人"的转变，将职业学校管理从过去主要服务于学校就业率提高的竞争转向服务于学生发展核心竞争力的提升，建立以心本与人本和谐管理为核心的现代学校管理制度等。与此相适应，职业教育管理方式应从标准化科学管理走向心本化人性管理，从人治式制度管理走向法治化校园治理，从计划性行政管理走向市场化自主管理等。

第六，实施多元化教育评价。基于积极的视角，积极职业教育的评价策略是倡导多元、尊重差异，注重发掘发现学生的学业潜能，激励学生形成专业智能和职业技能的优势。传统职业教育评价的弊端集中表现在用"一把尺子"来评价所有的学生。多元评价就是要改变过去扼杀学生个性的标准化教育评价模式，促进和保障学生多样化和个性化的发展。为此，积极职业教育要建立包括教师发展性评价，教师和学生课堂表现评价，由自主设计作业、开放式作业、实践性作业组成的学生学科评价，由档案袋评价、反思日记评价、成果展示评价等组成的学生综合素质评价模式等❷。

作为现代职业教育发展的一种新范式，积极职业教育由以上六个方面构成了完整体系的基本框架，对传统或现实的消极职业教育具有变革性的意义。加快发展现代职业教育，就要在探索培养现代技术技能人才的进程中反思理论基础，审视科学依据，着力为中国职教改革创新实践资鉴，为职校学生幸福人生奠基，科学建构职业教育现代化进程中的积极范式。

---

❶ 心理与特殊教育研究中心课题组 孟万金，王新波，张冲. 中国学校积极心理健康教育实验与推广 [J]. 中国特殊教育，2011 (9)：8 - 15. 孟万金. 和谐社会呼唤特殊儿童积极心理健康教育 [J]. 中国特殊教育，2008 (4)：7 - 10.

❷ 朱小蔓. 创新教育研究的奠基之作——读张志勇主编的《创新教育书系》[J]. 中国教育学刊，2006 (9)：9 - 12.

三、走向积极范式：现代职业教育发展的希望之路

在某种意义上说，"转型"是概括21世纪我国现代教育改革价值诉求的最恰当的词汇之一❶。加快发展现代职业教育，要在育人的认识转向、过程转换、路径转轨和角色转变等方面追寻积极取向，着力从消极的教育误区走向积极职业教育范式。推动现代职业教育快速转型、积极建构，就要正确认识新常态，牢牢把握新常态，顺势而为、乘势而上，以积极的新状态、新姿态主动适应新常态，以积极的新作为、新举措推动引领现代职业教育的创新发展。

（一）认识转向：坚信现代职业教育价值的积极取向

现代职业教育工作者追求积极卓越，实现专业出彩，要坚持专业学习导向，善于把握专业视窗，深化专业实践，充分展示现代职教课程教学的专业特质、职校教师的专业素质、职教实践的专业气质和职教活动文化的专业品质，加快职业教育思想观念与知识技能更新，全面提高教育教学管理服务能力，把心思心智放在自我专业发展上，把精力用在现代职业教育改革创新上，自觉把服务职校生心理和谐发展作为最大担当，始终把职校生人生幸福的期盼放在最高位置；坚持行动发展导向，积极关注职业教育实践的发展目标、师生反映迫切的心理需求，着力创造职教最优化的"最近发展区"，面向就业创业市场动向，面向全体学生发展前景，面向企业行业实践需求，加强职校基层教学组织、基础管理系统与基本功建设，贯通畅通开展积极职业教育服务的"最后一公里"。

（二）过程转换：坚持现代职业教育体系的积极变革

面对积极实践的"新常态"，现代职业教育工作者必须科学判断形势，把握变化规律，打破传统思想和常规观念，与时俱进、创新思维，充分发挥主观能动性，以变应变、以新求变，绝不能谨守常规、墨守成规。现代职业教育要赢得更大的发展空间，要坚持产教融合、校企合作，坚持工学

---

❶ 田慧生．范式转型：当代中国教育的主题词——《创新教育书系》为中国教育范式转型提供了什么［N］．中国教育报，2005-04-28.

结合、知行合一，重要的着眼点是四个方面：创新人才培养模式是关键、校企有效合作要进入"深水区"、对现行教学内容和方法进行范式变革、提高职业院校教师素质是"重中之重"❶。职校要在经济建设发展大局和新常态格局中理性定位、积极定位，善于把握新视野、寻求新突破，勇于建构新理念、扮演新角色，创造新优势、做出新贡献，谋求新作为、谱写新篇章，着力建设富有特色的职业技术学校，努力办好让人民满意的现代职业教育。

（三）路径转轨：坚固现代职业教育内涵的积极行动

加快发展现代职业教育，必定更加强调体系建设、育人为本、特色办学、内涵提升和质量提高❷。培养高素质技术技能人才、建立职业教育国家制度、创新现代技术技能人才培养模式、配置现代职业教育优质资源、重塑现代职业教育运行机制、构建现代职业教育评价体系，是现代职业教育的六个"新内涵"。现代职业教育要真正走向积极，我们必须重视坚持积极的职业教育价值取向，自觉实现职业教育思想观念的重要转变，重点变革职业教育发展范式，优化职教人才培养模式重心，自觉担负培养高素质技术技能人才重任，注重立足校本行动研究的实践创新。职校校长要立志做追求卓越、名副其实的现代职业教育家，用积极的心态、认知和情感面对困难、困境和困惑，自主把握人生出彩的机会和跨越挑战的机遇，真正走好适合自己的专业发展道路，用心学做人格大写、专业卓越的积极职教引路人、领航人。

（四）角色转变：坚定现代职业教育教师的积极作为

现代职业教育的新常态需要新心态，当有新作为。职校教师要按照习近平总书记"有理想信念、有道德情操、有扎实学识、有仁爱之心"的要求完善自身职业素养，切实增强职业认同感、职教成就感和职场幸福感。一是职业信念要有新提升。职校教师要科学理解现代职业教育的实质，构

---

❶ 崔景贵，尹伟.江苏现代职业教育体系构建的历程、路径与策略［J］.中国职业技术教育，2015（6）：21－27.

❷ 崔景贵.着力构建质量导向的现代职业教育范式［J］.江苏教育（职业教育版），2013（4）：16－18.

建与时俱进的职业教育理想信念，创建适合自己的职教教学风格，努力做学生需要、社会满意、专业卓越的职校好教师。二是职业角色要有新转换。职校教师要着力扮演积极实践的专业角色，实现"经师""技师"和"人师"的和谐统一，能够进企业下车间、进课堂上讲台，善于和学生有效交流沟通，尤其要做职校生心灵成长的"导师""导演"和"导游"，引导和促进每一个职校生实现专业出彩、人生精彩，帮助每一个职校生"筑梦、追梦、圆梦"。三是职业实践达到新境界。职校教师要不断增强奉献精神、实践精神和创新精神，做学生精神生命的关怀者，培养学生自尊自信、自强自立的时代精神。要会用善用"放大镜"，独具慧眼般注重发掘职校生潜在的闪光点与优势点；善用"反光镜"，摘掉对职校生群体存在缺陷与缺点的消极"标签"与否定评价，促进职校生自主积极发展；善用"显微镜"，充分彰显职校生发展的个性特征与爱好特长，引导职校生成为最好最优的自我。

概而言之，积极职业教育是现代职业教育的一种模式创新和范式变革。当然，一个新范式的确立并不是一蹴而就的，而需要科学共同体的协力建构与协同实践。与其说积极职业教育是一个日趋完善的科学体系，不如说是一个有待继续开拓的新天地。可以预见，积极职业教育必定会成为加快发展现代职业教育的研究方向和改革趋向，但完善积极职业教育的原创思想，建构积极职业教育的行动体系，发展积极职业教育的实践技术，推进积极职业教育的科学应用，显然还有很长一段路程要走。我们一直奋力前行在追寻积极职业教育范式的大路上，自觉行走在加快发展现代职业教育的大道上。路在我们自主探索前进的脚下不断延伸。或许应该承认，我们对积极职业教育范式的未知无知比对它的有知先知要广泛得多，然而正是这种对待教育范式认知的坦然与坦率，我们才能寻找到现代职业教育走向美好未来的"通行证"。可以相信，现代职业教育发展转型变革、积极职业教育范式创新建构之路，必定会越来越宽广、会更加充满希望。

本章小结

积极是现代职业教育发展的价值取向和基本理念，积极职业教育是现代职业教育创新的必然选择和主导形式。追寻积极是现代职业教育实践的"新常态"和新姿态，走向积极是现代职业教育转型升级的希望之路和必由之路。加快发展现代职业教育，要着力为中国职教改革创新资鉴，为职校学生幸福人生奠基，在育人的认识转向、过程转换、路径转轨和角色转变等方面把握积极价值取向，科学建构中国职业教育现代化进程中的积极范式。积极职业教育是现代职业教育的一种模式创新和范式变革。

第二章

积极视野：现代职业教育人才培养的
特质、策略与战略

2014 年 6 月下旬，备受瞩目的全国职业教育工作会议召开，会议提出现代职业教育要让每一个人都有人生出彩的机会。印发的《国务院关于加快发展现代职业教育的决定》（以下简称《决定》）和《现代职业教育体系建设规划（2014～2020 年）》（以下简称《规划》），对职业教育培养高素质技术技能人才提出更高的要求，也提供了发展的新机遇。在新的形势下，如何理解并实现"技术技能人才"这一培养目标成为职业教育界热议的话题。作为一门研究人的科学，心理学是研究职业教育的重要理论基础。深刻理解、全面把握职业教育"技术技能人才"，需要从心理学的积极视角出发，厘清技术技能人才的心理特征和心理成长规律，从而为更好地培养技术技能人才提供积极可行的心理策略。

一、现代职业教育技术技能人才的心理特质

随着国家经济的飞速发展、社会的不断进步，职业教育的人才培养目标也在不断变更。从 21 世纪国务院已经召开的三次全国职业教育工作会议及印发的相关文件来看，我国职业教育人才培养目标经历了从"高素质劳动者和实用人才"到"高技能专门人才"直至"高素质劳动者和技术技能

人才"❶ 的转变。对于技术技能人才的内涵与外延，学界虽尚未形成统一的认识，但基本认为必须在深入理解技术与技能关系的基础上来探讨这一问题❷。关注技术与技能的关系固然重要，但从心理学的视野来看，与技术、技能密不可分的"人"更为重要。从心理学的专业视野审视作为整体的"人"的"技术技能人才"，或许可以为理解技术技能人才提供一种全新的角度和思路。

（一）技术技能人才的心理内涵

现代技术发展的一大特征是知识在技术中的比重越来越大。从技术所蕴含的知识成分来看，知识可以分为科学知识与技术知识。所谓的科学知识，是指从实践中不断升华形成的对事物的规律进行描述的理性认识，是关于"是什么"和"为什么"的知识；技术知识是通过对相关领域的规律的科学认识或经验转化成的指导实践、解决实践问题的实践观念及其展开或具体化而形成的，是关于"如何做"的知识。❸ 前者对应了心理学中的陈述性知识，而后者则与心理学中的程序性知识相类似。知识的掌握是在头脑中建立起认知结构的过程；知识的应用是从大脑中回忆、提取相关知识的过程。显然，知识的重要性决定了技术技能人才在实践过程中离不开"动脑"。而从心理学来看，技能可以分为心智技能和操作技能。在职业教育领域提及技能，人们往往倾向于理解为以肢体动作活动表现出来的操作技能，而这恰恰是对学生动手能力的一种强调。因此，技术技能人才是一种知识与技能兼具的应用型人才。通俗一点讲，就是既会动手又会动脑的"手脑并用"的复合型人才。

---

❶ 21世纪以来，国务院于2002年7月、2005年11月及2014年6月召开了3次全国职业教育工作会议，印发了3份重要文件，分别是《国务院关于大力推进职业教育改革与发展的决定》（国发〔2002〕16号），《国务院关于大力发展职业教育的决定》（国发〔2005〕35号），《国务院关于加快发展现代职业教育的决定》（国发〔2014〕19号）。三份文件中对职业教育人才培养目标有不同的表述，依次为"高素质劳动者和实用人才""高技能专门人才""高素质劳动者和技术技能人才"。

❷ 姜大源. 职业教育：技术与技能辨［J］. 中国职业技术教育，2008（34）：1-5. 卢双盈. 对于"技术技能"我们应该怎么看［N］. 中国教育报，2013-12-10（5）. 肖坤，夏伟，卢晓中. 论协同创新引领技术技能人才培养［J］. 高教探索，2014（3）：11-14，30.

❸ 郑晓梅. 技术的本质与技术型人才的素质结构［J］. 职教通讯，2004（10）：28-29.

需要指出的是，对动手能力和动脑能力的强调，并不意味在技术技能人才培养的过程中对二者就要平均用力。《国家教育事业发展第十二个五年规划》指出："中等职业教育重点培养现代农业、工业、服务业和民族传统工艺振兴需要的一线技术技能人才；高等职业教育重点培养产业转型升级和企业技术创新需要的发展型、复合型和创新型的技术技能人才。"因此，在现实的教育实践中，中等职业教育应侧重学生技能的培养，同时也不忽视与特定技能相关的技术知识的传授；而高等职业教育在重点培养学生技术能力的同时，也要通过技能实操来强化学生对技术知识的理解。这应该是职业教育培养技术技能人才应有的态度和取向。

技术技能人才的成长是一个循序渐进的心理发展过程。伴随技术技能水平的不断发展，其心理也在发生相应的变化。技术技能人才的心理成长，大致可以划分为初级、中级和高级三个阶段。在初级阶段，技术技能人才主要关注生存的问题。职业院校学生学习技术技能之初的直接动力在于就业，此时他们关注的是自身技术技能的水平是否符合用人单位的标准，能否在毕业时顺利就业，工作岗位能否胜任，因此掌握基本技术技能、提高技术技能水平是该阶段学生努力的方向。中级阶段，技术技能人才已经具有立足的职业素质和技术技能，他们可以胜任自己的工作，此时他们更关注发展与效能的问题，如何在实践过程中进一步提升业务水平，谋求更加理想的工作岗位、更高层次的职位，寻求进一步的发展空间是他们关注的重心。到了高级阶段，技术技能人才关注的焦点转向了如何服务社会、自我实现方面。技术技能对于他们来说不再是生存的工具，而是实现人生自我价值的平台，更多关注与思考技术技能的创新，为企业、为社会创造更大的价值成为他们工作的动力。

技术技能人才心理发展的阶段划分，对现实的职业教育具有积极的启发作用。现代职业学校教育不仅要关注学生如何经过 3 年或 5 年的学习生活成长为技术技能人才，同时还应具有前瞻的眼光，为技术技能人才毕生的发展奠定坚实的心理基础，而这无疑是值得职业教育深入思考探索的课题。

（二）技术技能人才发展的心理基础

技术技能人才的发展是一个相对漫长而复杂的心理过程，除了一定的智力因素和社会条件外，还取决于一些非智力因素，如情感、意志、兴趣、性格、需要、动机、目标、抱负、信念、世界观等。结合技术技能人才自身成长的需要以及社会对人才的心理期待来看，浓厚的专业兴趣、坚定的意志品质以及良好的合作精神，是技术技能人才发展过程中不可忽视的重要心理基础。

1. 浓厚的专业兴趣

兴趣是技术技能人才成长的内在驱动力，是个体力求认识某种事物或从事某项活动的心理倾向，表现为对某种事物或从事某种活动的选择性态度和积极的情绪反应。当兴趣直接指向与专业有关的活动时，就称为专业兴趣。专业兴趣在技术技能发展过程中起重要的作用，对某一技术技能具有浓厚兴趣的学生，可以长时间保持学习的高效率而较少疲劳；专业兴趣更是使人深入钻研、创造性地工作和学习，进而产生创造性成果不可或缺的重要因素。有关调查发现，浓厚的专业兴趣往往是职业院校技能大赛选手训练和比赛中重要的动力源。

2. 坚定的意志品质

坚定的意志品质是技术技能人才发展所必备的又一重要因素。意志是人有意识、有目的、有计划地调节和支配自己行为的心理现象，包括发动与预定目的相符的行动、抑制与预定目的相矛盾的愿望和行动两方面。实践证明，坚定的意志品质有助于将智源持久地集中于某一活动，克服困难排除干扰，是技术钻研过程中不可或缺的重要心理品质，同时也是技能形成过程中战胜和超越"成绩起伏现象""高原现象"有关心理的"利器"。正如一句名言所说：成功在于再坚持一下的努力之中。而现实中职业院校学生普遍存在意志品质薄弱的现象，加强学生意志品质的培养显得尤为重要。

3. 良好的合作精神

合作精神是指在团队活动中为了实现共同的目标，相互协调、相互配合的意识倾向和技能表现，包括善于表达、反思、倾听等基本的交流能力，调控、评价、解决冲突行为的能力，宽容、协作等在内的协调能力。现代技术的发展日益复杂化和综合化，呈现出多学科交叉与融合的特点，各学科之间、技术的各领域之间的联系也越来越紧密，往往一项工作需要具有多种知识和技术背景以及不同技能专长的人才的密切配合才能顺利完成。技术技能人才在实践工作中得以立足和持续发展，良好的团队精神、合作意识是必备的基本心理素质。

（三）技术技能人才的个性心理特征

技术技能人才作为相关专业领域的佼佼者，有区别于一般劳动者或者其他类型人才的显著心理特征，主要包括以下几个方面。

1. 实践应用的能力

技术技能人才作为一种应用型人才，学以致用是这类人才显著的特征。不同于学术型人才致力于"将自然科学和社会科学领域中的客观规律转化为科学原理"，应用型人才的主要任务是"利用科学原理为社会谋取直接利益"❶。可以说，应用所学的知识技能为社会生产实践服务是技术技能人才的一项重要特征，而不会应用知识和技能的人必然不能被称为技术技能人才。技术技能人才的应用性特征又决定了其知识和能力的建构与发展必须依靠一定的实践来完成。比如技术知识，尤其是技术知识中的"实践知识"，是通过人才独特的实践经验以及这些经验的整合来获得的；技术构成中的"经验技术"，是通过反复的操作在实践应用过程中经过不断反思和改进而得以发展与提升的；而技能新手成长为技能专家，无不是通过千百次的反复实践练习才实现的。因此，实践应用能力是技术技能人才在社会立足的一大优势，是其最为显著的一大特征。

2. 创新创业的意识

创新是这个时代的主题。在产业升级换代过程中作为一大主力的技术技能人才，技术创新是这类人才不可推卸的重要使命。技术技能人才不仅需要具备较高的技术应用能力、设计能力与开发能力，同时要能够将所掌握的知识用于指导生产实践，要求他们具有相对独立的判断能力和应变能

---

❶　郑晓梅. 应用型人才与技术型人才之辨析［J］. 现代教育科学，2005（1）：10－12.

力,创造性地开展工作。另外,现代生产中的技能操作,按照某一固定的程序进行单一重复的劳动已经大大减少,根据现实的、具体的各种情景来制订计划并运用某种理论或策略,做出决定的灵活性和变通性大大增加,这些显然都离不开创新精神和创新能力。创业意识则是对创新精神的进一步升华,是创新精神发展的结果,同时也是将创新精神转化为创新实践的前提条件。职业院校的优秀学生在各类创业大赛中体现出来的能力,在各种创业活动中取得的成功,充分说明职业院校培养的人才所具有的创新创业意识和能力,是高素质技术技能人才鲜明的个性特征之一。

3. 自主成长的智慧

从一名职业院校的普通学生成长为技术技能人才,必定有其独特的自主成长智慧。这种智慧,是学生成长成才自觉性、主动性与积极性的一种表现,主要包括理性的自我认识、明确的人生目标、希望乐观的精神以及踏实肯干的人生态度。理性的自我认识是技术技能人才自主成长的基础,体现在学习之初就对自身的优势与不足有着清晰而理智的认知,并能够在实践过程中不断反思与完善自我;明确的奋斗目标是自主成长的动力,这些奋斗目标总是与不满足于现状、追求技术技能的卓越、追求自我价值的实现等联系在一起,是对自身职业发展、人生规划的一种思考、定位与设计;希望乐观的精神是自主成长的有力支撑,在技术技能学习的过程中挫折与失败不可避免,积极的认知,良好的情绪自控能力,希望与乐观的精神不可缺乏;而踏实肯干的人生态度是保障,努力在实践过程中实现技术技能的精确、熟练、技巧化、艺术化,是自主成长智慧在行动上的体现。

从积极心理学的视角看,现代职业教育培养高素质的劳动者和技术技能人才,应从职校生的积极力量和优势出发,增强其积极的心理体验,培养个体层面和社会层面的积极个性与人格。

二、现代职业教育技术技能人才培养的心理策略

培养高素质技术技能人才,我们要按照《决定》和《规划》的要求,坚持以立德树人为根本,服务经济社会发展和人的全面发展,坚持产教融合、校企合作,坚持工学结合、知行合一,深入思考现代职业教育的新理

念、新技术、新挑战，积极探索多样化技术技能人才的培养方案和实践模式，科学构建高质量、有特色的技术技能人才培养体系，着力为每个人的人生出彩提供机会，努力为促进经济提质增效升级提供人才支撑，为社会发展源源不断地创造更大人才红利。从心理学的积极视野来建构，主要包括以下基本策略。

（一）教育理念：服务技术技能人才的心理发展

育人为本是现代职业教育的价值追求和核心理念❶；引领和促进人的心理发展，是育人为本的应有之义。职业教育服务技术技能人才的心理发展，就是帮助技术技能人才不断向"自己期望的那种人"靠近，最终实现其人生价值。职业教育要在把握学生心理发展的一般规律的基础上，尊重个体差异，使每一个学生都能成长为个性化的技术技能人才。为此，职业教育要善于抓住技术技能人才心理成长的"关键期"，施以恰当的教育手段促进技术技能人才的心理发展，而不是等待心理的自然发生；要致力于创建技术技能人才心理发展的"最近发展区"，将教育目标定位在技术技能人才可能发展的程度，使职业教育走在心理发展的前面而不是停留在现有的发展水平；要不断开拓心理发展的途径，创新心理发展的技术，为技术技能人才不断提供人生出彩的各种机会。总之，职业院校要增强育人的自觉性，把握针对性，体现时代性，富有创造性，引领技术技能人才向着更高的、理想的水平不断发展。

（二）培养目标：重视技术技能人才的心理资本

心理资本是个体在成长和发展过程中表现出来的一种有助于提高个体行为绩效的积极心理力量。良好的心理资本是技术技能人才在日趋激烈的社会竞争中求得生存和发展的一大法宝。为了有效应对未来的职场压力，实现技术技能人才的可持续发展，职业教育不仅要注重技术技能人才知识和技能的培养，更要为技术技能人才的发展积淀心理资本。一要在实践中培养学生的自信心，引导学生养成务实精神，增强实干意识，提升实践能

❶ 崔景贵. 育人为本：我国职业教育创新变革的基本策略［J］. 教育与职业，2007（30）：10－12.

力，通过实践效果的反馈不断增强学生对自身能力的肯定，如参加技能大赛、顶岗实习等；二要培养学生乐观的心态，把握和保持心理平衡，积极理性认知，有效应对压力，和谐人际关系，培育团队精神，努力追求专业卓越发展；三要培养学生的希望品质，加强对专业领域发展前景的积极认知，帮助学生做好个性化的职业生涯规划，鼓励学生通过不同的途径发展自己的兴趣和专长，坚定学生"天生我材必有用"的积极信念；四要培养学生的韧性，引导学生积极看待学习和工作中的逆境，通过压力情境的设置提升学生面对技术技能难题迎难而上的勇气和能力。总而言之，就是要让职校学生在"学会学习、学会做事、学会共处和学会生存"的过程中，不断提升自身的心理能量和力量。

（三）课程开发：强化技术技能人才的心理建构

课程是培养技术技能人才的重要载体。人才培养目标体系的变革必定导致课程体系的变更，与学生发展、专业要求、社会需要等相匹配的新课程的开发势在必行。尽管基于不同层次技术技能人才培养目标的课程体系大不相同，但是在课程开发过程中，重视学生学习过程中心理的自主建构是一条基本的原则。这不仅是基于人的能动性提出的客观要求，同时也是技术技能人才适应社会变化、实现可持续发展的内在需要。因此，职业院校要摒弃学生是知识的被动接受者和被灌输对象的传统教育观念，树立将学生视作学习的主体和中心的新的职业教育观，鼓励学生基于自身的生活经验和知识背景对技术技能学习和应用过程中涉及的知识和技能进行主动探索、自主建构；要加强实践课程的建设，注重将学习情境与专业情境相对应，将学习过程与工作过程相匹配，强化学生在真实工作情景中的实践能力和思考能力，提升学生的"隐性知识"，培养学生的"经验技术"；要重视学生自主学习过程中的合作学习，让学生在小组合作中就彼此掌握的技术技巧发生"碰撞"，提高学生的反思能力，在"自我协商"与"相互协商"中不断提升技术技能水平的同时，真正做到"学会学习"。

（四）教学模式：优化技术技能人才的心理训练

技能大赛是职业院校培养技术技能人才的有利平台。在组织学生参赛的过程中，职业院校越来越意识到要取得理想的成绩，不仅要关注学生技术技能水平的培养，同时要重视学生心理素质的提升。为了取得好成绩而进行心理训练固然无可厚非，但是通过系统科学的心理训练引导学生学会心理自助，探索将技能大赛训练和比赛的经历转化为学生心理成长、潜能实现的过程，为学生综合素质的提升、全面发展和终身发展提供心理动力和支撑，显得更为重要。为此，职业院校应该进一步深化教学模式改革，将心理训练融入日常的技术技能教学活动中。首先，应结合日常的专业技术技能教学，将心理技能训练与职业技术技能训练结合起来，在二者的有效互动中互补互促，推动学生整体职业能力的发展；其次，要重视培养学生的基本心理技能，包括放松、表象、注意集中、积极暗示、自信心、目标设置等；最后，要坚持"为了有效迁移而教"的理念，鼓励学生在不同的情境中对心理技能加以运用，有意识地培养学生心理技能迁移的意识，提升学生心理技能迁移的能力。总之，要使心理训练既能有助于提高学生应对技能大赛具体情境中某个问题的心理调节能力，同时也能提高其他情境中问题解决的应对能力；不但使学生在技能大赛中受益，而且对今后的学习生活也能产生积极的影响，最终使学生能够理智、从容地面对人生的各种困难。

（五）评价标准：突出技术技能人才的心理能力

科学的人才评价标准既是人才培养目标的体现，同时又对现实的教育实践起"指挥棒"的作用。一个优秀的技术技能人才，综合的知识素养和娴熟的技术技能固然重要，但是良好的心理能力也不可或缺。应该说，优秀技术技能人才是集专业知识、技术技能和社会能力的综合体，缺一不可。技术技能人才评价标准的设置，一是要结合不同的专业，合理定位学生专业知识的深度和广度，尤其要强调学生在真实的工作情境中对专业知识的应用能力；二是对技术技能的评价，不仅要关注一般情境下技术技能的娴熟度，更要突出在特殊情况下的应变能力以及解决实际问题的能力；三是要突出学生与人交往交流的能力，团队合作的能力，对岗位的适应能力等。实际上，专业知识、技术技能以及社会能力就构成了学生必备的职业核心能力。对技术技能人才制定科学的评价标准，就要综合考量学生的职业行动能力，突出学生的基本心理能力。

（六）成长通道：拓展技术技能人才的心理辅导

在技术技能人才的成长过程中，心理问题往往成为发展道路上的"拦路石"，而积极有效的心理辅导就成为疏导人才成长通道不可缺少的必要环节。在新的职业教育形势下，开展技术技能人才心理辅导不能局限于"心理问题解决"，更要不断更新理念、开阔思路、创新方法，引领技术技能人才心理的全面发展。职业院校不仅要善于以积极的眼光看待学生出现的问题行为，将问题作为学生应对的技术与适应的方式来思考，聆听和尊重学生为解决问题和改变自我而付出的努力，更要关心学生积极的主观体验，关注学生积极的个性特征，致力于培养学生的职业兴趣、意志品质以及合作能力等，全面提升学生的心理素质。结合技术技能人才的专业实践、职业能力的培养，职业院校要不断拓展心理辅导，通过从课堂讲授到活动体验、从实体平台到网络平台、从专职心理辅导教师到职业院校教师全员参与，努力营造良好的心理育人氛围，提高心理辅导的实效性。

培养技术技能人才是一个极其复杂、充满挑战的教育系统工程，需要全体职业教育工作者积极探索、追求卓越。当前，我们要树立一种积极职业教育的现代理念，建构积极职业教育的价值取向，从旨在纠错、修补的传统职业教育转换到一种重在建设、重在发展的现代职业教育，倡导以积极的人性观看待每个学生，看到每个学生都具有自我成长的积极愿望和潜能优势，增强学生的积极体验，培养学生的积极心态和人格，鼓励学生的多元化、个性化发展，努力使每一个职业院校学生都成长为既满足社会发展需要又实现自身价值的高素质技术技能人才。

三、现代职业教育技术技能人才培养的积极战略

改革开放以来，我国职业教育取得长足发展和重大成就，建立了世界上规模最大的职业教育体系，培养培训了大批中高级技能型人才，为经济发展、促进就业和改善民生做出了不可替代的重要贡献，可谓举世瞩目。习近平总书记指出，"职业教育是国民教育体系和人力资源开发的重要组成部分，是广大青年打开通向成功成才大门的重要途径，肩负着培养多样化人才、传承技术技能、促进就业创业的重要职责"。贯彻全国职教大会

精神和《决定》要求，加快发展现代职业教育，激发职业教育办学活力，基本任务就是"强化职业教育的技术技能积累作用"，注重培养多样化、高素质的技术技能人才。《决定》和《规划》明确了现代职业教育是什么、应该做什么和怎么做得更科学❶，对培养技术技能人才的价值追求、核心理念和战略部署做出了积极而自信的回答。

（一）育人为本：现代职业教育的价值追求和核心理念

培养什么人、怎样培养人，这是一切教育工作的出发点和落脚点。《国家中长期教育改革和发展规划纲要（2010～2020年）》提出，把育人为本作为教育工作的根本要求。以育人为本推进职业教育事业科学发展，就是要解决和回答职业教育的本质是什么，职业教育为什么发展、实现什么样的发展和为谁发展、怎样发展的根本问题。而人为什么要接受职业教育？如何教人接受职业教育？我们在教人接受什么样的职业教育？如何教人接受优质适合的现代职业教育？或许这些问题难以一下子回答清楚，但我们必须去直面当今职业教育现实，进行理性思考和深刻回答。

职业教育的宗旨就是为人、成人。职业教育只属于人，唯有人才可能、才有资格接受职业教育。职业教育的主题和主体是人，职业教育的对象和产品就是人，职业教育的不竭动力和永恒魅力就是促进和引导人成为人。人要成人唯有接受教育，因为教育能使自然人、学校人成为真正的社会人、职业人；职业教育需要人来参与、实施，而现代人更迫切需要接受适合自己的优质职业教育。可以说，职业教育的一切努力都是为了人，为了发展和完善人的思想观念、个性品质、情感、态度和价值观，职业教育就是为了人的一切，为了尊重人权，坚守人道，张扬人性，健全人格，提升人力，完善人品，幸福人生。职业院校教育的课堂、文化、环境、实践、活动，就是为让每一个职业院校学生成为最好的自己，让每一个职业

❶　党的十八大提出要加快发展现代职业教育，党的十八届三中全会提出要加快现代职业教育体系建设。为落实中央重要决策和战略部署，国务院印发了《关于加快发展现代职业教育的决定》（简称《决定》），六部门出台了《现代职业教育体系建设规划（2014～2020年）》（简称《规划》），对加快发展现代职业教育做出了一系列重大部署。本章以下未注明出处的内容引自《决定》和《规划》。

院校学生拥有阳光的个性，让每一个职业院校学生追求幸福的人生。

现代职业教育是优先培养人、造就现代人的职业教育。现实社会中，人们赞叹、感叹出人头地的有才者甚多。其实当今世界并不缺少"才"，而是缺少身心健康、人格健全的"人"。日常生活中见"才"不见"人"、是"才"不是"人"的现象并不少见，然而没有充实大写的"人"做基础，越拔尖的"才"越是经不起风吹雨打和职业实践的检验。毕竟职业教育培养的技术技能人才和缺少思想与精神的庸才、奴才完全不一样，两者在素质上根本不同。也许正因为如此，据说有一位大公司的老总参加职业院校就业招聘会，说别的企业公司可能是来招"人才"，而我们是来招"人"的，由"人"到"人才"的变化与提升，正是企业人力资源开发管理所要努力做的。职业院校学生可以暂时没有高水平的才，但一定要是富有责任感、恪守诚信、团结协作、懂得忠诚的职业人。现代企业本意上并不希望员工成为生产流水线上的"机器人""单面人"，而是有创新意识、实践能力的现代人，有积极思想、精神充实的技术技能人才。

育人是现代职业教育的根本要求。人缺钙可以补钙，智力落后可以训练开发，但面对职业教育存在的异化、消极和低效现象，对于培养出缺德的人、空心的人、低能的人和少美的人，对于迷路、迷途、迷失方向的职业院校该做怎样的检讨和反思？为什么职业院校教育的意愿越强烈越明确，教育管理者工作越努力，教育结果反而越失败，教育成效反而越低下？人缺少了教育，就不可能是真正意义上的人；职业院校教育管理服务忘掉或丢掉了人，没有对人的尊重信任和正视珍视，就不可能成为真正的职业教育，只会是急功近利的商品交易或市场买卖。当下中国职业教育究竟最缺什么？或许缺的不是金钱、分数和大楼，而是做人的真、善、美及道德品质；最缺的不是专才、大才、将才、帅才，而是人性、人格、人品和人心。职业院校教育没有钱，影响的可能是专业实习实训设施和课堂教学质量，可职业教育中没有了真、善、美，欠缺职业道德、精神和能力，影响的却是生命、生活的质量与人生发展的质量！职业教育失去了为人成人、助人育人的价值追求和实践根基，我们何以立足现代职业教育天地？何以建构创新现代职业教育？何以现代职业教育专业人士自居？因为现代职业教育不应该丢掉人，真的丢不起人！

育人为本的理念应当成为当前引领职业教育改革创新发展的思想旗帜和行动指南。加快发展现代职业教育，我们理应与"现代人"携手同行，就是要秉承育人至上、育人为本的理念，坚持与人为善、以人为本、助人自助的原则，引导职业教育走向积极范式、建构优质格局、追求卓越水准。

现代职业教育是人性化的积极职业教育。不断地提升人的地位，是现代职业教育的基本走向。现代职业教育要致力于发现人的价值，发掘人的潜能，发挥人的力量，发展人的个性。加快发展现代职业教育，就要以积极人性观为依据，把握积极教育思潮的发展趋向，着眼于培养现代人的主体性、实践性和创造性，培养自信、乐观、希望和坚韧等心理品质，为职业院校师生的人生出彩加油，充分开发人力资源，不断创造人才红利，始终服务人生幸福。职业教育是"根雕"的复杂艺术，是基于教育原则的"爱"的艺术，最大的智慧就是宽容和包容。懂得教育、理解教育的职教专业工作者，不会以职业教育为名、借职业教育之名去损人、伤人或害人。为了实现现代职业教育的理想目标，建构积极职业教育范式，我们不只是要尽力做职业教育，更要用积极的眼光认识职业教育，用心积极实践为人成人的职业教育，更加专业地做好现代人的积极职业教育。

现代职业教育是人本化的优质职业教育。职业教育就是引导和促进职业院校学生成人成长成才的"希望工程""阳光工程"和"幸福工程"❶。现代职业教育就是要促进和引领学生"学会学习、学会做事、学会共处和学会发展"，培养学生成为把优秀变为习惯的现代人。接受过现代职业教育的人，应该真正读懂大写的"现代人"，具有待人接物的文明素养和做人做事的生活智慧，始终向真善美、和谐统一的优秀人才发展目标前行。职业院校教育学生学会做人，就是引导和指导学生做维护公平、主持正义的"道德人"，做崇尚实践、创新进取的"职业人"，做终身学习、团结合作的"社会人"，做健康快乐、和谐幸福的"心理人"，做追求卓越、自我

---

❶ 崔景贵. 职校生心理教育论纲［M］. 北京：科学出版社，2013：190.

实现的"现代人"。职业院校要坚持以立德树人为根本，服务经济社会发展和人的全面发展，"加大实习实训在教学中的比重，创新顶岗实习形式，强化以育人为目标的实习实训考核评价"。从显性文化到隐性文化，从物质文明到精神文明建设，从课堂教学到校园环境，从科研教研到管理服务，实现多层次、大视角的教育力量整合，"推进校企一体化育人"，"强化校企协同育人"，构建协调一致、立体优质的育人新格局。

现代职业教育是人格化的卓越职业教育。职业教育是心灵和心灵的对话、灵魂与灵魂的交融、人格对人格的影响。职业院校要"全面实施素质教育，科学合理设置课程，将职业道德、人文素养教育贯穿培养全过程"，坚持全人教育、全员教育、全过程教育、全方位教育的原则，开展以职业人格、精神和能力发展为核心目标的教育改革，关注学生职业生涯的持续和谐发展。不仅注重学生专业技能培养，更要重视培养学生的行为习惯、诚信品质、敬业精神、创新精神和责任意识的养成，全面提高技术技能人才的培养质量和水平。作为职业院校学生，不只是知识技能的学习，更要学做人，学做爱学乐学会学的职业人，学做人格健全、自主和谐、追求卓越的现代人；作为职业院校教师，不只是有知识的经师、懂技能的技师，更应该是乐于助人、精于育人的人师、导师；不只是行业专业领域的工程师，更应该是人类灵魂的工程师和精神成长的辅导师，成为学生需要、专业卓越的自我实现者。

思想决定行动，思路决定出路。让职业教育真正成为培养现代人的教育，让职业教育回到健康和谐的现代教育原点，让现代职业教育真正成为助人自助、阳光心灵的素质教育，这是中国职业教育改革创新的应有之义和必然选择，是我们共同的愿景和期盼，也是全体职教工作者的梦想。我们要努力成为善于积极职业教育、长于优质职业教育、精于卓越职业教育的教育教学专家，成为有思想的"职业教育家"、能创新的"职教研究员"，成为培养高素质技术技能人才、加快发展现代职业教育的"实践者"和"多面手"。

（二）培养技术技能人才：加快发展现代职业教育的战略部署

职业教育已成为我国发展实体经济、转变经济发展方式、推进产业结构调整和新型城镇化建设的重要支撑。颁布《决定》和《规划》的重要目的和战略部署，就在于明确职业教育是一个类型教育，在体系建设上进行顶层设计，加快构建"中国特色、世界水平的现代职业教育体系"，全力开拓职业教育改革创新发展的新局面。这些创新和顶层设计就是立足于实现两个"一百年"的奋斗目标，为加快实现中国梦培养优质够用的多样化技术技能人才。

1. 着力培养技术技能人才是现代职业教育的历史使命

《决定》要求把加快发展现代职业教育摆在更加突出的战略位置，为促进经济提质增效升级提供有力人才支撑，为社会发展创造和输送人才红利。正如李克强总理所说，职业教育要培养大批怀有一技之长的劳动者，而且要让受教育者牢固树立敬业守信、精益求精等职业精神，让千千万万拥有较强动手和服务能力的人才进入劳动大军，使"中国制造"更多走向"优质制造""精品制造"，使中国服务塑造新优势、迈上新台阶。加快发展现代职业教育，要"牢固确立职业教育在国家人才培养体系中的重要位置""重点提升面向现代农业、先进制造业、现代服务业、战略性新兴产业和社会管理、生态文明建设等领域的人才培养能力"。要适应技术进步、生产方式变革以及社会公共服务需要，能够为生产服务一线加快"培养数以亿计的高素质劳动者和技术技能人才""培养服务区域发展的技术技能人才"，尤其要"重视培养军地两用人才""注重培养符合中国企业海外生产经营需求的本土化人才"。

2. 提升技术技能人才培养质量是现代职业教育发展的重要目标

中国要从"制造大国"转变为"智造大国"，必须有一大批高水平、高素质的技术技能人才，必须"建成一批世界一流的职业院校和骨干专业，形成具有国际竞争力的人才培养高地"，实现"各类专业的人才培养水平大幅提升"。从这个角度看，加快发展优质高效的现代职业教育，是中国经济可持续健康发展的战略支撑之一。为经济社会发展提供强有力的人才支撑，职业院校教育更需要自觉提质增效、转型升级。职业院校要把立德树人作为办学根本，把"服务经济社会发展和人的全面发展""重点提高青年就业能力"作为办学方向，努力提高技术技能人才培养水平，全面提升技术技能人才培养质量。要全面贯彻党的教育方针，加强和改进德育工作，培育和践行社会主义核心价值观，在保证学生技术技能培养质量的基础上，加强学生人文素养教育、职业精神教育和心理素质教育，引导广大青年坚定人生理想信念，养成职业道德品质，实现全面自主和谐发展。要注重全面育人，深化教育教学改革，坚持产教深度融合、校企有效合作，坚持工学结合、知行合一，努力造就数以亿计的高素质劳动者和技术技能人才。

3. 健全技术技能人才培养体系是加快发展现代职业教育的战略选择

现代职业教育作为转变增长方式、推动科学发展的有效人才支撑，不仅是职业院校的职责，更需要政府、企业、行业共聚力量、共谋发展。加快发展现代职业教育，培养现代社会需要的技术技能人才是一个极其复杂的社会问题，也是一个需要全社会共同关注的课题。我们必须制定多方参与的支持政策，推动政府、学校、行业、企业联动，促进技术技能的积累与创新。动员全社会的力量来齐抓共管，齐心协力，各尽其职，各负其责，通力合作，建立健全"上下结合""左右联动""内外兼施"的技术技能人才培养系统。

第一，转变技术技能人才培养观念。要深刻认识加快发展现代职业教育的重要意义，引导全社会转变观念，大力宣传一线的高素质劳动者和优秀技术技能人才的先进事迹和重要贡献，使全社会人才观念显著改善，支持和参与职业教育的氛围更加浓厚。通过开展职业教育活动周等形式，倡导尊重职业人才的价值观，引导全社会确立尊重劳动、尊重知识、尊重技术、尊重创新的观念，大力弘扬劳动光荣、技能宝贵、创造伟大的时代新风尚，积极营造"人人皆可成才、人人尽展其才"的良好环境，着力营造并形成"崇尚一技之长、不唯学历凭能力""三百六十行、行行出状元"的社会氛围。

第二，满足技术技能人才发展需求。加快发展现代职业教育，要为广大青年学生提供多元化的职业选择、自主成才的多种途径，同时也为已经参加工作的成年人终身学习提供选择机会。要健全技能拔尖人才免试等考试招生办法，为学生接受不同层次高等职业教育提供多种机会，建立行业人力资源需求预测和就业状况定期发布制度，促进企业提高技能人才收入水平。鼓励企业建立高技能人才技能职务津贴和特殊岗位津贴制度。坚决破除用人上的各种歧视政策，取消身份、单位、部门、所有制、性别等限制，努力让每个人都有人生出彩、尽展其才的机会。职业院校要引导广大学生自觉践行社会主义核心价值观，刻苦学习，勇于实践，夯实知识基础，增强专业技能，培养职业精神，提升创新能力，把个人梦融入"中国职教梦"实践之中，并作为自觉的精神追求，不断增强民族文化自信和价值观自信，在工学结合、知行合一中梦想成真、人生出彩。

第三，畅通技术技能人才成长渠道。加快发展现代职业教育，要以服务发展为宗旨、促进就业创业为导向，充分体现终身教育理念，努力促进职业教育与其他类型教育沟通，"完善职业教育人才多样化成长渠道"，为广大青年打开通向成功成才的大门，构筑技术技能人才培养的"新高地"。要推进现代职业教育体系建设，打破制约技术技能人才培养的"天花板""断头路"，"为学生多样化选择、多路径成才搭建'立交桥'"。打通职业院校学生从中职、专科、本科到研究生的上升通道，把创新各层次各类型职业教育模式落实到多样化人才培养的教育教学过程、课程教材创新过程、实习实训过程、职业精神和职业技能培养过程，从而打通人人自主选择成长、人人努力进取奋发成才的发展通道，科学搭建人人皆能成才的"立交桥"，真正实现让每个人都有人生出彩的机会。

第四，创新技术技能人才培养模式。要继续深化产教深度融合，"坚持校企合作、工学结合，强化教学、学习、实训相融合的教育教学活动。推行项目教学、案例教学、工作过程导向教学等教学模式"，着力"推进人才培养模式创新"，培养更加充分适应经济社会需要的高素质劳动者和技术技能人才。要编制中等职教与高等职教人才培养衔接行动计划，统筹设计中高职人才培养目标、专业教学目标，着力解决中职和高职脱节、重复、交叉等问题，推动中职和高职科学定位、有机衔接、协调发展。唯有秉承"育人为本"的理念，形成系统、成熟的职业教育科学思想，采取更加务实的职业教育变革策略，不断探寻加快发展现代职业教育的新思路、新举措，才能真正把握建构技术技能人才培养模式的主动权和发言权。

当前，我们要深入学习贯彻全国职业教育工作会议的精神，把思想认识和创新行动统一到国家关于现代职业教育的功能新定位、形势新判断、工作新举措、发展新理念和战略新部署上来，注重把握以人为本、育人为本的职业教育策略❶，全面提高技术技能人才培养质量，建立健全技术技能人才培养体系，让现代职业教育源源不断地"创造更大人才红利"，为转方式、促改革、调结构、惠民生做出更大的贡献。

本章小结

育人为本是现代职业教育的基本内涵和根本任务。现代职业教育是人性化、人本化和人格化的职业教育，必将走向积极、建构优质、追求卓越。本章基于积极心理学的专业视角，对技术技能人才的心理内涵、心理成长过程及基础、个性心理特征等方面进行解读，提出培养高素质技术技能人才，在教育理念上应该促进心理发展，在培养目标上要重视心理资本建设，在课程开发上要强化心理建构，教学模式上要优化心理训练，评价标准上要突出心理能力，成长过程上拓展心理辅导。培养适应社会经济发展和职业岗位需求的技术技能人才是现代职业教育的历史使命和战略选择。加快发展现代职业教育，必须着力提高技术技能人才培养质量，健全技术技能人才培养体系，转变人才评价观念，满足人才发展需求，畅通人才成长渠道，创新人才培养模式。

---

❶ 崔景贵. 育人为本：我国职业教育创新变革的基本策略 [J]. 教育与职业，2007（30）：10－12.

积极内核：现代职业教育范式的特征、范畴与功能

职业教育范式是职业教育理论体系中最基本的一个概念，可以说是职业教育的本质、理念、特征与规律的概括和集中反映，是职业教育理论机体的核心和理论框架赖以建立的平台，也是职业教育理论体系的基本范畴和逻辑起点。总的来说，职业教育范式集科学理论、方法技术和研究主体的特质三者于一身，是一个具有多层次结构、多维度特征、多方面功能和多元评价标准的科学范畴。

一、现代职业教育范式的基本特征

（一）职业教育范式的内涵解读

范式概念具有两方面的含义：从心理层面上，是指某一历史时期该学科领域科学共同体的共有信念和态度；从理论和方法论层面，是指科学共同体对该学科领域所建构的共有理论模型和解释框架。范式代表科学或某一专业共同体成员所共有的信念、价值和技术以及整体的基本元素和范例。只要满足了范式内涵的基本要求，即科学共同体所拥有的共同信念，遵循一套共同的理论模型和解决问题的框架，那么，范式就是存在的。据此，我们可以认为，职业教育范式是客观存在的。

职业教育范式是一个相当复杂的复合概念。"职业""教育""范式"

是三个基本的概念。对这个概念的分解，至少可以分为两种，即职业教育的范式和职业的教育范式。不同的概念分解，会带来对职业教育范式概念的不同理解：职业教育的范式是关于职业教育的范式，是针对职业教育而产生的范式，侧重于对职业教育的理论探讨，是范式在职业教育领域的特殊应用和具体体现，属于范式的"特化"研究。这种范式是属于职业教育的，而不是其他的，强调它的独特性、特殊性。可以说，这是一块有待开垦的处女地。而职业的教育范式是指向于职业、关于职业的教育范式。简要地讲，是怎么进行、如何开展职业方面的教育范式。侧重于对职业现象、职业过程、职业活动和职业个性的教育范式的探讨，这种教育范式可能也适用于其他内容、类型或形式的教育。

关于职业教育范式的基本类型，一般有广义和狭义两种❶：广义的职业教育范式概念，内含科学共同体所共有的那些各种各样的因素；狭义的职业教育范式概念则仅指其中的一种因素。当然，从不同的角度我们还可以有其他的划分，如从学科视角可以划分出职业教育的经济学范式、管理学范式、心理学范式、教育学范式、社会学范式与文化学范式等；从外延上区分有职业教育的宏观范式（职业素质教育）、中观范式（职业健康教育）和微观范式（职业咨询与辅导）；从性质上界定有职业教育的积极型范式与消极型范式；从路径与形态上理解有职业教育的科学主义范式与人本主义范式，职业教育的现代范式与后现代范式等。

职业教育范式的基本结构和核心要素有哪些？这是本章关涉的一个重要问题。我们可以把职业教育范式看成是一个按照一定结构组成的、有序的系统。职业教育范式的基本要素包括：关于职业教育的性质和作用过程的本体论观念；关于如何科学合理地认识职业教育现象的方法论观念；作为职业教育理论体系和研究活动出发点的基本理论假设，如人性观（人性假设）、职业发展观、职业活动机制；职业教育的研究视野和兴趣主题；关于职业教育的基本政策纲领。

---

❶ 库恩把广义的范式称为"范式 I"，狭义的范式称为"范式 II"，并把广义的范式概念（范式 I）称为"学科专业的基体"，即是学科专业所不可缺少的基本部分。本章主要采用范式 I。

理解职业教育范式的含义，主要体现在：一是整体主义的科学观——职业教育理论的结构、模型、框架是范式的核心内容；二是世界观与方法论的统一——职业教育范式为学科提供基本观点与基本方法，"在一定时期里为以后几代的工作者隐隐地规定了在该学科领域内应当研究些什么问题，以及采用些什么方法"；三是职业教育范式只可意会，不可言传——只能通过事例和题解才能把握职业教育范式；四是职业教育范式是规定或影响整个学科各个方面的基本部分，它影响科学共同体的"思路"，规定该学科的发展方向的"专业基体"。可见，借鉴库恩所说的"范式"观念，职业教育范式主要就是该学科领域的基本理论结构以及在此基础上产生的基本观点与基本方法。它们影响、规定职业教育领域的各个方面，为该领域的科学共同体提供了思考、选择、解决问题的准则，规定了他们的基本思路，并为整个职业教育领域的发展规定了基本方向。

（二）职业教育范式的基本特征

范式应该具有两个最基本的特点：这种成就足以空前地把一批坚定的拥护者吸引过来，使他们不再去进行科学活动中各种形式的争论；这种成就又足以毫无限制地为一批重新组合起来的科学工作者留下各种有待解决的问题。范式的形成为某一学科建立了理论框架，使该学科的人员不再像过去那样各自为战、自搞一套，而是按照共同接受的方式扎扎实实解决范式内部的实际问题。"科学共同体取得一个范式就是有了一个选择问题的标准，当范式被视为理所当然时，这些选择的问题可以被认为是有解的问题。"❶ 范式一旦形成，便具有多元层次性、聚同排他性、潜在组织性、整体生成性、相对稳定性等特点。把握这些特点，有助于我们进一步理解职业教育范式。

1. 职业教育范式的多元层次性

由于职业教育现象的复杂性，研究者可以从多种角度、各个方面进行研究，迄今还没有统一的范式或模式，各种观察角度和研究方式都有其合

---

❶ ［美］托马斯·库恩. 科学革命的结构 ［M］. 金吾伦，胡新和，译. 北京：北京大学出版社，2003：34，10.

理性和局限性。这既是职业教育的现状，也是我们关于职业教育范式的一个基本而主要的观点。在职业教育发展过程中，多样的范式并存是一种经常出现的现象，正如劳丹所说："实际上，科学史上每一个主要时期都是以多种相竞争的范式共存，即没有一种范式能占据霸权地位为特点的；是以科学共同体内部对范式的基本假设始终存在不断争论为特点的。"❶ 职业教育范式也是一个有层次的结构，其中概念和观念范式是核心，规则范式是中层结构，而操作范式则是联结外部自然的"外壳"。在职业教育范式这种嵌套式结构中，观念范式最稳定，不容易发生变化，一旦职业教育观念发生根本变化，则整个职业教育范式系统就会发生一次"格式塔转换"。

2. 职业教育范式的聚同排他性

也就是说，职业教育范式具有不相容性或排外性。职业教育范式不仅排除与它不相符的材料、陈述和观念，而且排除它所不承认的职业教育问题。"在人们眼里，一切与范式不相容的理论、观念或见解都显而易见是不合逻辑的、愚蠢的、谵妄的或荒谬的。"❷ 由于被职业教育范式排除的东西不存在了，所以职业教育范式容易使人产生盲目和非理性。职业教育范式通过自我遮蔽制造不证自明的效果。由于它是看不见的，所以服从它的人便以为自己是在服从职业教育的事实、经验和逻辑，其实他服从的首先是职业教育范式。职业教育范式之间并不是绝对价值中立的，在不同的科学共同体之间，经常出现"唯物主义与唯心主义、辩证法与形而上学、一元论与多元论、经验论与唯理论、理性主义与非理性主义、绝对主义与相对主义、客观主义与主观主义、个体主义与整体主义、乐观主义与悲观主义等等之间进行的互不妥协且似乎永无休止的争论"。❸

3. 职业教育范式的潜在组织性

的确，从特定意义上讲，职业教育范式的宝座永远是一个虚位，因为职业教育范式从来没有被表述，没有被记录在任何地方。"我们不要忘记，

---

❶ ［美］拉瑞·劳丹. 进步及其问题［M］. 刘新民，译. 北京：华夏出版社，1999：75.

❷ ［法］埃德加·莫兰. 方法：思想观念——生境、生命、习性与组织［M］. 秦海鹰，译. 北京：北京大学出版社，1999：259，257，240，257，242.

❸ 欧阳康. 人文社会科学哲学［M］. 武汉：武汉大学出版社，2001：460.

范式永远是潜在的，它只存在于它的现实化的表现中，只是‘以范式的方式存在着’：即存在于提示它的父亲身份的范例中。"❶职业教育范式是不可见的"虚无"，范式处在潜意识层面和超意识层面，它是职业教育理论的看得见的组织内核的看不见的组织者，在职业教育理论中占有一席看不见的重要位置。因为它总是潜在的，从不表述为范式，只存在于它的各种表现之中。它是永远潜在的原则，它不断地表现和体现在它所生成的职业教育范例、形式和载体中。"人们只能根据它当前的表现来谈论它，正如范式一词的希腊语含义所说的那样，范式的当前表现使它范例化：它只出现在它的范例中。"❷就是说，我们不应该致力于把职业教育范式实体化、物化。

4. 职业教育范式的整体生成性

从理论基础到价值信仰，从基本原则到实践操作，职业教育范式是一个分解不开的整体。它不断向外延伸和拓展，与多学科的信息进行交叉融合，自我完善和提升，是一个逐步发展的自组织系统。如同任何一种生成性原则，职业教育范式依存于由它所生成的现象的实在性，它需要这种现象的实在性，才能再生成。"任何生成性都需要被它所生成的东西再生成，这时，被它所生成的东西就变成了共同生成者。"❸

5. 职业教育范式的相对稳定性

职业教育范式在其发挥作用的过程中，尽管会不断受到各种程度不同的怀疑和批判，但是，在一个比它更好的竞争范式替代它并为科学共同体接受之前，它会保持一个比较稳定的状态而不会被人们所抛弃或淘汰，并对科学研究起到定向、指导、限制和辩护作用。职业教育范式一经形成，一般都具有相当的韧性或相对稳定性，单个的事实或一般性的竞争理论通常都不能证实或者推翻一种范式。职业教育范式的产生、形成与完善，乃至科学革命，都是一个比较漫长的过程。普朗克的话表达了这一过程的长期性："一种新的科学真理不是靠他的反对者信服而胜利的，而毋宁说是

❶❷❸ ［法］埃德加·莫兰. 方法：思想观念——生境、生命、习性与组织［M］. 秦海鹰，译. 北京：北京大学出版社，1999：259，257，240，257，242.

他的反对者终于死绝了，新一代成长了，并熟悉它了。"❶

6. 职业教育范式的双重矛盾性

作为一种认识工具，职业教育范式不仅是一堆思想观念和理论，也区别于一般的职业教育理论和实践，而是具有理论与实践双重品格，具有指向职业教育实践的特征和内涵，成为融合职业教育理念和实践的统一体。职业教育范式既开辟了一个新思路、新领域，但也可以把人的思维限定在某一思路、某一领域。"一个范式可能同时既是使人明达的又是使人糊涂的，既是起揭示作用又是起遮蔽作用的。在它的内部蜷缩身体躲藏着一个有关真理和错误的游戏的关键的问题。"❷

二、现代职业教育范式的基本范畴

职业教育基本范畴的多样性❸，预示或决定职业教育范式的复杂性。本章提出的是职业教育范式建构面临的一些两难问题，是对现代职业教育理论建设的呼唤，也是对职业教育研究既有结论的挑战，更是对职业教育范式健康发展的期盼。职业教育范式建构中的这些困惑与争论，与其说是借助于"社会学的想象力"产生的，不如说是当前整个职业教育理论建设的根本问题。对这些问题的判断和解决思路，决定职业教育范式的分野和建构，也影响职业教育实践的方向和道路。

（一）职业教育的人性假设问题：改造人性还是提升人性❹

人性假设是构建职业教育范式的逻辑起点和思想基础。古今中外大量的事实表明，凡持有不同的人性观的思想家、教育家，就会有不同的教育思想与实践。由于在人性问题上的假设不同和认识分歧，因而在教育目的、教育作用和教育任务上的主张也有根本的不同，对教育原则和教育方

---

❶ 夏基松，沈斐凤. 历史主义科学哲学［M］. 北京：高等教育出版社，1995：208，201，205.

❷ ［法］埃德加·莫兰. 复杂性理论与教育问题［M］. 陈一壮，译. 北京：北京大学出版社，2004：17－18.

❸ 范畴是一种辅助概念，每一个范畴都是人为创造出来并加以组织化的术语，给科学提供分类样式，作为思考技术的工具，为进行共同讨论限定框架和带来主题感觉。

❹ 崔景贵. 现代人性观与心理教育人性化［J］. 教育研究，2004（7）：43－48.

法的选择就会不同。在一定意义上说，人性论乃是职业教育的立论依据。进一步明确地说，性善论主张通过教育发展人性；性恶论主张通过职业教育改造人性；性无善恶论主张通过职业教育塑造人性。具体而言，这里所说的"发展""改造""塑造"对职业教育的内容、方法都会各自提出不同的要求。从职业教育理论建设的方面说，各种人性假设都是教育家从某个特定的角度，运用某些特定的方法对人性的某个特定方面或特定层次的揭示，它们都是人性所能包含的一个方面的内容，它们都构成了人性的某一或某些方面的事实，但是它们又都不可能是人性的全部。如果把人性的某一或某些方面的揭示而得出的结论绝对化，夸大为人性的全部，并企图使之永恒化和抽象化，就会导致职业教育理论建设与实践探索的片面性。只有树立正确的现代人性观，才能形成科学的职业教育观，才能完整地把握人的现实生活和心理世界，才能整体推进人的心理全面和谐发展。

（二）职业教育的目标取向问题：社会本位还是个人本位

职业教育目的是整个教育活动的出发点和归宿。社会本位论与个人本位论是最典型的两种目标取向，其实质上都是人们对职业教育需要的反映。职业教育目标的提出要受制约于社会发展的需要和个人发展的需要。绝对地夸大职业教育的社会制约性和社会职能就会导致社会本位的职业教育目的论。片面地把抽象化的个人发展的需要作为职业教育目的的立论基础，就会导致个人本位的职业教育目的论。从理论上讲，职业教育服务于个人发展的职能和服务于社会发展的职能并不矛盾，制定职业教育目的的内在依据和外在依据应该是统一的。就职业教育目的的制定来说，社会的需要和职能应该占主导地位，但目前我们存在的实际问题，恰恰是对个体的需要和作用关注得不够。选择职业教育的价值取向，我们不能用那种表面上看起来"全面"而实质上流于肤浅的庸俗辩证法的观点看问题，应该根据当前社会所提出的客观需要去进行具体的价值判断和价值选择，需要强调"社会价值"时就突出选择"社会价值"，需要选择"个人价值"就重点发展"个人价值"。从我国当前的实际情况看，我们应突出选择实现"个人价值"，以此作为现阶段职业教育目标的基本取向，这既是理论上克服历史片面性的需要，也是现实上建设高度发达的现代化国家所必须经历的一个历史阶段。当然，也并不排斥在适当时候我们又要突出强调职业教育目标中的"社会价值"的实现。这样才是真正尊重了历史规律，才是符合客观辩证法的。

（三）职业教育的作用机制问题：内化论还是外烁论

职业教育旨在促进人的心理发展，而影响人的心理发展的因素是多方面的，既有内在的因素，又有外在的因素。心理发展程度和水平如何，向哪里发展？这就不是由外因机械决定的，也不是由内因孤立决定的，而是由适合于内因的一定的外因决定的，也就是说，心理发展主要是由适合于主体心理内因的那些教育条件决定的。但环境和教育不是机械地决定人的心理发展，而是通过心理发展的内部矛盾在起作用。我国著名心理学家朱智贤认为，这个内部矛盾是主体在实践中，通过主客体的交互作用而形成的新需要与原有水平之间的矛盾。这个矛盾是促进和实现心理发展的动力。职业教育就是要不断地解决既有的矛盾，激发更高层次和水平的新矛盾，如此循环螺旋式上升，推动人的心理可持续发展。从一定意义上讲，职业教育既是心理发展矛盾的"调和者"，又是心理发展矛盾的"制造者"。

（四）职业教育的价值立场问题：价值中立还是价值引导

价值参与与价值导向是职业教育中有争议的基本问题。一部分学者主张在教育管理过程中保持价值中立，要充分尊重学生自身的判断和选择，不把教师本人对人生意义及生活的理解及标准强加给学生。另一种主张认为，在职业教育中应该坚持价值参与原则和有正确的价值导向。因为教育应该是使受教育者沿着社会发展与文化发展的主流方向变化，科学合理的价值追求是使人向更高层次发展的依据和动力。职业教育的现实也表明，价值取向模糊、价值评价偏差、价值认同失衡、价值观念错位等问题，正是许多人尤其是青少年心理问题产生的诱因[1]。随着职业教育实践的不断深入，完全的价值中立根本无法实现，价值导向问题也始终无法回避。

（五）职业教育的功能定位问题：以预防性为主还是以发展性为主

职业教育的功能是职业教育的价值所在，它随着人们对职业教育内涵

---

[1] 杜彩芹，吴晓兵，夏纬. 心理健康教育的学科性质与价值导向 [J]. 教育与职业，2003 (11)：40–41.

的认识和实践的发展而发展，主要表现在发展性、预防性和矫治性三个方面。在实际的职业教育过程中，这三方面常常交织在一起，很难把它们截然分开，从而构成了一个完整的职业教育功能体系。但在认识职业教育的功能上，有人强调职业教育的预防性功能，有人强调职业教育的发展性功能。按理说，预防与发展并不矛盾，这是相辅相成的两个方面。有效的预防能有利于发展，积极的发展能从根本上保证预防。现在人们已经形成了初步的共识：发展是职业教育的根本性功能。发展性职业教育在整个职业教育当中处于基础和核心地位，是现代职业教育范式的重点。

（六）职业教育的机会均等问题：实现因材施教还是促进社会分层

　　职业教育机会不均等的现象是一个比较突出的职业教育问题，尤其是把接受职业教育的机会与社会公平、教育民主相联系时更是如此。职业教育应当面向全体学生，促进学生的全面发展。同时，职业教育又要照顾学生的个别差异，因材施教。这是比较明确而理想的职业教育原则，只是目前的现实还不可能做到这一点。即使做到了这一点，那也不可能真正实现职业教育机会的完全均等。因为一个基本的事实是，学生的心理发展水平存在明显的个别差异，我们希望并且要求职业教育能够因材施教，但事实上这可能是在人为地产生更显著的心理差异，从一定意义上甚至使职业教育成为社会分等分层的新工具。即使我们对所有的学生都一视同仁，在职业教育方面给予一样的关注和关怀，那也是不人道的、缺少人性的，毕竟"人心不同、各如其面"。现阶段职业教育机会不均等是客观存在的，不应否认，也不应忽视。当然，把职业教育机会均等理解为职业教育上的"平均主义"或"结果相等"，也会造成思想上的混乱。在这方面，美国未来学大师、社会学家丹尼尔·贝尔认为，支持现代社会运作的价值观是效率、公平和自我实现。这三种价值观构成了现代社会发展的调节平衡系统。瑞典当代著名教育家托尔斯顿·胡森在一份权威性的报告中指出，教育机会均等实践依次在效率优先的起点均等论、公平优先的形式平等论、突出个性发展的实质均等论三种平等观指导下演进❶。可以预见，职业教育机会不均等势必在一段时期内客观地存在，正如科尔曼所指出的："由于存在着差别性校外影响，机会均等只可能是一种接近，永远也不可能完全实现。"❷

（七）职业教育的基本任务问题：人的个性化与社会化

个性化和社会化是人的终身课题，在人生的不同发展阶段个性化和社会化有各自的主要任务。在社会学家看来，职业教育的一项重要功能，正如迪尔凯姆所说的，在于"使年轻一代社会化"。在青少年社会化的过程中，过分社会化与社会化失败是两种比较常见的问题。过分社会化是一种只承认共性、抹杀个性的社会化偏差现象；社会化失败是指个人接受与社会主流文化相对立、相冲突的亚文化的过程，这是背离社会化目标的一种"反社会化"现象。对于这些社会化问题的"矫治"，就成为职业教育的一个重要任务。20世纪90年代以来，青少年的社会化问题越来越突出，社会化问题在今天已无法在传统的学校教育范畴里解决，而扩展成为全社会、终身性的问题。特别是在社会化与个性化之间保持必要的职业教育张力，是一个需要深入研究的课题；而另一个问题是社会化的"效度"，即受教育者并没有得到真正完全、充分的社会化，走出职业学校之后，还存在一个再"化"的过程——在社会上还需经过一个相当长的适应期。也就是说，还有一个继续社会化与再社会化的过程。"在再社会化的背景中，社会化的过程一般更加集中、更加紧张，其目标是人的改造，而不是人的形成。"❸ 可以明确的是，社会化的历程，是个人与社会不断互动、共同影响、相互适应、持续发展的动态过程。

（八）职业教育的实效性问题：正向功能与负向功能

职业教育是以社会为本还是以人为本，似乎是难以协调的一对矛盾。然而，事实并不那么尽如人意：以社会为本的职业教育模式铸造出来的人

---

❶❷ 张人杰. 国外教育社会学基本文选 [M]. 上海：华东师范大学出版社，1989：193 - 215，191.

❸ ［美］M. 罗森堡 R. H. 特纳. 社会学观点的社会心理学手册 [M]. 孙非，等，译. 天津：南开大学出版社，1992：203 - 204.

不一定能够成为社会的模范公民；以个人为本的职业教育固然能够开发个体的一些心理潜能，但却容易培养一些极端的个人主义者。和人类的任何实践活动一样，职业教育也是一把"双刃剑"，职业教育的功能也有正负之分。职业教育的负面功能，指的是职业教育的阻碍、压抑、损害受教育者身心发展和社会发展的消极效应。无论对个体还是对社会而言，职业教育的负向功能则是显而易见客观存在的。但是，目前对职业教育功能的研究基本上局限于正向功能的认识，就是说，我们有意或无意地只关注职业教育对于社会和个人心理发展的积极影响，而不去探究它已经或可能产生的消极影响。这给人的感觉就是只要抓了职业教育，似乎就一定能够促进人的心理发展。现实的教育（包括职业教育）失误引发职业教育的负面功能，忽视职业教育的负面功能也容易放纵职业教育的失误。当职业教育的社会功能"卓著"时，人们往往会对职业教育倾尽赞誉之辞，职业教育简直就是现行教育的"大救星"，而一旦职业教育的社会功能不如想象的美好甚至"成效低劣"时，人们可能会不分青红皂白地对职业教育进行指责，职业教育甚至会成为当今教育的"替罪羊"。这也使我们不得不认真思考这样一个问题：到底怎样的职业教育才能真正促进社会和个人的有效发展？

布兰克尔茨说："任何学科很少像教育学那样，在有限的理论命题之中，充满了那么多互相冲突的后设理论叙述。"❶ 在教育理论发展史中，曾经出现过各种互相矛盾甚至截然对立的观点❷。教育思想的历史，就是在这一系列矛盾中左摇右摆地蹒跚前进的历史。由于某种特定的环境和需要，人们往往侧重于矛盾的某一方面，当情况改变、认识深化时，为了纠

---

❶ 陈桂生. 历史的"教育学现象"透视——近代教育学史探索 [M]. 北京：人民教育出版社，1998：318.

❷ 巴格莱曾经列举了8组矛盾：个人与社会、自由和纪律、兴趣与努力、游戏与工作、目前需要与长远目标、个人经验与种族经验、（教材的）心理组织与逻辑组织、学生主动性与教师主动性。除这8组矛盾外，至少还可以补充15种：今生和来世、性善和性恶、古典教育和科学教育、普通教育和专（职）业教育、教育平等和精英教育、理论和实践、系统知识和做事、儿童中心和社会中心、个性和社会性、形式教育和实质教育、知识和智力（能力）、学校和非学校、智育第一和德育第一、天性和教育、内发和外铄，等等。单中惠，杨汉麟. 西方教育学名著提要 [M]. 南昌：江西人民出版社，2000：4.

正既已存在的片面性，又向另一个片面倾斜，即所谓矫枉必须过正。当历史再前进时，人们又会从新的基础回到原来的片面，尽管是更为理智的回复。据此我们思考职业教育范式建构的基本问题，这种争论并不少见，却呈热烈之势。

职业教育范式的建构与转变是令人鼓舞的，但问题是不容回避的。加拿大著名教育家迈克·富兰曾经说过："问题是我们的朋友。问题不可避免地要出现，但是好的一面是如果没有问题，你就学不到东西，也不能成功。"❶ 职业教育与社会和谐发展、职业教育与个体心理发展、职业教育与教育改革发展以及职业教育的自身学科发展等，都是我们不应该回避，也根本不可能回避的问题。只有深入到问题之中，我们才能够提出创造性的解决办法。问题是通向更深入的变革和达到更为满意效果的途径。在职业教育改革创新的进程中，只有意识到这一点，抓住根本问题、关键问题，积极应对问题，现代职业教育范式的转型与重构才能走向成功。

三、现代职业教育范式的基本功能

尽管目前学术界对范式概念的看法还是褒贬不一，但并不影响它的重要性。为什么范式概念一经提出，就能够得到广泛应用？究其原因，主要在于范式具有独特的认识论和方法论功能。从"隐喻"的角度看，职业教育范式的积极作用可以概括为以下五个方面。

（一）"舵手"：职业教育范式的研究定向作用

一旦确定了职业教育范式作为组织的组织者的核心性质和生成性质，我们就可以赋予这个概念以思维原则的"舵手"的地位，把它置于职业教育观念系统的中心以及职业教育科学理论的中心。作为科学共同体的研究纲领和共同信念，职业教育范式是科学活动的指南。它告诉人们选择什么，不选择什么。它把研究者吸引到自己的思路上来，并提供了许多范例，告诉拥护者应该如何去做，它不仅指明了某一领域的研究方向，而且

---

❶ ［加拿大］迈克·富兰. 变革的力量［M］. 中央教育科学研究所，加拿大多伦多国际学院，译. 北京：教育科学出版社，2000：37.

还具体地限定了研究范围。"正是这些因相信范式而带来的限制，却成了科学发展不可缺少的因素。正由于集中注意狭小范围内比较深奥的问题，范式才迫使科学家仔细而深入地研究自然界某一部分，没有范式，这样的研究是很难设想的。"❶

（二）"拱石"：职业教育范式的桥梁纽带作用

职业教育范式以循环的方式与它所生成的职业教育话语和系统联系在一起，发挥着"胶合剂"的作用。"范式在任何理论、学说或意识形态中起一个既是地下的又是至高的作用。范式是无意识的，但它浇灌着有意识的思想，支配它，在这个意义上它又是超意识的。简言之，范式建立构成公理的首要的关系，后者又决定概念，支配论述和理论。它组织它们的组织，它产生它们的产生和再产生。"❷ "它就像是一个拱石，支撑着组成拱顶的全部构件，把它们连成一个整体，但它也被它所支撑的全部构件所支撑。总之，范式支撑着支撑它的东西。"❸

（三）"原始核"：职业教育范式的社会组织作用

职业教育范式是一个精神—社会—文化的原始核，职业教育的其他各种胞核都从这个原始核中衍生出来。在职业教育领域，接受同一范式的专家、学者容易组织起来，成立专门的职业教育学术组织和研究机构，积极开展研究交流活动，编辑、发行职业教育类的专业出版物。一种职业教育范式通过理论建设和意识形态，决定一种教育世界，一种教育生活，一种教育状态，一种教育特征，一种职业教育的世界观和价值观。所以，职业教育范式的变化会蔓延到职业教育的整个世界，一场范式革命会改变职业教育世界的逻辑构造。

（四）"罗盘"：职业教育范式的认识框架作用

无论如何，范式为我们认识和研究职业教育提供了一个新颖的、颇具

---

❶ ［美］T·S·库恩. 科学革命的结构（中译本）［M］. 李宝恒，等，译. 上海：上海科学技术出版社，1980：20.

❷ ［法］埃德加·莫兰. 复杂性理论与教育问题［M］. 陈一壮，译. 北京：北京大学出版社，2004：17－18.

❸ ［法］埃德加·莫兰. 方法：思想观念——生境、生命、习性与组织［M］. 秦海鹰，译. 北京：北京大学出版社，1999：259，257，240，257，242.

说服力的方法论视角和工具。职业教育范式具有一种彻底的意义，它是职业教育方法论的指导、思维的基本图式、预设或起关键作用的信仰，因此它本身带有一种理论统治权。它是活生生的职业教育行动指南，是职业教育领域内进行科学研究的纲领。科学共同体的职业教育研究活动必须遵循一定的规则和理论框架，只有这样，才能吸收和同化先进的职业教育思想观念、材料，并充实和发展该职业教育理论框架。它不仅着眼于当下的职业教育实践，而且指向于未来职业教育的发展。

（五）"标尺"：职业教育范式的学科规范作用

在库恩看来，范式是科学发展状况的测量器和指示器。库恩认为范式是使学科成为科学的标志，任何一门学科只有成长、发展到具有共同的范式时，才能称之为科学。"取得了一个范式，取得了范式所容许的那类更深奥的研究，是任何一个科学领域在发展中达到成熟的标志。"❶ 此外，很难找到别的什么标准可以明确地宣布某一个领域成为一个科学了。没有明确的学科范式，职业教育就不会有严格意义上的学术积累和进步。

但职业教育范式也是职业教育领域的一个"难结"。不同职业教育范式所控制的思想、话语和观念系统之间互不理解，甚至可能相互矛盾。职业教育范式把认识的基本组织和社会的基本组织连接在一起，相互交织缠绕，形成难以言传的、"剪不断、理还乱"、解不开的一个"难结"。

库恩认为，范式不是科学共同体的共同认识，而只是他们的共同信念，因而对于新、旧范式的评价与选择，主要标准不可能是客观的，而只能是主观的、心理的。在多种范式的竞争中，如何评价它们的优劣？如何择优而取？这完全是因人而异的，没有绝对的客观标准可言。库恩反对把"精确性、一致性、广泛性、简单性、有效性"作为范式理论选择的基本标准，尽管这五方面被学术界和理论界普遍承认。他说："我从来就完全同意传统的观点：当科学家必须在已有理论与后起竞争者之间进行选择时，这五种特征具有关键作用。他们连同其他类似的特征，提供了理论选

---

❶ ［美］托马斯·库恩. 科学革命的结构［M］. 金吾伦，胡新和，译. 北京：北京大学出版社，2003：34，10.

择的全部共同基础。"❶ 但这些标准在一起运用时就显得相互矛盾，他对此进行了深刻的批判。

库恩反复强调，"决定理论选择的不是检验，也不是理论解决问题的能力等，而是信念"。他写道："科学家们在讨论到各自的范式的优劣时，总是不可避免地相互指责，结果总是陷入具有偏见的循环论证中。每一个范式会被表明它们多少能满足于自己所遵循的准则，而不符合于某些它的反对者所遵循的准则。""与其说'理论的选择'，不如说是'理论的效忠'。范式的转变是效忠的转变，就像宗教徒的改宗一样。"❷ 也就是说，旧范式向新范式的转换没有逻辑的道路，没有客观的标准，这种转换是整体性的，类似于格式塔转换。它是科学共同体的信仰的转换，取决于共同体的赞成或宗教般的狂热宣传。

传统的观点认为，理论的更替要根据科学实验的判断，如果实验判定理论为真，则予以接受，否则便予以拒斥。但是，科学实践是异常复杂的。事实是，当实验还无法弄清理论的真伪时，科学家就已经接受或拒斥了某些重要的理论。尤其是，原则上永远存在无数个与实验一致的理论，科学家必须在实验之前就淘汰一些理论，而只选择为数不多的几个被认为最有希望的理论并付诸实验。那么，科学家这样做的依据是什么？有无合理的理由？根据什么选择标准能够获得真理性可能更大的理论？这显然是科学实践中一个十分重要的问题。肯定的回答意味着科学是理性的，否定的回答意味着科学是非理性的。❸

为什么科学合理性的问题如此重要？因为科学发展的最重要的形式是理论的更替。实际上，科学行为的真正标志是甚至对自己最珍爱的理论也持某种怀疑态度。盲目虔信一个理论不是理智的美德，而是理智的罪过。因此，"即使一个陈述似乎非常'有理'，每一个人都相信它，它也可能是伪科学的；而一个陈述即使是不可信的，没有人相信它，它在科学上也可

---

❶❷ 夏基松，沈斐凤．历史主义科学哲学［M］．北京：高等教育出版社，1995：208，201，205.

❸ ［英］伊·拉卡托斯．科学研究纲领方法论［M］．兰征，译．上海：上海译文出版社，1999：1-3.

能是有价值的。一个理论即使没有人理解它，更不用说相信它了，它也可能具有至高的科学价值"❶。无论对待哪一种职业教育范式，我们需要的是理性的批判和怀疑精神。显然，如何来科学评价积极职业教育范式是一个新的理论与实践问题。

摆在我们面前的是相互竞争、彼此纷争的多种职业教育范式，较强的职业教育范式认为那是唯一可能的范式，而较弱的范式的提倡者声称他们正在遭到不公正的对待和压迫。"后者往往利用范式的相对性作为论据——一切范式是同等有效的。除了事实上这是由于争论对手软弱而得出的论据外，也没有人真正地相信他，尤其是那些提出此论据的人。"❷ 事实上，有多元职业教育范式的存在，有些范式比其他范式更有效更有用。但这种有效性和适用性不是永远不变的，那些占优势的职业教育范式的确不能停滞自满，而应该始终严肃对待学术上的挑战，需要调整视角花时间重新审视自己。

职业教育范式只有在比较中才有优劣之分，才能体现进步，才能得到评价。但是职业教育范式比较不是纯逻辑的比较，不是范式具体内容的比较，也不单纯是范式的解决问题的数量和权值的比较，而是协调力的比较。我们赞同这样一种思想观念："科学合理性在于理论具有一定的协调力，科学进步在于理论协调力的不断增长。我们不能直接把握真理，但是，我们可以通过理论的协调力间接地逐步把握真理，通过增强理论的协调力间接地逐步接近真理。"❸ 我们的基本态度是，选择和接受综合协调力强的职业教育范式，完善和改进综合协调力弱、但局部协调力比较强的职业教育范式。

当然，我们对待当下职业教育范式的存在更不必做出非此即彼的选择和非黑即白的评价。职业教育范式的发展过程不需要你死我活、此消彼长

---

❶ ［英］伊·拉卡托斯. 科学研究纲领方法论［M］. 兰征，译. 上海：上海译文出版社，1999：1-3.

❷ ［美］伊曼纽尔·沃勒斯坦. 所知世界的终结——二十一世纪的社会科学［M］. 冯炳昆，译. 北京：社会科学文献出版社，2002：177-178.

❸ 马雷. 进步、合理性与真理［M］. 北京：人民出版社，2003：23.

的学术生境，职业教育范式之间也不是相互攻击、相互指责的学科际关系，更不能刻意寻求谁输谁赢的结局。有时候，两个或者两个以上的职业教育范式之间并不是相互对立或排斥的，它们有可能在经过修改、抛弃其某些核心要素之后合成一体，整合或融合成较之原有范式更为进步、科学的职业教育范式。这似乎已经成为积极职业教育范式建构与发展的一个基本趋向。

本章小结

职业教育范式是职业教育理论机体的核心和理论框架赖以建立的平台，也是职业教育体系的基本范畴和逻辑起点，具有多元层次性、聚同排他性、潜在组织性、整体生成性、相对稳定性、双重矛盾性等特点。从"隐喻"角度看，具有研究定向作用、桥梁纽带作用、社会组织作用、认识框架作用和学科规范作用等。职业教育基本范畴的多样性，预示或决定现代职业教育范式的复杂性。人性假设、目标取向、作用机制、价值立场、功能定位、基本任务、机会均等、实效性等问题，是现代职业教育范式建构的基本问题。多元融合是积极职业教育范式建构与发展的一个基本趋向。

积极导向：现代职业教育范式的区域建构与实践

2014 年 3 月 25 日，教育部召开的 2014 年职业教育与继续教育会议强调，"要牢固确立现代职业教育在国家人才培养体系中的重要位置。要坚持以提高质量、促进就业、服务发展为导向，抓好职业教育关键制度建设"，要"大力提升技术技能人才培养质量，推动具有职教特点的现代学校制度建设"。寻求现代职业教育变革策略，加强和改进职业教育教学管理，我们认为重在建设、贵在创新、务求实效。针对现代职业教育范式建构所面临的问题，本章以江苏省的职业教育区域实践为例，探寻如何积极更新职教观念，创新中等和高等职业教育的办学定位，在各自层面上办出特色、提高质量，促进学生全面和谐、个性化发展。实现江苏职业教育现代化，最为可贵的成功之道，就是以立德树人为根本理念来引领职教创新发展，以提高质量、促进就业、服务发展为导向来增强现代职教发展的吸引力，推进现代职教教学深化改革，积极绘就中国职教梦的江苏新篇章。

一、着力建构以提高质量为导向的现代职业教育范式

2012 年 11 月 29 日，江苏省政府办公厅转发了省教育厅《关于进一步提高职业教育教学质量的意见》（苏政办发〔2012〕194 号，本章简称《意见》），对职业教育深化教学改革、提高教学质量进行了全面部署。《意

见》共分 8 章、20 条，包括重要意义、总体要求与具体任务等内容，改革创新力度比较大，实践指导操作性较强。这是全面深入分析江苏现代化建设的新形势、新使命，梳理制约江苏职业教育科学发展的主要问题，探讨新时期推动江苏职业教育改革创新的新思路和新理念，认真落实省委、省政府提出创新职业教育体制机制的要求的新举措、新作为。2012 年 12 月 24～25 日，省教育厅在无锡市召开全省职业教育教学质量提升工作会议，专题部署和积极推进《意见》的实施。

改革开放 30 多年来，职业教育在江苏经济社会和教育系统中的地位和价值受到高度重视，招生人数不断增加，办学规模不断扩大，教学水平不断提升，职教体系不断完善。"十一五"以来，全省职业教育在稳定招生规模、保持职普比例大体相当的同时，坚持把发展重心转到更加注重内涵建设和提升教学质量上来，取得了显著成绩。经过多年不懈努力，江苏省的职业教育取得长足发展，吸引力逐步增强，影响力不断提升。但我们也要清醒地认识到，还有不少困难和问题。如，一些地方和职业学校尚未全面落实教学工作的中心地位，职业教育教学质量有待进一步提升；素质教育在职业学校有待深入实施，职校学生"习得性无助"现象普遍存在，学习的主动性与积极性尚未充分调动；职业教育教学思想观念陈旧，课堂教学方法形式需要改变改进，成效实效有待提高；教学过程管理有待加强，专业建设、课程设置、教材选用、顶岗实习、教学评价等环节比较松散。如何解决这些困难和问题，加快实现江苏职教内涵发展、创新发展、科学发展，考验着职教工作者的认知能力、实践艺术和领导智慧。

（一）完善体系：职业教育发展目标转向

《意见》明确提出，"推进教育现代化建设、完善现代职业教育体系，都对提高职业教育教学质量、培养更多高素质劳动者和技能型人才、提供更多高质量的就业和社会服务提出了前所未有的迫切需求"。要"大力推进职业教育专业结构与现代产业结构的衔接吻合，努力满足经济社会发展的需要"。职业教育正在进入以提高质量为重点的新时期，建设现代职业教育体系是这个时期最为紧迫的重大任务。现代职业教育体系是指适应经济发展方式转变和产业结构调整要求、体现终身教育理念、中等和高等职业教育协调发展，满足人民群众接受职业教育的需求，满足经济社会对高素质劳动者和技能型人才需求的职业教育系统。按照规划，到 2015 年初步形成现代职业教育体系的基本架构，力争"十二五"期间取得重大突破；在 10 年内形成适应需求、内部衔接、外部对接、多元立交的具有中国特色、世界水准的现代职业教育体系。

建设现代职业教育体系是为了促进职业教育遵循职业教育规律、主动适应经济社会发展需要、增强职业教育吸引力、满足人民群众接受良好教育的要求。目标任务的达成唯有全面提高职业教育教学质量。建设现代职业教育体系，服务经济发展方式转变和现代产业体系建设，必须抓紧抓好职业教育教学质量，推动职业教育由注重规模到提高质量的历史性转变。可以说，提高教育教学质量是建设现代职业教育体系的出发点和落脚点，应当贯穿于职业教育教学工作的全方位、全过程、全环节。职业教育要以加快科学发展为主题，以素质教育为主线，以提高质量为核心，以加强教师队伍建设为关键，以增强管理能力为支撑，以改革创新为动力，自觉服务于加快经济发展方式转变，努力形成中国特色、世界水准的江苏现代职业教育体系。目前，围绕现代职教体系建设目标，江苏正在全面推进加强顶层设计、完善政策法规、健全办学机制、创新培养模式、加大经费投入、强化师资建设、完善评价标准、深化教改试点等重点工作。

（二）育人为本：职业教育思想观念转变

《意见》明确提出，"要坚持以服务为宗旨、以就业为导向、以育人为根本""始终坚持把德育放在教育教学的首要位置"。思想决定行动，理念引领实践。转变观念是职业教育改革创新的前提，立德树人是职业教育教学工作的首要任务。职业教育的办学理念和教学思想经历了一个逐渐发展成熟的过程，必须充分体现时代性，准确把握规律性，大力增强实效性。随着科学技术的迅猛发展，社会竞争的日益加剧以及经济全球化的到来，职业教育必须明确"职业教育是育人而非制器"的价值追求，树立引导和促进职校学生成长成人成才成功的现代思想，树立德育为先、全面发展、人人成才、多样人才、终身学习和系统培养的教育理念。

育人是职业教育的根本任务，育人为本的理念应当成为当前引领现代职业教育科学发展的思想旗帜和行动指南。职业学校要秉承"以人为本、与人为善、助人自助、育人至上"的思想，坚持"全人教育、全员教育、全程教育、全面教育"的原则，大力实施素质教育，关注职校学生生涯的持续和谐发展，引导和促进职校学生学会认知、学会实践、学会生存和学会合作。不仅注重学生专业技能培养，更要重视培养学生的行为习惯、诚信品质、敬业精神、创新精神和责任意识的养成，形成教学、科研、管理、服务和文化全方位育人的职业教育管理格局，全面提高技术技能型人才培养质量和水平。

（三）校企合作：职业教育办学模式转型

《意见》明确提出，"推进校企深入合作。坚持以市场和社会需求为导向，完善政府主导、行业指导、企业参与、学校主动的校企合作运行机制"。校企合作是职业教育提高教学质量的必由之路。要注重学校之间、校企之间、学校与科研机构之间合作以及中外合作等多种联合培养方式，形成体系开放、机制灵活、渠道互通、选择多样的人才培养体制。尤其要把深化校企合作作为推进职业教育教学改革创新的重点，把加强专业建设、课程改革、教材建设作为主要工作抓手，努力实现专业与产业、企业、岗位对接，专业课程内容与职业标准对接，教学过程与生产过程对接，学历证书与职业资格证书对接，职业教育与终身学习对接，努力构建江苏职业教育办学的创新格局。

改革职业教育办学模式，要坚持职业导向、能力本位、学生中心、校企结合的原则，进一步深化校企合作、工学结合，寻求和经济发展、企业生产、工作现场和职业活动的紧密结合。完善职业教育集团治理结构与运行机制，积极推进集团化办学。加强职业学校和企业在人才培养全过程、全方位的合作，积极探索"引企入校""办校进厂""企业办校""校办企业"等多种形式的校企合作。加强企业文化与学校文化的沟通融合，推进产业文化进校园、企业文化进课程。构建"工学结合、教产合作"的职教办学模式，需要行业企业来组织、推进，而职业院校的专业设置、教学改革和人才培养，同样需要行业企业提供技术信息、人才规格和职业标准。加强政府统筹，鼓励和支持职业教育办学模式改革试点，对职业教育教学改革的新政策、新举措先行先试，形成可以借鉴推广的典型模式和成功经验，实现重点突破、以点带面。

（四）注重内涵：职业教育管理重心转移

《意见》提出，今后要"不断深化人才培养模式改革。中等职业教育实行'2.5＋0.5'人才培养模式，五年制高等职业教育实行'4.5＋0.5'人才培养模式"。我国职业教育经历了一个由起步到提高、由粗放到精细、由散乱到规范、由一哄而上到布局调整、由盲目上马到理性建设的快速发展过程。职业教育发展的重心正由比较多地注重规模扩张向更加注重内涵发展、质量提高转移。创新人才培养模式，实现内涵式发展成为新时期江苏职业教育管理的重点工作。要继续深化办学体制和教育教学管理改革，充分发挥职业教育为地方经济、社会发展提供人才支持和为学生的就业、谋生、发展提供教育服务的功能，努力实现校企合作办学、教师创新教学、学生学会学习，努力探索江苏职业教育的内涵建设、特色发展之路。促进职校教师队伍专业化发展，实现每个学生自主和谐发展，需要职教政策与社会环境的大力支持，更要求职业学校深思熟虑、科学实践。

当前，内涵建设成为江苏职业教育科学发展的重大课题，职业学校教育改革面临新的形势和任务。优化人才培养模式、建设学校文化软实力、积极职业教育管理是江苏职教内涵向纵深发展、推动职业教育转型升级的有力抓手和有效举措。要积极实施"做中学、做中教"的教学模式，推行项目教学、案例教学、场景教学、模拟教学、主题教学和岗位教学等教学方法，更加注重实践技能教学，培养学生专业实践能力和职场创新精神。要积极开展现代学徒制试点，推进小班化教学，探索专业技能型人才培养模式，注重职校学生个性化培养，鼓励学生多元化发展。要改变职业学校教育管理模式，从消极纠错、矫正问题走向积极建设、引导成长，注重因材施教、因势利导，避免"机器加工式"培养和整齐划一齐步走，推行分层教学、走班制、学分制、导师制等教学管理制度，完善学习困难学生帮助机制，建立拔尖学生特殊培养制度。

（五）提高质量：职业教育实践战略转轨

《意见》提出，"坚持把提高质量作为职业教育改革发展的核心任务来抓，研究采取切实有效措施，全面提升职业教育教学质量和水平"。职业教育在经历了以学校设置和专业开发为核心的从无到有、以专业调整和规模拓展为核心的从小到大之后，目前正进入到以提高人才培养质量为核心的第三次创业阶段。江苏职业教育要成为教育领域的生力军，夺目于江苏教育事业的"百花园"，必须由注重规模、结构自觉转向更加注重内涵发展、大力提高教育质量，进一步增强服务江苏经济社会发展的针对性和实效性。必须加强对职业教育发展的规划，推进课程专业建设与社会发展需求的有效对接，促进职业教育规模、专业设置与区域产业建设的紧密结合。职业教育必须与普通教育"错位发展"，真正办出职业教育的特色，尤其是要不断推进职业教育教学改革，提高职业教育教学质量，以质量求生存，靠质量谋发展。

提高质量是职业教育真正赢得尊严、实践自信的根本措施。《意见》提出："切实加强职业教育课程建设，加快形成具有自身特色的教学质量保障、监测和评价体系。"要建立健全课程衔接体系，让学生享受到优质的职业教育资源，完善教学质量评价标准，加强质量管理体系建设，把毕业生的职业道德、职业能力、就业质量和用人单位满意度作为考核职业学校教学质量评价的重要指标，建立适应行业产业发展要求和学生持续发展需求的技术技能人才培养质量评价标准。要创新教学质量评价方式，不断完善以学校为核心、教育行政部门指导、第三方参与的人才培养质量评价机制，实现质量评价方式社会化，鼓励和支持行业企业、学生及家长共同参与教学质量的评价。要建立以提高教育质量为导向的管理制度和工作机制，着重建设健全职业教育发展的质量督导与问责机制，发展政府引导、社会广泛参与的职业教育质量监督体系。

当前，现代职业教育已经进入到一个全新的发展阶段，体系建设、育人为本、特色办学、校企合作、内涵提升、质量提高是几个最为突出的关键词。我们要深入学习、深刻领会《意见》的重要精神，落实职业教育的战略地位、发展目标、核心任务，遵循职业教育发展规律、教学规律、人才成长规律，以全面推进江苏职业教育科学发展为使命，按照"保证规模、调整结构、加强管理、提高质量"的基本要求，持续巩固发展成果，大力推动改革创新，切实解决突出问题，全面强化内涵建设，着力提高办学质量，实现质量、规模、结构和效益的有机统一，进一步开创江苏职业教育又好又快、更好更快发展的新局面，为奋力推进现代职业教育体系建设和实现江苏教育现代化做出更大的贡献！

二、加快建构以促进就业为导向的现代职业教育范式

教育是发展之本，就业是民生之本，关系到千千万万家庭的福祉。江苏在推进"两个率先"的进程中，坚持把民生改善作为科学发展的导向，把"民生幸福工程"列入"十二五"重点实施的"八项工程"。就业率是"民生幸福工程"的关键指标，提高就业率是"民生幸福工程"顺利实施的重要工作。当前江苏教育领域正在进行的重大改革之一，就是加快构建以促进就业为导向的现代职业教育体系、加快发展富有江苏特色的现代职业教育，为促进江苏经济提质增效升级提供人才支撑。

（一）科学认识就业导向的现代职业教育范式

2014 年 6 月，在全国职业教育工作会议召开之际，习近平同志就加快职业教育发展做出重要指示。他强调，"职业教育是国民教育体系和人力资源开发的重要组成部分，是广大青年打开通往成功成才大门的重要途径，肩负着培养多样化人才、传承技术技能、促进就业创业的重要职责，必须高度重视、加快发展。要牢牢把握服务发展、促进就业的办学方向，深化体制机制改革，创新各层次各类型职业教育模式，坚持产教融合、校企合作，坚持工学结合、知行合一，引导社会各界特别是行业企业积极支持职业教育，努力建设中国特色职业教育体系"❶。因此，江苏构建与完善现代职业教育体系是一场深刻的教育创新变革，也是一项宏大的社会系统工程。

构建以就业创业为导向的江苏现代职业教育体系，要坚持职业教育面向人人，为所有社会群体的就业和每一个劳动者职业发展提供服务，也就是要做到"增强职业教育的包容性和开放性，拓宽职业教育覆盖面，现代

---

❶ 倪光辉. 习近平就加快发展职业教育做出重要指示［N］. 人民日报，2014 - 06 - 24（1）.

职业教育体系要服务支撑所有群众的职业发展，将包括弱势群体在内的社会各阶层都纳入现代职业教育体系；发挥职业教育的扶贫助贫的功能，使每一个贫困家庭都有一个能够稳定就业的孩子；同时，现代职业教育体系还要着力拓宽生产一线劳动者的职业发展通道，扩大职业院校招收一线劳动者的比例，促进社会中技术技能型人才的合理流动与提升"❶。要将升学高中毕业生、农民、新生代农民工、残疾人、失业人员等群体纳入现代职业教育体系，通过职业教育实现农村剩余劳动力的有序转移和进城农民工有机融入城镇化。

现代职业教育是直接面向市场的就业教育，江苏现代职业教育体系构建与就业率紧密相关，是就业率增长与提高的重要推手，有利于解决就业总量矛盾、缓解就业结构性矛盾；有利于促进农民工就业创业、实现生活改善。同时，现代职业教育是江苏教育现代化的重要组成部分，对促进江苏社会经济的发展、培养大批实用技术技能人才具有不可低估的意义。改革开放以来，江苏职业教育取得长足发展和重大成就，建立了规模宏大、富有特色的职业教育体系，培养培训了大批中高级技能型人才，为江苏经济发展、促进就业和改善民生做出了不可替代的重要贡献。"十二五"以来，江苏认真贯彻落实《国家中长期教育改革和发展规划纲要（2010～2020年)》，坚持以改革创新为动力，全面提高职业教育质量，在构建现代职教体系的过程中推动就业率提高，切实增强职业教育服务经济社会发展的能力。但同时也存在一些值得重视的问题，需要认真研究并着力解决。

（二）现代职业教育范式促进就业率提升的能力有待提高

从整个社会就业情况来看，江苏在《关于大力推进民生幸福工程的意见》提出，"全省新增城镇就业500万人、新增转移农村劳动力125万人以上，城镇登记失业率控制在4%以内"。可以看出，要实现这个目标，江苏面临的压力还是比较大的；就职教体系内部就业率来看，尽管当前江苏职教毕业生就业率连续多年保持95%以上，但是职教毕业生的就业稳定率

---

❶ 鲁昕. 建设现代职业教育体系：解决就业结构性矛盾的重要举措［EB/OL］. 新华网，http://news. xinhuanet. com/edu/2014－03/22/c_ 119896137. htm.

（半年内离职率）、对口就业率与初次就业率都不是很理想。《江苏省高校毕业生就业 2012 年度报告》指出，"2011 届江苏省高职高专毕业生半年内的离职率达到 46%"。《2012 届江苏高职高专院校毕业生就业竞争力指数》表明，"2012 届江苏所有公办高职院校毕业生对口就业率（工作与专业相关度）最低院校仅为 36%"。另外，据 2014 年 7 月 30 日《江苏教育报》报道，"2014 年江苏高职毕业生包括灵活就业率和升学出国率在内的初次就业率仅为 75.07%"。因此，总体来看，当前就业率现状并不能令人满意，这与当前江苏职业教育体系中存在的一系列问题相关，具体表现在以下几个方面。

1. 职教专业结构亟待进一步优化

当前江苏省职业教育专业结构的趋同化、滞后性现象日益严重，在一定程度上造成了教育资源浪费，毕业生就业压力加大。一方面，专业结构设置趋同。邓光（2012）研究表明，"江苏省超过半数的高职院校重复开设的专业有 14 个，招生规模比例达 34%；超过 2/3 院校重复开设的专业有物流管理、机电一体化技术、计算机网络技术、计算机应用技术、商务英语和电气自动化技术等 6 个专业，规模比例达 17%（即一年招生人数超过 3 万人）。商务英语、会计、市场营销等专业在专业设置重复率和招生规模持续处于高位，与逐年加大的就业难度形成反差"❶。另一方面，专业结构调整滞后。当市场人才需求发生变化，部分职业院校的反应速度比较迟缓，没有及时调整应对，造成这些专业的毕业生与地方经济建设的人才需求类型不匹配，人才的培养和供给难以适应社会需求的变化，从而进一步加剧"毕业就失业"的困境。

2. 职教层次结构需要进一步完善

只有完善从中职、高职、本科到研究生教育不同的层次结构，形成技术技能人才成长立交桥，才能建立健全的现代职业教育体系。当前江苏已率先进行中高职衔接试点工作，但在具体实践过程中依然存在一系列问题，同时，高等职业教育主要限于专科层次，没有形成本科、硕士乃至博

---

❶ 邓光，等. 江苏省高职院校专业设置状况分析 [J]. 职业教育研究，2012（6）：7-8.

士层次的高等职业教育，尤其是本科层次的职业教育还处于探索阶段。大多数地方本科高校还没有真正转型为应用型院校，没有能够成为职业教育的中坚力量。总体看来，当前江苏职业教育层次结构还远远不能适应经济社会发展对高层次专业技能型人才的需求，直接制约了就业率的提升。

3. 职教就业创业服务体系不健全

当前江苏职业院校的就业创业指导工作还不充分，没有形成系统、健全的就业指导服务体系；普遍缺乏全程指导，大多是在学生毕业前展开就业指导，导致指导效果不佳；就业指导形式还只是简单的组织招聘会、发布招聘信息，或者采用校友报告会、专家讲座等，而有关学生价值取向和就业观念引导、职业生涯规划设计、职业道德养成、职业判断和选择能力等方面涉及较少；就业指导服务缺乏针对性和个性化，还不能为不同专业的毕业生提供准确的就业指导。多数职业院校还没有真正重视创业教育，没有设立创业辅导工作机构和专业队伍，导致学生创业效率偏低，直接影响就业率。

4. 职业培训未能够有效满足需求

职业培训是职业教育的重要组成部分。由于当前江苏省劳动生产率的提高和产业结构的调整，形成大量的富余城乡劳动力，每年数量巨大的新生劳动力急需大量的就业机会，表现为城镇就业压力加大和农村劳动力转移速度加快同时出现，新成长劳动力就业和失业人员再就业问题交织。但是，江苏职业培训的供给数量和质量还不能有效满足社会需求。政府部门对于职业培训缺少统一规划，多头管理，学历教育与技能培训、职业资格证书考核与鉴定分属教育与劳动社会保障两个系统，导致职业院校教育与职业培训之间相互割裂，职业培训功能弱化；另外，职业院校面向社会的职业培训、转岗培训和农民工培训等规模远远不能满足需要。有些学校只是把职业培训作为权宜之计，对于职业培训缺乏持续的规划，制约了社会就业率提高。

5. 校企有效合作还有待深化强化

职业教育实行校企合作是构建现代职业教育体系的战略举措。但是，当前江苏企业深度参与职业教育办学过程还不够充分，校企共同主导的人才培养模式还没有成型，尚未建立起行业企业、劳动部门有效参与职业教育的统筹协调管理机制；相关校企合作的法律和政策制度还不健全，尤其是支持和鼓励行业组织参与职业教育政策尚未建立；行业组织指导职业教育发展的能力不足，协调引导作用有待加强；职业教育缺乏与企业合作的长效机制，缺乏与企业的对话机制，当前校企联合培养还是浅层次合作，形式化倾向比较严重，多数校企合作都是短期的，缺乏稳定性；企业以追求利润为目的，与学校的利益无法在同一层面上均衡，企业缺乏利益驱动，因而参与职业教育的热情不高。由于缺乏行业企业的大力支持，导致职业院校毕业生的就业率难以提升。

江苏职教体系中的专业结构、层次结构不尽合理，就业创业指导服务体系不够健全，校企缺乏深度有效合作，相关制度建设与保障措施有欠缺等方面的问题，导致职业教育人才培养质量难以满足就业市场需求，职业教育人才培养层次难以满足经济社会发展要求，降低了职业教育毕业生的社会适用性，直接影响了就业率等各项指标的提升。当前，江苏企事业单位对于职业院校毕业生质量的认可程度还不高，认为职业院校毕业生存在基础知识不扎实，专业知识结构不合理，实际动手操作能力不强，工作态度和学习意识薄弱等问题，这些问题也降低了企事业单位的用人意愿。因此，迫切需要采取积极系统的改革措施，进一步构建与完善以促进就业为导向的江苏现代职业教育范式。

（三）进一步完善以促进就业为导向的现代职业教育范式

建设以促进就业为导向的江苏现代职业教育范式，是一项复杂而系统的教育工程，需要科学协调职业教育与普通教育、中等职业教育与高等职业教育、职业教育与职业培训、职业院校与行业企业等各种关系。需要统筹发挥好政府和市场的作用，系统设计现代职业教育的体系框架，充分激发全社会参与职业教育的热情，把现代职业教育体系建设成为服务民生、促进就业的一项基础工程和幸福工程。实现这一目标任务，需要科学的顶层设计和地方各级政府的共同努力，更需要全社会的共同关注、积极参与。

在现阶段，江苏职业教育应以提高人才培养质量作为就业质量提升的工作主线，以推进中高职衔接和地方高校转型发展作为就业层次提升的工作重点，以体系化建设作为就业能力提升的工作着力点，以制度建设等保障措施方面的突破来推动就业环境与资源的优化，从根本上破除影响就业率提高的障碍，全面提升职业教育服务全省发展战略的能力与水平，促进现代职业教育源源不断地为江苏"创造更大人才红利"，为江苏转方式、促改革、调结构、惠民生做出更大的贡献。

1. 突出人才培养质量提升的主线，培育高素质技术技能人才，推动就业质量提升

近年来江苏省职业教育逐渐从规模扩张转型为内涵发展，2012年省政府办公厅转发了省教育厅《关于进一步提高职业教育教学质量意见的通知》，对提高职业教育教学质量提出了明确具体的要求。人才培养质量的提升将推动就业率的提升，也将进一步确保就业质量。应以人才培养质量提升为工作主线，在评价监控体系和校企合作平台方面做出特别努力，加速高素质技术技能型人才培养。

（1）尽快建立职业教育人才培养质量评价监控体系。教育管理、研究部门应加快研究并出台职业教育人才培养质量标准以及相应的监督、评测体系，对职业院校开展常态化人才培养质量KPI（关键绩效指标）考核，建设权威的职业院校人才培养质量发布平台并建立相应发布制度。通过科学、合理的质量管理，引导职业院校不断调整人才质量观，深化教育教学改革，加强学生就业能力培养，培养更多适应就业市场需求的高素质职业人才。

（2）逐步建立全省统一的产教融合、校企合作管理平台和信息平台。在全省统一部署下，各地市应着手建立校企合作的管理平台，并在适当的时机进行全省整合，形成全省统一校企合作信息平台。同时，进一步加强校企深度合作机制建立，借助行业协会的力量，实施校企合作的前导型课程体系建设，校企合作、顶岗实习的全过程管理，整合全省的校企合作资源，开展校企合作资质企业的认定工作，使产教融合、校企合作真正成为职业教育人才培养质量提升的有效手段，切实提升毕业生就业率和就业

质量。

2. 推进中高职衔接和地方高校转型发展，培养更高层次应用型人才，推动就业层次提升

经济总量占全国 1/10 的江苏已进入产业升级和发展方式转型的关键时期，需要更多的高层次技术技能人才的支撑。职业教育必须积极因应这一变化，重点推进中高职衔接和地方高校转型发展，培养更多高层次应用型人才，更好地服务于经济社会的发展，在提升就业层次的同时也促进青年学生的高质量就业。

（1）进一步扩大中高职衔接项目的获益面。近年来特别是 2012 年以来，通过"知识＋技能"考试以及各类中高职衔接项目进入高一级学校深造的中职毕业生累计已达数万人，但相对于 20 多万毕业生，这一数量及比例仍然偏低。需要中高职院校进一步做好中高职有效衔接工作，教育主管部门也应进一步推动中高职衔接工作，让更多优秀中职毕业生获得学习更高级技能的机会。

（2）进一步强化职业教育集团的作用。江苏省已组建了各类行业性或地域性职教集团，对职业教育快速发展发挥了重要作用。在产业升级的背景下，应进一步调整职业教育集团构成，规范职业教育集团的运作，真正形成集团内的企事业单位、中等职业学校、高等职业院校间的良性互动，使中高职衔接成为学校与学校、学校与企业之间的衔接，避免因人才培养层次提升造成职业教育成为升学教育、应试教育的误区。

（3）应尽快制定我省高校分类发展规划并建立相应分类管理体系。高校转型发展牵涉到教育厅、人社厅、发改委、国资委等多个部门，需要由省政府统筹协调不同部门制定全省的高等教育发展政策。应尽快制定江苏省高校分类发展规划，对相关院校的发展做出总体规划与统筹，并在此基础上由教育厅牵头逐步建立起高等院校分类管理体系，对应用技术类型本科高校的办学定位、人才培养、招生就业、学位管理、院校评估等提出明确要求，以利相关高校的转型与进一步发展，继续保持江苏省在全国职业教育领域领先发展的势头。

3. 打造专业设置、就业服务和技术技能人才培养培训三大体系，培养高就业力人才，推动就业能力提升

为促进职业教育发展和就业工作，江苏在国内率先开展了大范围专业结构与产业结构吻合度调研工作，各地、各校都开展了扎实有效的就业指导服务，技术技能人才培养培训也卓有成效。为进一步推动就业率提升，应进一步在专业设置、就业服务和技术技能人才培养培训等方面开展以促进就业为导向的体系化建设。

（1）尽快建立适应新形势的专业管理体系。职业教育应形成与经济社会快速发展良性互动的机制。教育主管部门应赋予学校和专业更加灵活的管理机制，变"管理专业设置"为"服务专业设置"。建立省级专业评测体系和专业管理信息化平台，制度化发布各专业发展预警报告，协助改变"千校一面"的状态。职业院校应建立专业与产业互动机制，开展高质量、常态化的专业调研，鼓励有条件的职业院校建立相关产业发展数据库，在条件成熟时建设全省统一的专业与产业互动数据系统。职业院校应有效开展面向就业市场的专业群建设，对专业或专业群的教育教学资源采取更为灵活的配置方式，使之适应订单培养、学生参与企业研发等多种校企合作形式，对促进毕业生就业能力提升起到积极作用。

（2）教育、人社等部门应建立统一的就业服务体系，把对青年学生的就业服务纳入这个体系中。教育与人社部门的信息共享，将使就业服务体系不仅具备面向求职者的就业服务功能，也具备面向企业的人才库功能。职业院校应在学校教育教学监督评测、校企合作资源开发等工作的基础上建立面向全体学生的就业创业服务体系，开展从入学前到离校后的、中高职衔接的生涯指导。多方位、多渠道向全体学生发布就业、创业、升学信息，尊重青年学生的心智成长特点，开展有针对性的生涯指导和就业创业服务。对全体教师开展生涯指导能力培训，使每位教师具备生涯指导能力，为每位学生配备生涯导师。

（3）建立资源共享的技术技能人才培养培训体系。职业院校作为主要的技术技能人才培养培训力量，应与人社部门以及社会化的培训力量通力合作，共同组成适应全省经济社会发展的技术技能人才培养培训体系，实

现人才、资源方面的共享，共同开展农民工、失地农民、下岗失业人员、退伍转业人员的技能培训和面向企业转岗人员的技术提升培训。特别要发挥职业教育的扶贫作用，针对贫困家庭开展有针对性的服务，面向残疾人等弱势群体开发实效性强的培训项目。政府应加强对培训机构的资质认定，对具有资质的机构开展公平、统一的管理，避免培训机构间的不正当竞争，推动培训机构间的合作。职业院校应进一步强化服务意识，主动参与政府的各类培训项目，为技术技能人才的培养培训做出更大贡献。

4. 实现职教制度建设、办学活力激发、职教师资培养、国际交流合作四大突破，有效推动就业环境与资源优化，保障就业率的提升

江苏应通过加大职业教育保障能力建设力度，推动就业环境与资源的进一步优化与整合，实现就业率与就业质量的稳步提升。

在职教制度建设方面，应尽快研究出台《江苏省职业教育校企合作条例》《江苏省促进职业教育多元投资条例》等省级法规，教育主管部门也应出台关于现代职业学校制度、职业院校与行业企业共建研发中心的管理规定等政策，为就业率提升做好全方位的服务；在办学活力激发方面，应出台具有江苏特色的鼓励职业教育多元发展、支持社会力量兴办职业教育的政策，探索不同类型职业院校的管理模式，形成具有江苏特色的职业教育多元发展之路，从根本上激发办学活力，为就业率的提升打下基础；在职教师资培养方面，应依托现有师资培训平台，进一步加强独立设置的职技高师或设置在普通高校中的职技高师学院或专业的功能，并强化全国或全省职教师资培养培训重点基地的作用，对新入职教师开展长期化、跟踪式培训，重点强化新入职教师的教育教学能力和实践能力，可试行面向新入职教师的上岗证制度，使得职教师资能够满足技术技能人才的培养要求，从培养环节保证学生质量，从而推动毕业生就业能力提升；在国际交流合作方面，应鼓励部分学校开设在国际就业市场具有竞争力的专业，鼓励相关专业开展广泛的国际校企合作，同时可选择具有中国特色或江苏特色的专业开展试点，以国际标准开发相应的专业教学标准、课程标准和教学资源，与国外院校开展合作，在国外院校开设相应的专业或课程，在更高层次上实现全省职业教育的国际化，为职教毕业生走出国门就业创业做

出有益的尝试。

　　构建以促进就业为导向，中国特色、世界水平的现代职业教育体系是一项意义深远的"民生幸福工程"。江苏应加强顶层设计，科学规划，建立系统化的高素质技术技能人才培养培训体系；将产教融合、校企合作贯穿现代职教体系建设全过程；打通中高职渠道，构建开放立交、内外衔接的人才成长立交桥；充分发挥市场作用加快发展现代职教，充分调动社会资源积极参与现代职教。可以坚信，未来以服务与促进就业为导向的江苏现代职业教育改革创新，必将更加坚定这样的道路自信、理论自信、制度自信，必将充满无限的生机、活力与希望！

三、科学建构以服务发展为导向的现代职业教育范式

　　改革开放以来，江苏始终坚持从经济社会发展大局和实际出发，将职业教育作为教育改革发展的战略重点，积极推动职业教育的改革创新，着力构建适应经济社会发展需求、产教深度融合、职教与普教相互沟通、体现终身教育理念、中高等职教紧密衔接的江苏现代职业教育体系。[❶] 回顾江苏职教改革创新的基本历程，把握贴近江苏实际实践的发展路径，总结加快现代职教发展的成就与经验，是构建富有江苏特色的现代职业教育体系，进一步深入推进江苏现代职业教育体系创新发展的应有之义。

（一）现代职业教育范式构建的基本历程

　　近年来，江苏省职业教育事业快速发展，为提高劳动者素质、促进就业和改善民生、推动现代化建设做出了积极贡献，发挥了独特作用。经过长期不懈的努力，目前江苏现代职业教育体系的基本架构已初步形成。若以重大改革政策的出台为依据，江苏构建现代职业教育体系的基本历程，大致可以划分为三个阶段。

　　1. 加快发展阶段（1999~2005 年）

　　这一阶段以1999 年颁布实施《江苏省实施〈中华人民共和国职业教育法〉办法》为标志。该办法首次明确提出将"建立、完善与其他教育相

❶　崔景贵，夏东民. 江苏现代职业教育体系研究［M］. 北京：知识产权出版社，2014.

互沟通、协调发展的职业教育体系和制度"作为未来职业教育改革与发展的战略目标。随后，为贯彻落实《国务院关于大力推进职业教育改革与发展的决定》和全国职业教育工作会议精神，2002 年省政府颁布实施《关于加快推进职业教育改革与发展的意见》，明确提出要建立起"适应社会主义市场经济体制，符合终身学习的时代要求，与市场需求、劳动就业紧密结合，结构合理、灵活开放、特色鲜明、自主发展的现代职业教育体系"，将"大力发展中等职业教育、积极发展高等职业教育、广泛开展各级各类职业培训任务"等，作为 2005 年前江苏省职业教育改革与发展的目标任务，并制定了相应的目标指标体系，以"加快发展职业教育"。

2. 优化发展阶段（2006～2009 年）

这一阶段以 2006 年颁布实施《省政府关于大力发展职业教育的决定》为标志。针对职业教育仍然是我省教育事业的薄弱环节，与现代化建设的需要不相适应的现状，该《决定》提出构建"现代职业教育体系"的基本构想，即"适应社会主义市场经济体制，满足人民群众终身学习需要，与市场需求和劳动就业紧密结合，校企合作、工学结合，结构合理、形式多样，灵活开放、自主发展的现代职业教育体系"。通过深化改革、健全制度、规范管理，不断完善职业教育办学体制、管理体制等多种措施，江苏现代职业教育体系的事业规模有新发展，基础能力有新提升，教育教学改革有新突破，服务能力有新提高，初步形成了职业教育与市场需求和劳动就业良性互动、职业教育与行业企业互利共赢的可喜局面。

3. 创新发展阶段（2010 年～）

这一阶段以 2010 年颁布实施《江苏省中长期教育改革和发展规划纲要（2010～2020 年）》（以下简称省《纲要》）为标志。围绕《国家中长期教育改革和发展规划纲要（2010～2020 年）》（以下简称国家《纲要》）提出的现代职业教育的三个基本特征，即"形成适应经济发展方式转变和产业结构调整要求、体现终身教育理念、中等和高等职业教育协调发展"，结合江苏区域社会生态实际和"两个率先"（率先全面建成小康社会，率先基本实现现代化）目标，省《纲要》提出"创新发展职业教育""完善职业教育体系"的基本要求，通过加强职业院校优质资源建设，深化职业教育教学改革，推进职业教育与普通教育互通融合，深化职业教育与行业、产业、企业对接融合，促进职业教育终身化，设立职业教育创新发展实验区等一系列措施，促进高素质技能人才的培养，完善现代职业教育体系。尤其是"苏南现代化建设示范区""苏南教育现代化建设示范区"以及先后设立的两批 19 个省职业教育创新发展实验区建设计划和职业教育教学质量提升工程等实践探索，为推进现代职业教育体系的构建奠定了基础，积累了经验，创造了氛围。2014 年 10 月 22～23 日，江苏省政府召开全省推进教育现代化暨建设现代职业教育体系会议，下发《关于加快推进现代职业教育体系建设的实施意见》（以下简称《实施意见》）等重要文件，要求"大力发展多层次各类型职业教育，统筹发展中等职业教育，创新发展高等职业教育，探索发展应用技术型本科教育，加快发展专业学位研究生教育，积极开展继续教育和职业培训"❶。

当前，江苏经济社会发展进入转型发展、结构调整的新阶段，江苏职业教育也已经进入到一个全新的发展阶段，必定更加强调体系建设、育人为本、特色办学、内涵提升和质量提高。❷ 江苏正在举全省之力，全面落实职业教育的战略地位、发展目标、核心任务，遵循职业教育发展规律、教学规律和人才成长规律，以深入推进江苏职业教育科学发展为使命，按照"保证规模、调整结构、加强管理、提高质量"的基本要求，持续巩固发展成果，大力推动改革创新，切实解决突出问题，全面强化内涵建设，着力提高办学质量，进一步开创江苏职业教育又好又快、更好更快发展的新局面，奋力推进现代职业教育体系建设和实现江苏教育现代化！

（二）现代职业教育范式构建的基本路径

近年来，江苏紧紧围绕富民强省、"两个率先"奋斗目标，全面贯彻落实科学发展观，统筹推进各方面工作，着力调整结构和转变经济增长方式，经济呈现又快又好发展的良好格局，改革开放取得新进展，社会事业迈出新步伐，和谐社会建设收到新成效，为构建现代职业教育体系创造了

---

❶ 引自《省政府关于加快推进现代职业教育体系建设的实施意见》. 苏政发〔2014〕109 号.

❷ 崔景贵. 着力构建质量导向的现代职业教育范式〔J〕. 江苏教育（职业教育版），2013 (4)：16－18.

良好的社会保障。同时，江苏对职业教育和现代职业教育体系本质认识的不断深化，为构建现代职业教育体系提供了良好的思想基础。紧密结合区域社会生态实际，江苏以建设现代职业教育体系目标为引领，以全面提高教育质量为核心，以立德树人为根本，以服务发展为宗旨，以促进就业创业为导向，加快发展现代职业教育包括技工教育和职业培训等。

1. 扩大职业教育的规模和覆盖面

在继续扩大中、高职的招生规模，提高中、高职学龄人口数的百分比，实现职业教育的招生规模与普通教育大体相当的基础上，江苏积极构建终身学习网络，发展区域农村职业教育和社区教育，积极面向"两后"（初、高中毕业后）毕业生、退役士兵、返乡农民、在岗人员开展职业技能培训，建立职业学校毕业生直接升学制度，积极推进职业院校分类招考或注册入学。

2. 促进职业教育的均衡公平发展

一是发挥政府的推动作用，在强化政府职责的落实和办学经费投入的基础上，强化政府在职业制度建设上的推动作用，通过相关立法保证、结合推动、财政经费支持、税收政策的导向、特惠政策的倾斜、行政指令的促进、激励政策的援助等多种措施，整合职教资源，组建职业教育集团，推动职教资源的共享互补和效益最大化，为现代职业教育体系的构建创造良好的制度环境和舆论氛围；二是建立健全职教资源的倾斜机制，促进职业教育资源向苏中、苏北等经济欠发达地区、农村地区、薄弱学校倾斜，建立完善的职业教育对口支援机制，提升经济欠发达地区、农村地区和薄弱学校的教学、科研、师资队伍建设与管理水平；三是健全家庭经济困难学生资助体系。在全面实行中等职业教育免学费政策的基础上，加大中高职困难学生的资助力度，提高困难学生的受帮扶比例；四是构建利用信息化手段扩大优质职业教育资源覆盖面的有效机制，逐步缩小地区、城乡和校际之间的差距。

3. 提升职业教育的开放合作水平

一方面，提升产学研结合水平。建立健全引导和激励中高职院校、地方政府、行业企业参与产学研合作的相关政策法规，建设一批高质量的产学研合作基地，推动学校与行业企业深度有效合作，实现互利共赢，提升学生专业技能，培养高素质人才；另一方面，推行普通高校、高职院校、成人高校之间学分转换、软硬件共享以及学校、社会教育资源的相互开放和利用，拓宽终身学习通道。此外，促进职业院校的对外交流与合作，鼓励职业院校师生到海外学习和研修，鼓励职业院校接受留学生，与海外的教学、技术、培训和信息等交流合作，积极推动职业院校专业课与国际通用职业资格证书的对接。

4. 加强职业院校的优质资源建设

第一，不断加大职业教育投入力度，确保财政职业教育支出和公共财政投向职业教育领域比例逐年增长，全社会职业教育投入增长比例应高于地区 GDP 的增长比例，职业教育生均预算内职业教育经费在全国省份排名稳定在前 3 名，使江苏职业教育有相对充足的财力保障。第二，强化职业教育的软硬件建设。硬件建设不只是校园面积、房屋建筑和设备装备等，而更应该关注硬件的投入能否为教育机构接纳更多学生并能更好提高教学质量服务；软件建设不只是专业设置、课程教学和教师能力等，还应更关注职业教育文化的形成与作用。对此，尤其需要加强教师职业理想和职业道德教育，加大"双师型"教师队伍的建设力度，确保高职院校和中职学校"双师型"教师比例分别达85%、75%以上；具有研究生学历（学位）的高职教师占职业教育教师总数的 85% 以上，教师领军人才数占全国的 10% 以上，不断提升职业教育师资水平。第三，增强信息化建设水平。通过抓好职业教育信息化建设基础工作、建立职业教育课程教学资源库、开展职业教育信息服务平台建设、建立职业教育信息化资源的多元开发机制、区域职业教育资源信息中心和职业教育资源开发基地等途径，来推进江苏职业教育的信息化建设。

5. 加大职业教育的统筹管理力度

不断加强区域职业教育的布局与结构调整，促进职业教育与普通教育横向互通，区域中高职有效衔接，中职学校办学规模一般多于 3000 名学生，中职学校班额不超过 35 人，每个省辖市至少拥有若干所高职院校。积极鼓励职业学校办学形式多样化，鼓励职业学校依托行业企业联合组建职业教育集团、实行股份制或由企业、社会团体、个人等参与举办。同时，建立健全现代职业院校制度，明确政府、学校、社会三者在职业教育中的角色定位，基本建立政校分开、管办评分离、职业院校依法自主办学的格局，政府行政审批、行政许可等对学校的直接管理事项设置规范合理，学校办学自主权全面落实、法人治理结构比较健全，依法办学、自主管理、民主监督、社会参与的现代职业院校制度。

6. 增强职业教育的社会服务能力

一方面，技术技能人才能适应和满足经济社会发展需求。技术技能人才供需结构与产业结构基本吻合，建立适应产业结构变化的技术技能人才培养动态调整机制；技术技能人才总量稳步增长，且与经济社会需求保持大体平衡；社会对毕业生质量的满意度较高，毕业生的职业道德、职业技能、就业创业能力等综合职业能力获得社会普遍认可，符合技术技能人才特点的多元质量评价机制建立健全；提高职业学校毕业生的就业率，职校毕业生初次就业率为70%以上、年终就业率为90%以上。另一方面，深化产教融合、校企合作。提高职业教育与区域经济联动发展的程度，提升校企合作的力度，使校企双方成为"利益攸关者"。

总体来说，江苏现代职业教育的大发展，较好地满足了经济转型升级、结构调整、提质增效对高素质劳动者和技术技能人才的需求，为推进"两个率先"做出了重要贡献，为完善现代职业教育体系积累了丰富而宝贵的实践经验。但江苏职业教育还不能完全适应经济社会发展需要，存在结构不尽合理，质量有待提高，体制机制不顺等问题（参见 2014 年《实施意见》），特别是产教深度融合不够、校企有效合作不紧、培养贯通路径不畅，在一定程度上影响了职业教育吸引力和贡献度的提升，迫切需要加快改革发展步伐、推进现代职业教育体系建设，加快实现江苏职教的内涵发展、自主发展、特色发展。

（三）现代职业教育范式构建的基本策略

当前，江苏正以率先实现职业教育现代化为统领，以改革创新为动力，以促进公平为重点，以素质教育为主题，以职业教育信息化和扩大对外开放、提升国际交流合作水平为着力点，以加大投入、建设高素质专业化职业院校教师队伍、创新职教发展体制机制和营造有利于职业教育改革创新的良好社会氛围为保障，把职业教育摆在更加突出的位置，努力办好人民满意的现代职业教育，加快推进江苏现代职业教育体系建设。

1. 彰显"大职教观"和终身教育理念

理念是行动的先导。构建江苏现代职业教育体系是一个现代职教体系理念不断形成和发展的过程。在这一过程中，江苏从基本国情和省情出发，逐步形成了现代职教体系的科学认识和论断。

一是面向人人。江苏将现代职业教育的服务面扩展到在职业技能获得和提升方面所有需求者，不仅面向学龄青少年，而且还应面向其他所有人，特别是被传统的正规教育体系排除在外的特殊人群，包括需要继续接受学习，或即将转岗的在职职工、向城市转移的农村劳动力、城市下岗职工、残疾人和社会弱势群体等，彰显职业教育的平民性和公平性。

二是服务发展。职业教育是国民教育体系和人力资源开发的重要组成部分，是广大青年打开通往成功成才大门的重要途径。江苏现代职业教育体系有关服务发展理念，主要体现在为学生多样化选择、多路径成才搭建"立交桥"，让每个学生都能成为有用之才，让每个人都有人生出彩的机会。

三是职教富民。江苏将现代职业教育体系的构建与"富民强省"战略和"两个率先"的贯彻紧密结合起来，把职业教育和富民惠民紧密结合起来，充分弘扬"加快发展，富民优先"和"创新、创业、创优"的江苏精神，使每个接受职业教育者都能学到一技之长，使职业教育成为增收致富和助推社会经济发展的重要手段，增强群众接受职业教育的内驱力和职业教育本身的吸引力、影响力，实现职教与富民之间的良性互动。

2. 确立构建现代职业教育体系的基本目标

结合区域社会生态实际和"两个率先"目标，江苏制定颁布的《实施意见》，进一步明确提出了有关构建现代职业教育体系的基本目标。

第一，适应经济社会发展需求，产教深度融合。江苏确立了"以服务为宗旨、就业为导向"的指导思想，改革人才培养模式，着力推动职业教育与发展需求，院校布局与产业布局，专业结构与产业结构的"三适应"，职业教育专业设置与产业需求、课程内容与职业标准、教学过程与生产过程的"三对接"，努力实现职业教育的规模、结构、质量、效益与现代产业体系的协调发展，促进经济发展和社会进步。

第二，体现终身教育理念。江苏着力构建"人人皆学、处处能学、时时可学平台"。两个方面：在时间上贯穿人一生的整个教育过程，以满足各个年龄段人们的教育需求；在空间上整合正规教育与非正规教育，是学校教育、家庭教育和社会教育的整合。积极拓展职业教育服务功能，使职业教育需求者能根据自身实际灵活地接受职业教育。推行学历职业教育与职业培训并举，全日制与非全日制并重，使每个教育需求者有机会接受职业教育和职业培训。

第三，职业教育与普通教育相互沟通，中等职业教育、高等职业教育、应用技术型本科教育、专业学位研究生教育紧密衔接。根据国家《纲要》的基本精神，省《纲要》进一步明确要"健全中、高等职业教育协调发展的现代职业教育体系"的基本目标，《实施意见》进一步明确提出"总体保持中等职业学校与普通高中、高等职业教育与本科教育招生比例大体相当，本科高校招收中高职毕业生比例稳步提高。职业院校与普通院校毕业生拥有同等升学机会，学生多样化选择、多路径成才'立交桥'逐步完善"的基本任务。

3. 确立构建现代职业教育体系的运行机制

经过多年的努力探索，江苏构建并逐步完善了"政府推动、社会参与、探索试点、科研引领"的运行机制，为现代职教体系目标的有效达成提供了坚强的机制保障。

一是政府推动。通过确立政府的相关职责，促进政府"切实履行发展职业教育的责任，增强政府在发展职业教育中的统筹规划、综合协调、宏观管理作用"。此外，省政府成立了职业教育工作领导小组，协调全省职业教育工作，各市、县级政府也成立了相应机构，研究解决职业教育发展中重大问题。

二是社会参与。"依靠社会力量发展职业教育"是《实施意见》明确提出的基本原则之一，目的在于通过社会与职业教育共同构建"经科教"

联动机制和"产学研"合作机制来促进社会与职业教育的良性互动，实现现代职业教育体系的开放性、适应性和服务性。

三是探索试点。通过颁布《现代职业教育体系建设试点工作实施方案》，鼓励有条件的市、县（市、区）先行试点，着重围绕职业教育管理体制、"双师型"教师队伍建设和校企合作等进行改革创新，积极探索系统培养技术技能人才的新模式、新机制，力求率先突破，为推动现代职业教育体系的建设积累宝贵经验，切实增强职业教育的吸引力和发展能力。

四是科研引领。江苏十分重视职教科研对构建现代职教体系的引领性和指导性，先后建立了江苏省高校哲学社会科学重点研究基地（培育）——江苏省职业技术教育科学研究中心和江苏省决策咨询研究基地——江苏职业教育与终身教育研究基地，加强现代职业教育的理论研究，促进江苏职业教育的持续健康发展。

4. 适应社会经济发展对江苏职业教育的新要求

"十二五"时期江苏"两个率先"的新内涵和新标准是把握科学发展主题，紧扣转变方式主线，勇立改革创新潮头，建设幸福美满江苏。着眼于适应社会经济发展对现代职业教育体系的新要求，江苏要继续推进职业教育现代化整体水平提升，继续推进职业教育现代化示范区（点）建设，继续推进职业教育现代化建设情况监测评估。

第一，优化职业教育的布局结构，提升江苏职教的贡献度❶。在按照"职普招生比例大体相当"的要求统筹普高和中职的招生、本科和高职招生的基础上，确立"以省辖市为单位整体规划职业教育发展，推进布局调整"的整体思路，引导职业教育走规模化、集约化、优质化的发展道路，加快骨干示范性职业学校建设步伐，促进职业教育主动对接经济布局调整，加快骨干示范性职业学校建设。同时，省教育厅组编出版《江苏省中等职业教育专业结构与产业结构吻合情况预警报告》，印发《五年制高等职业教育专业设置办法（试行）》和《中等职业学校专业设置管理实施办

---

❶ 尹伟民. 江苏现代职业教育体系建设的实践与探索［J］. 中国职业技术教育，2013
（36）：5–9.

法（试行）》等规范性文件，加强职业教育专业规范化建设，积极引导和推动各地各校根据地方经济发展需求和产业升级状况，进一步调整专业设置，对接产业优化升级。

第二，推进职业教育的集约发展，增强江苏职教的适应性。为适应全球制造业向长三角大规模转移和江苏外向型经济发展对高素质技能型人才的需要，江苏职业教育主动对接产业集聚发展、企业集群发展，着力推进优质资源的扩张与整合，形成组织弹性，先后探索出集成式、集群式、集团式、集合式等多种职业教育集约式办学的实践形式，创新出"订单培养""引企入校""办校进厂""企业办校"和"校办企业"等校企合作模式，拓展校企合作的深度和广度，推进职业教育集约式办学，积极整合职业教育资源。❶

第三，提高职业教育的办学水平，推动江苏职教的国际化。积极鼓励职业院校的对外交流与合作。先后通过独立学校、设置独立机构和中外合作办学等多种形式，鼓励和支持职业院校与国外职业院校积极开展交流合作；鼓励和支持职业院校与国内职业院校交流合作。江苏省在全国率先开展了与中西部省份中等职业教育合作，极大促进了东部职教资源与西部职教需求的有效对接。同时，江苏各级政府相应成立了职业教育工作领导小组，协调区域职业教育工作，一些职教园区、职教集团和校企合作也成立了相关资源共享机制，逐步形成分工负责、优势互补、资源共享、通力合作的职业教育工作格局，为推动职教资源的对外开放与共享奠定了坚实的制度保障，使江苏职教资源共享日益呈现出由硬件到软件、由局部到全面、由共享到共建的基本特点，职教资源的开放和共享力度不断拓宽和日益深化。此外，江苏大力实施"人才强校"战略，推进职业教育的交流平台建设，采取"走出去，请进来"的方式，在国际化平台上培养培训高职院校院（校）长和骨干教师，积极聘请外籍教师到江苏省高职院校任教，培养具有国际视野的职教领军人物和高素质人才，促进教师的专业成长，

---

❶ 尹伟民. 以信息化引领职教现代化——江苏职教信息化建设探索［J］. 教育与职业，2013（34）：34－38.

加快职教师资队伍的国际化进程。

　　5. 增强现代职业教育体系的育人功能

　　转变观念是职业教育改革创新的前提，立德树人是职业教育发展的首要目标。育人是现代职业教育的根本任务，育人为本的理念成为当前引领江苏职业教育科学发展的思想旗帜和行动指南。

　　第一，加强基础能力建设，打造优质资源。为了大幅度提升江苏职业教育办学水平和教育质量，江苏把建设高水平示范性骨干职业学校和高水平示范性实训基地建设作为职业教育强化基础能力建设、全面提高职业学校办学质量的一项重要任务，采取"分步走"的方式，进一步明确提出2015 年和 2020 年职业学校建设的基本任务，通过一系列规范性文件和项目引导等方式，加快高水平示范性骨干职业学校建设，着力构建以国家技能型紧缺人才示范培养培训基地为龙头，以省培训基地为主体，以市县实训基地为补充的技能型紧缺人才培养培训基地网络，加大对职业学校建设的统筹力度和检查复查力度，逐校复查认定合格职业学校，加快取消不合格职业学校的学历教育招生资格。同时，通过建设职业教育"数字校园"、推进数字化教学资源共建共享、打造职业教育"智慧校园"等方式，使每所职业学校根据各自需求，打造适合自己的信息化网络，个性化信息化建设已经呈现出诸多亮点，❶ 努力提升职业教育信息化建设水平。

　　第二，推进职校学生素质教育，提高教学质量。近年来，江苏坚持把德育放在教育教学的首要位置，不断加强和改进职业学校的德育工作，树立"德育为先"理念，突出以诚信敬业为重点的职业道德教育，先后制定实施一系列文件规范德育工作要求，逐步形成了以"五创"为特色的职业学校素质教育，各地也积极探索职业学校德育方式方法的创新，极大增强职校德育的针对性和有效性。同时，在强化专业设置管理的基础上，推动专业规范化、品牌化、特色化建设，围绕加强专业技术技能教学，通过制定和优化财经商贸、信息技术、加工制造等职业教育各专业大类教学指导

---

　　❶ 尹伟民. 江苏现代职业教育体系建设的实践与探索［J］. 中国职业技术教育，2013（36）：5 -9.

方案，加强职业教育与产业对话，将"做中学、做中教"作为教育教学模式改革始终坚持的基本原则，改革职业教育教学模式，先后探索出项目教学、场景教学、主题教学和岗位教学等模式，不断加强对职业教育课程教材建设工作的统筹协调，构建中高职相衔接的课程教材体系。此外，认真落实职业学校教师素质提高计划，全面推进职业学校教师培训，建立健全职校专业教师企业实践锻炼制度、"访问工程师"进修制度和教师队伍建设相关制度，通过不断丰富培训方式和开展分层分类培训，促进职校教师专业成长。

第三，构建教学质量评价体系，提升职业能力。江苏坚持科学的职业教育质量观，把促进人的全面发展、适应社会需要作为衡量职业教育教学质量的根本标准，通过建立健全职业教育质量建设的基础评估制度、技能型人才培养质量评价标准、职业教育督导评价标准等教学质量评价标准，鼓励引导行业企业、学生和家长参与教学质量评价，完善职业技能大赛制度以及建立中等职业学校学业水平测试制度等，积极引导和激励职校提高教学质量和提升学生的职业能力，建立职校教学状态数据和毕业生就业状态数据年度统计和公告制度，加快形成以能力为本位、评价主体和方式多元化的教学质量评价体系，增强职业教育的内涵发展和社会适应性。

6. 推进江苏现代职业教育体系的协调发展

江苏始终注重推进职教体系自身的协调发展，着力于推进普通教育与职业教育协调发展，推进高职本科研究生教育学制贯通，推进职业教育与行业产业企业融合，推进职业教育服务终身教育发展。可以说，构建现代职业教育体系，江苏能够正确处理职业教育与社会经济、职业教育与普通教育、中职与高职、职业教育与终身教育以及职业教育与人的全面发展等几个关系，找到了适合自己的发展之路。

一是坚持普通教育与职业教育并重。确立职业教育在国民教育体系中的重要地位，把职业教育作为战略重点，通过统筹规划职业教育与普通教育、统筹发展中等职业教育与高等职业教育、统筹推进学历教育与职业培训等一系列措施，扩大高职招生规模，保持中职与普高的招生规模大体相当，优化教育结构，切实加强高中阶段教育、高等教育发展的统筹，推进职业教育科学发展。在保证职业教育合理比例的同时，江苏更加注重职业教育与普通教育相互融通、并行发展，通过"对口单招""中职与普高贯通"、职业学校与普通学校的相互开放等多种方式，积极架构职业教育与普通教育之间相互融通的"立交桥"。

二是推进中高等职业教育协调发展。在合理确定中高职人才培养规格的基础上，通过改革招生考试制度、稳步发展五年制高等职业教育、积极开展现代职业教育体系建设试点等方式推进中高等职业教育有效衔接，并充分发挥高等职业教育的引领作用，为整体提升职业教育服务经济社会发展的水平提供了新思路、新途径和新方法。未来要赢得更大的发展空间，江苏职业教育要重点构建贯通培养体系、产教融合体系、质量保障体系和政策支撑体系。

三是发展农村职业教育和社区教育。在扩大农村家庭学生的招生规模、加强以县级职教中心为重点的农村职业学校建设、加强涉农专业建设、扩大农村职业教育培训覆盖面、开展劳动力转移培训等的基础上，创新农村职业教育的发展方式，主动适应经济发展方式转变和产业结构调整需要，着力优化学校布局，及时调整专业结构，注重加强实训基地建设，改革人才培养模式，努力提高人才培养与产业需求的契合度。同时，坚持统一规划、分类指导、分层推进、分区域发展的总体策略，通过实施学习型社区建设工程，加强社区教育理论研究，实施项目引导，强化政府的主导作用，以评促建，评建结合，培养现代新型市民。近年来，在各级政府和各有关部门重视领导和广大社区教育工作者共同努力下，社区教育工作目标明确，措施得力，深入推进，已呈现出蓬勃发展的良好态势。

努力让现代职业教育发展路径与模式具有引领意义、示范意义，富有区域特色、中国特色，不断完善现代职教体系建设，着力推动现代职业教育范式辐射全国、走向世界。这是现代职教人矢志不渝的信念。我们更加相信，加快推进积极职业教育范式建设之路，必定会越来越充满希望，越走越坚实宽广。

本章小结

　　大力提高教育教学质量是当前职业教育研究的重要课题。江苏职业教育改革创新发展进入关键阶段，目标转向、观念转变、模式转型、重心转移和战略转轨，是促进江苏职业教育科学发展的基本策略。优化现代职教体系，强化育人为本理念，深化校企合作办学，更加注重内涵建设，全面提升质量水平，着力系统设计、科学建构富有江苏特色的现代职业教育范式。构建以促进就业为导向，中国特色、世界水平的江苏现代职业教育体系是一项意义深远的"民生幸福工程"。社会就业率的提升是关系到其能否实现的重要因素，而社会就业率提升在很大程度上取决于江苏现代职教体系。针对当前江苏职教体系在促进就业率提升过程中存在问题，采取积极措施，进一步完善以促进就业为导向的江苏现代职教范式。江苏建构现代职业教育范式，历经加快发展、优化发展和创新发展等三个基本阶段。围绕富民强省和"两个率先"目标，江苏通过扩大职业教育的覆盖面、促进职业教育的均衡公平发展、提升职业教育的开放合作水平、加强职业院校的优质资源建设、加大职业教育的统筹管理力度、增强职业教育的社会服务能力等措施，使江苏职教步入持续健康的发展道路。江苏建构现代职业教育范式，坚持以"办人民满意的现代职业教育"为宗旨，基本策略是：彰显"大职教观"和终身教育理念，确立构建现代职业教育体系的基本目标和运行机制，适应社会经济发展对江苏职业教育的新要求，增强现代职业教育的育人功能，推进现代职业教育体系的协调发展。

积极语境：改革创新进程中的积极职业教育范式

2015 年是《中共中央关于教育体制改革的决定》颁布 30 周年和《国家中长期教育改革和发展规划纲要（2010～2020 年)》发布 5 周年。全面深化改革创新，办人民满意的、更加优质的职业教育，是当前加快发展现代职业教育的时代意蕴和实践诉求。改革创新是现代职业教育发展的"原动力"和"风向标"，持续深入推进改革创新，积极职业教育才能真正赢得希望无限的未来。积极职业教育随职业教育改革创新而诞生。积极职业教育范式的自我定位指向哪里？未来发展目标应该自觉走向哪里？选择怎样的行动路径如何才能尽快到达？基于职业教育改革创新视域❶，本章对这些问题做初步阐释和论述。

一、积极理解改革创新视域中的现代职业教育范式

改革创新是职业教育事业发展的时代主题，也是现代职业教育发展充满生机活力的源泉。1985 年 5 月 27 日，中共中央颁布了《关于教育体制改革的决定》（以下简称《决定》），中国教育体制改革的序幕由此开启。

---

❶ 视域是一个在现象学及解释学哲学家们的著作中被赋予了特殊哲学意义的词，指人在其中进行领会或理解的构架或视野。视域现象是解释学循环的基础，还包含这样的意思，即由于所有的理解都是在一个理智视域的背景下取得的，因此，没有任何理解是完全的或毫无偏差的。

可以说,《决定》是我国教育体制改革的动员令,激励一批勇敢的改革者投身于教育领域的改革,整个中国大地呈现出一派积极改革的喜人气象。《决定》颁布以来,职业教育工作始终以改革创新为发展的根本动力,不断突破职业教育发展的思想和体制性障碍,推动职业教育在思想观念、办学模式、管理体制、教学内容和方法等方面开展了全方位改革。

(一) 改革创新是加快发展现代职业教育的新动力

刚刚过去的30年是中国职业教育改革发展史上最好的时期之一。30年来,我国职业教育一直在努力改革,比如改革单一的政府办学模式,改革课程、教材,在人才培养体系、考试招生制度、学校管理机制等多方面的改革都朝着纵深推进,而持续深化的职业教育改革极大地激发了全民关心职业教育、支持职业教育、办好职业教育的积极性和创造性,让职业教育焕发出了前所未有的活力,也推动着中国从人口大国向人才大国的转变。随着改革开放的不断深化和经济社会的快速发展,我国职业教育事业取得了令人瞩目的成就。如今,中国已成为世界上职教规模最大的国家,这是大力发展的结果,也是积极改革的结果。

但要清醒地认识到:虽然我国职业教育规模已位列世界之首,成为职业教育大国,但还不是真正的职业教育强国。可以说,目前我国职业教育改革已经步入"啃硬骨头"的"深水区",除了体制和机制方面外,改革难以大力推进的关键因素之一在于缺乏创新、缺少人才,造成职业教育改革不够深入、不够配套、不够彻底,导致职业教育发展缺乏足够的生机与活力。为了破解职业教育改革和发展的难题,我们必须面对三个重大的现实问题:一是在规模适度扩大的同时努力拓展优质职业教育资源,着力提高职业教育质量,尤其是人才培养质量;二是在提高职业教育质量的长期过程中合理配置有限的优质教育资源,大力推进职业教育公平;三是不断增强中国职业教育的国际话语权,提升中国职业教育的国际地位,积极推动现代职业教育的国际化、全球化进程。

改革创新是现代职业教育加快发展的活力和动力所在。只有改革创新才能更好发展。历史上职教发展的重大成就,无不是深刻变革的结果。今天职业教育事业的大好局面是改革开放的成果,推动现代职业教育发展再上新台阶，解决当前职业教育发展面临的问题仍需要我们不断改革创新。改革创新是推动现代职业教育加快发展的有效举措，要以改革的思路寻求解决问题的新途径、新举措，要以创新的精神健全和完善各项职业教育制度。职业教育改革必须以科学发展观为指导，科学谋划职业教育的未来；必须以体制机制改革为重点，加快职教重要领域和关键环节的改革步伐；必须创新人才培养模式，改革职业教育教学内容、方法和手段。

2014 年 2 月 26 日召开的国务院常务会议，将发展现代职业教育上升到推动我国转方式、调结构的战略地位，并强调要以改革的思路办好职业教育，创新职业教育模式。这意味着我国职业教育改革的力度和步伐必须加大、加快。2014 年 6 月召开的全国职业教育工作会议描绘了今后一个时期职业教育改革创新的蓝图，吹响了加快发展现代职业教育的号角，推进职业教育改革力度前所未有，创新职业教育的社会共识前所未有。《国务院关于加快发展现代职业教育的决定》中对政府与市场的关系施以重墨，在总结 30 多年职业教育改革发展的基础上，提出了未来职业教育体制改革的方向，既不是"国进民退"，也不是"国退民进"，而是"国进民进"。这无疑为加快发展现代职业教育提供了良好的制度环境。当前的工作重点就是要充分发挥各级政府、行业、企业和学校等各方面的作用，将思想和认识统一到国家对职业教育的一系列战略部署上来，以更加坚定的决心、更加扎实的举措，把《国务院关于加快发展现代职业教育的决定》的决策部署全面落实到职业教育改革发展的各个方面、各个领域和各个环节。

（二）改革创新是现代职业教育转型发展的新常态

党的十八大以来，我国经济、政治、文化、社会、生态等各领域呈现出全方位的新常态。这"五个新常态"对职业教育管理者来说，是挑战，更是机遇。我们必须以新常态的思维，来把握职业教育改革的工作重点；以新常态的思维，来应对职业学校创新发展中遇到的各种矛盾和问题。

不断深化职业教育改革创新，是我们必须做出的时代和战略抉择。现在，职业教育发展进入到了一个新阶段。这个阶段的大背景是中国正在从职业教育大国向职业教育强国转变，从人力资源大国向人力资源强国转变，职业教育的中心任务已从解决有书读、能就业转到解决读好书、好就业。新的转型发展阶段，职业教育遇到了许多新情况、新问题，如职业院校学生就业质量不高迟迟没有有效改变甚至有所加剧，学生动手实践能力和适应能力不强，等等。面对来自各方面的期待与现实挑战，作为职业教育工作者，我们必须以更主动的态度、更积极的精神、更坚决的行动，大力推进和深化职业教育改革创新。逆水行舟，不进则退。不改革，现有的职业教育发展优势很难保持、巩固和发展；不改革，在新的历史起点上，职业教育优先发展的地位也可能会后移。

当前，现代职业教育改革齿轮加快转动，我国职业教育体制机制改革已进入"深水区"，一些老问题还未真正解决，新矛盾又涌现出来。如课程体系衔接、教学方式创新、招生模式改革、办学机制创新、校园文化建设等老问题；又如，职教理念亟待创新，系统培养人才的体制机制、职业教育的国家制度和标准体系亟待完善，各层次职业教育之间的脱节、教育与产业的融合等问题亟待解决以及职教行政管理方式还不适应"政府主导、行业指导、企业参与"的办学要求等新矛盾。诸如职业教育改革如何有效对接就业创业市场？怎样抓准新兴的增长点，做好职业教育重点专业建设的拓展创新？这些问题同样需要有一揽子的积极应对策略与理性解决办法。职业教育改革的许多问题没有现成答案，需要在科学调研的基础上做到科学决策、积极抉择，更加自觉、更加坚定地推进职业教育改革创新。

党的十八届三中全会强调加快建设"现代职业教育体系"，切中了当前我国职业教育改革创新的关键，具有非常重要的指导意义。十八届三中全会通过的《中共中央关于全面深化改革若干重大问题的决定》鲜明提出"三个进一步解放"，即进一步解放思想、解放和发展社会生产力、解放和增强社会活力，阐明了全面深化改革的目的、动力、条件和路径。作为全面深化改革的重要内容之一，职业教育改革创新要善于做到"三个进一步解放"，坚决破除体制机制弊端，努力办好人民满意的现代职业教育。在协调推进全面建成小康社会、全面深化改革、全面推进依法治国、全面从严治党的历史新时期，实现从人力资源大国、教育大国向人力资源强国、教育强国的转变，中国职业教育需要持续深入的、更大的变革。目前，我国劳动力技能需求与供给预测体系尚不完善，对技术技能人才需求无法做到多维度、全方位的预测。因此，需要尽快建立起职业教育领域的技术技能型人才需求预测体系，为职业教育的发展提供科学化的"晴雨表"，引导现代职业教育向着健康可持续的方向迈进。

现代职业教育要抢抓机遇，正视问题和困难，面向经济社会发展和国际竞争大局，深化改革创新，提升服务能力，培养规模宏大的高素质劳动者大军，为实现中国经济提质增效升级、促进大众创新创业提供有力人才支撑。要坚持立足优势、趋利避害、积极作为，系统谋划好"十三五"时期职业教育的转型创新发展，自觉运用改革思维规划和推动工作，抓好改革创新方案的统筹，增强职业教育改革的有序性、针对性和实效性。要用创新的举措推动现代职业教育实现后发赶超，为全面建成小康社会培养更多高素质劳动者和技术技能型人才做贡献。要坚持学校建到产业园区去，车间搬到学校来，大力推广政府规划创办园区、企业建设标准厂房、配套发展职业教育的"产业园区＋标准厂房＋职业教育"模式，推行"理论实训一体化"教学，加快形成前店后校、校厂合一的人才培养模式，推动职业教育的专业设置与市场需求对接，课程内容与职业标准对接，教学过程与生产过程对接，毕业证书与职业资格证书对接，职业教育与终生学习对接。

（三）改革创新是现代职业教育积极发展的新追求

当前，我国经济社会发展进入转型发展、结构调整的关键阶段，现代职业教育也进入到一个全新的积极发展阶段，更加强调育人为本、特色办学、内涵提升和质量提高。现代职业教育改革创新要面向市场积极应对转型升级的新挑战，致力于追求职业教育发展格局和实践面貌的积极变化。推动现代职业教育积极发展，要着力抓好六个"新内涵"，即培养高素质的劳动者和技术技能人才，建立现代职业教育的国家制度，创新职教专业人才培养模式，配置现代职业教育的优质资源，重塑现代职业教育的运行机制，构建现代职业教育的评价体系。我们必须高度重视现代职业教育价值追求的积极转向，自觉实现职业教育思想观念的重要转变，而在这一发展进程中，职业教育发展方式的转换是重点，职教人才培养模式的转化是重心，培养技术技能人才的转型是重任，深化校本行动实践的转轨是重托。

职业教育质量提升是现代职业教育改革创新的重中之重。质量已经成为教育发展的时代主题，而公平更重要的已经从机会的公平转向质量的公平，职业教育的创新任务就是既能够加快发展职业教育，又能够加快发展高质量的现代职业教育。提高技术技能人才培养质量是发展现代职业教育的基本任务，是构建现代职业教育体系的关键所在，是主动适应经济发展新常态、服务中国制造2025、创造更大人才红利的重要抓手。职业教育改革，不仅仅是教育教学内容的新变化，更多的是教育理念、教育方法的新变革。深化课程和课堂教学改革，是提升职业教育质量的重要手段，所以课堂教学质量的高低，关系到职业教育改革的成败。我们要全面优化现代职业教育体系，强化育人为本理念，深化校企合作办学，更加注重质量建设，大力提升办学水平，系统设计、科学建构富有特色的现代职业教育范式，不断丰富、拓展和完善职教内涵建设，着力推动现代化中国职教走向世界。

推进职业教育改革创新，首先取决的条件是有积极的信心和精神状态。客观上，当前职业教育改革难度很大。教育改革的社会心理环境不是很宽松，人们对职业教育及改革的要求很高，不允许改革有闪失、走弯路，甚至改革创新的步伐大一点、速度快一点，承受的压力就会更大。但在推进改革创新上，现在最大的问题还在于职业教育自身。一些阻碍现代职教发展的深层次思想观念问题并没有真正解决，成为引发职教发展种种矛盾和问题的根源。而改革意味着对原有的陈旧、保守事物的否定，加上社会群体的认知局限、思维定式、利益权衡带来的矛盾冲突等，改革的进程必然充满着广泛而深刻、甚至十分尖锐的心理冲突。从20世纪80年代以来，教育改革多次被提到议事日程，一些地方和学校的草根变革也悄然进行。但是总的来说没有形成浩荡之势，没有产生实质性的变革。一个重要原因，是全社会没有形成对于改革的共识。尤其是对于"什么是好的职业教育""职业教育究竟应该把职校生带向何方""究竟是效率优先还是公平优先"等根本问题，没有形成一致的看法。许多改革刚刚开始就受多方掣肘，步履艰难而往往半途而废，很大程度上也是由于各方意见不一。

推进职业教育改革创新，就要正视和审视出现的教育改革悖论❶，消除对职业教育改革创新的心理阻抗。简言之，就是教育口号和教育实质的问题，在教育"理念"上，我们并不缺少宏大的职业教育口号，但在职业教育实践中，却完全反教育理念而行。根源在哪里？不是我们没有意识到职业教育的问题，不知道什么是现代职业教育——如果没有认识到，就不会有那么多令人心动的教育口号和教育理念，而是教育口号成为职业教育利益的"遮羞布"，教育改革悖论的背后，是职业教育改革被行政和利益因素绑架，变为伪改革和反改革，不但没有解决原来的教育问题，反而使职业教育问题更加严重。这使一部分职校师生产生某种反改革或怕改革的情绪，之所以如此，是因为改革创新还没有从现代职业教育本质上着手，师生们反对的就是这种虚假的、不动真格的改革。现代职业教育要走出改革悖论，就应该找准着力点，知行合一，把教育改革的权力交给社会，引导公众参与职业教育改革决策，再推动行政部门放权，以此推进职业教育改革朝着达成共识的积极方向迈进。

现代职业教育改革要满足社会发展的需要，实现自身的价值，就必须根据自身的特点，发挥自身对社会心理的引导、调适与整合的功能，主动适应社会心理因素的制约，并积极反作用于社会心理。任何教育问题都是社会问题的反映。一个国家的职业教育水平取决于这个国家的全体公民对职业教育的关注与理解程度。过去，人们习惯于把职业教育定位成为只有考不上高中、考不上大学的人接受技能培训的地方，而不是一个严格的培养高素质技术技能人才的专业过程。以为进一步加大职教经费投入，不断大声疾呼职业教育不是二流是一流，似乎就能解决问题，其实并非如此。这个问题其实本身不是在教育领域，是日益凸显的社会观念与认识问题，职业教育发展的真正"瓶颈"还在于社会。现实社会通过教育机制来筛选人才，然后让不同的人进入不同的社会阶层，但问题是凡进入职业教育这个轨道的，绝大部分最后都处于社会生活的底层。那即便再大讲特讲职业

---

❶ 悖论指在逻辑上可以推导出互相矛盾之结论，但表面上又能自圆其说的命题或理论体系，在逻辑学上指可以同时推导或证明出两个互相矛盾的命题的理论体系或命题。悖论的出现往往是因为人们对某些概念的理解认识不够深刻正确。

教育很光荣、很了不起，可能也很难对学生和家长产生真正的吸引力。所以，有必要开展一场什么是优质职业教育、高效职业教育的全民讨论，提升整个民族的职业教育素养，形成深化职业教育改革创新的全民共识，振作精神，坚定信心，才能为后续的创新行动奠定坚实的思想基础。

二、基于改革创新视野理性把握积极职业教育范式

在经济转型发展新常态下，面对来自工业 4.0、中国制造 2025、互联网＋等的新挑战、新机遇，面对 00 后职校生这一新群体的心理特点与发展需求，职校教师要深刻把握现代职教加快发展的新理念、新思维和新趋向，以改革创新视角思考和推动现代职业教育的转型发展与积极变革，用心做真正适合的、更加优质的积极职业教育。

（一）职业教育实践误区的理性反思

2015 年 11 月 4 日，第 38 届联合国教科文组织全体大会通过了《教育 2030 行动纲领》。与此同时，联合国教科文组织发布一份新的研究报告《反思教育：向"全球共同利益"的理念转变?》。❶《反思教育》（下面简称报告）面对世界新的挑战，提出教育应负的责任和教育的变革，提出要重新定义知识、学习和教育。总的精神如报告导言中说的：教育应该以人文主义为基础，以尊重生命和人类尊严、权利平等、社会正义、文化多样性、国际团结和为可持续的未来承担共同责任。在教育和学习方面，要超越狭隘的功利主义和经济主义，将人类生存的多个方面融合起来，采取开放的灵活的全方位的学习方法，为所有人提供发挥自身潜能的机会，以实现可持续的未来，过上有尊严的生活。报告说，"教育的经济功能无疑是重要的，但我们必须超越单纯的功利主义观点以及众多国际发展讨论体现出的人力资本理念。教育不仅关系到学习技能，还涉及尊重生命和人格尊

---

❶ 这是联合国教科文组织成立 70 年以来，继 1972 年发布的《学为生存：教育世界的今天和明天》（简称富尔报告）和 1996 年发布的《教育，内在的财富》（简称德洛尔报告）以后第三份重要的报告。这份报告必定像前两份报告那样对世界教育的发展产生重大的影响。本次发布的《教育 2030 行动纲领》就是为了落实 2015 年 5 月 21 日在韩国发布的《仁川宣言》，即"确保全纳平等优质的教育，促进全民终身学习"。

严的价值观，而这在多样化世界中是实现社会和谐的必要条件""维护和增强个人在其他人和自然面前的尊严、能力和福祉，应是21世纪教育的根本宗旨"。此次发布的《反思教育》和《教育2030行动纲领》提出了新教育价值定位，即教育是全人类的共同核心利益，是实现"全球可持续发展"的关键，这超越了个体或国家的思考单位，上升到全球和整个人类社会未来发展的高度，将教育本身视为目的本身，我们从中认识到知识是终极价值之一，实现了教育"价值理性"和"工具理性"的合二为一，真正彰显了作为整体、系统的"人"的理性光芒。

反思当今中国职业教育，最为深刻的危机之一，就在于消极占据了至关重要的地位，培养和塑造单一、单薄的"职业人"成为根深蒂固的职业教育观念。然而，衡量现代职业教育，真正重要的不是毕业率的多少或就业率的高低，而在于能否找到真正有意义的知识技能，是否善于有效运用知识技能，做到理实一体、知行合一、学以致用。唯有当职业知识技能被用来开启心智心灵，被用于解决实际实践问题的时候，知识技能才真正找到了通向心灵与美德的通途，才能够转化成为幸福人生的积极力量和源泉。而当消极仍然充塞着职业教育教学的全部，占据着职业教育管理的中心之时，积极便只能被驱赶或冷落在边缘，或许偶尔成为职业教育工作者口中的目标与心中的梦想，却无法通过实践内化到受教育者的生命之中，成为每个人的生命内涵和职业精神。在积极职业教育中，每一个学生皆有积极的潜质潜能，通过职业知识技能的获取、职业思维的培养和职业实践的体验，人人都能发展成为富有积极人格、阳光心灵和现代品质的职业人。

反思当今中国职业教育，最为突出的问题是在为人成人的方面。职业教育放弃了自己最本真的使命，将人丢弃了，将人教没了。职校人才培养过程愈加成为机器加工生产的"流水线"，职业学校教育教学无视、漠视学生的个性存在和个体差异。职业教育最严重的问题在于忽视人格和心灵的培养。现代职业教育的核心必定是培养健康健全的人格，而不是单纯地追求智力发展、学习成绩、分数名次或者技能等级证书。美国教育心理学家泰伯（1989）认为，学校教育只重视科学知识教学而忽视人格培养的教育，是违反人性的。学校教育如果长此下去，只注意实用知识与科学技术教学，而不注重以情意为基础的人格教育，势必将使国家未来陷入另一种更严重的危机。现在的职业教育出现了一种教育的荒芜荒废现象，所谓教育的荒芜荒废最早发生于日本，表面上看对教育抓得很紧、很累、很投入，但把真正有价值的教育目标，最重要的教育内容故意忽视了或者忘记了，那就是现代人格的培养和心灵的培养，这就是当今职业教育最要反省、最为严重的问题之一。

消极职业教育的典型特征是人的迷失、缺失和消失，一些职业教育管理工作者手中丢"人"、心中缺"人"与目中无"人"，一些职校教师在课堂教学上习惯于眼睛看着天花板、盯着地板或者瞧着黑板，对于学生的心理感受、问题行为不闻不问或熟视无睹。突出表现在职业教育思想、目标、内容、过程、方法、评价与管理等方面，实践误区表现为技术训练主义、职业实用主义、就业完美主义、大赛锦标主义、升学应试主义、纠错惩罚主义、问题标签主义和包办保姆主义等问题现象。对待职业学校学生的心理需求与问题现象，消极职业教育管理的做法表现为过分揭短补短、过多批评指责、过度关注关爱、过高期望要求和过于严厉严格。

（二）积极职业教育实践的理性认识

积极是现代职业教育发展的价值取向和基本理念，积极职业教育是现代职业教育改革创新的必然选择和主导形式。强调多元、崇尚个性、尊重差异、主张开放、重视平等、推崇创新、否定等级的积极教育思想，已经成为现代职业教育的重要思想；人性化、信息化和终身化的积极价值取向，已经成为现代职业教育的基本特征。

现代职业教育改革创新要顺应学生的天性。人与职业并不能天然地结合在一起，而职业教育就是在发挥这一重要作用。从学校学生转变为可以胜任工作要求的职业人，是现在职业学校教育的主要任务；人们为了适应职业变迁而接受的教育或培训也是一种常见的职业教育，用来帮助人们终身职业发展；还有众多的渠道为社会失业者提供职业教育或培训，帮助他们进入职场。使人与职业相结合的教育虽然也包括人与知识、人与技术、人与技能结合的教育内容，但这些内容不是以独立学科形式而在，它们均指向人与职业的结合。人与职业的结合高于人与知识、人与技术、人与技能的结合，故而职业教育必然高于学科教育、技术教育、技能教育的层次和范畴。人与职业的结合是一个自然人变成社会人的必经阶段，是人类自我解放、自我完善、持续发展的基础，是形成社会现实生产力的主要途径，应该也是职业教育追求的终极目标。职业教育改革创新是一个"革命性"事件，它以素质教育为基础、以人的职业成长为目标，教育成果是现代和谐的职业人，而在职业人的身上承载的应该是积极的人生价值、文化价值、经济价值和社会价值。

全力优化专业人才质量、着力催化教育人生出彩和努力强化科学人文教育，是现代职业教育改革创新的新使命、新挑战。改革创新要调动职业教育办学主体和学习主体的积极性，让职业教育回归到对人的身心发展与幸福人生充分发挥积极作用，使人成为具有积极素养、真正意义上的现代人。特别想强调的是，任何职业学校治理结构或管理机制的变革，如果不着眼于学生的成长，就不是真正意义上的教育改革。职业教育改革需要重视科学技术，但不能够培养缺德和"空心"的"技术人"；职业教育创新需要建构现代人机系统的支持，但不能够培养缺少思想和精神的"机器人"。要加强和改进师资队伍专业化建设，引导教师树立现代职业教育教学理念，奏响创业创新教育的时代主旋律，培育富有人文精神、人格健全大写的现代人，培养适应社会经济转型和市场需求的高素质劳动者和技术技能人才。

加快发展现代职业教育，为职校学生幸福人生奠基，需要在育人的认识转向、过程转换、路径转轨和角色转变等方面把握积极价值取向。现在最需要改变或者改革的应该是职业教育工作者的思想观念。社会在快速转型的时候，我们经常会忽略我们到底为什么而来，我们到底要走向何方，我们的职业教育到底应该把职校生培养成怎样的人，职业教育到底能不能带领师生走向更崇高、更美好的未来。这是现代职业教育的根本性问题，也是职业教育改革创新的重要方向。职校教育工作者要跳出"现实的职业教育"理性审视"现有的职业教育"，重新思考现代职业教育的目的与目标，重新思考教育管理者的专业角色与职业定位。职业教育不仅仅是培养一个有职业技能、能找个工作岗位的人，应该培养一个身心健康、和谐发展，同时也有实践能力、独立人格和职业精神的现代人。让我们重温 30 年前提出的"培养劳动者""提高民族素质"的改革目的，切实推动职业学校朝着多样化方向发展，为职校生丰富多彩的人生梦想服务，努力提供适合每一个学生的职业教育。那样，国家软实力的全面提升、社会发展的进步、民族经济的振兴，就会由今天的"中国梦"逐渐变成中国的现实！

现代职业教育是一个共同体，职业教育改革也是一个共同体，需要职校师生的共同参与。任何教育改革，都是对实施改革的人的素质的重构。琼·托马斯（Jean Thomas）曾说过一句名言："革新的成败最终取决于全体教师的态度。"每一个人都可以是教育改革者。当今社会转型发展正在进入"心理人"的时代，呼唤职业学校教育培养人格大写健全、积极和谐幸福的现代"心理人"。职校教师的积极人格魅力和职业心理资本是最有感染力和影响力的教育力量和心理资源。唯有专业卓越的教师才能培养奋发向上的学生，唯有积极幸福的教师才能培养乐观幸福的学生。只有播种幸福的职业教育才能够培养富有生活幸福感、生存成就感和生命价值感的学生，职校教师必须转变问题教育观念，从消极的认知视角转向积极行动策略，与时俱进创新职业教育实践，着力创造适合每一位学生的积极职业教育。

（三）积极职业教育范式的理性建构

追寻积极是现代职业教育改革创新实践的新常态和新姿态，走向积极是现代职业教育转型升级的希望之路和必由之路。❶ 加快发展现代职业教育，我们要充分汲取积极哲学、积极心理学、积极教育学、积极社会学、积极管理学、积极伦理学等的思想智慧，自觉自主走近积极、走进积极和走向积极，从消极职业教育转变、转换、转型为积极职业教育。

建构积极发展目标。从人性的角度来说，"积极"是人类对美好生态、和谐生命、幸福生活的追求，是向上、向善、向美、向真的人生价值体

---

❶ 崔景贵. 追寻积极：现代职业教育发展的理念、内涵与范式［J］. 江苏社会科学，2015（5）：242 – 247.

现。从现代教育的角度来讲，"积极"则是一种目标、一种心态、一种习惯，也是一种品质、一种理念、一种价值，更是一种智慧、一种艺术与一种范式。我们倡导的积极职业教育，就是坚信今天比昨天好、明天比今天好，没有最好、只有更好的不断追求、奋发进取的现代职业教育。积极职业教育，既蕴含有每一个职校生都很重要、因材施教的教育思想，意味着高度关注每个职校生都有所不同、各具优势的个性差异，更预示着积极促进和引领每一个职校生各展其长、因势利导的发展目标。

建构积极教育理念。推进职业教育改革创新和转型发展，关键是要更新理念。理念正确，才可能保证思路正确，思路正确才可能保证路径和措施的正确。更新理念，核心是要全面贯彻党的教育方针，认真遵循现代职业教育教学规律，遵循技术技能人才培养、人才成长的规律，推进职业教育过程的积极优化，不断提高职业教育教学质量，扩大职业教育公平，树立积极人才培养观念，培养更多为社会所需要的高素质技术技能人才。

建构积极教学过程。职校教师要理性认识当代职校生的心理状态与特征，直面职校生的心理潜能、心理优势与心理资本，读懂95后、00后职校生心理发展需求。从过去的"要求学生适应顺应的职业教育"，转变成"创造适应学生需求的现代职业教育"，着力追求"创造适合每一位学生的积极职业教育"。而创设最优化的"最近发展区"，创造积极和谐的教与学是现代职业教育改革发展的中心与重心。从"我只能（需要或被迫）在这里学习"到"我愿意（喜欢或乐意）在这里学习"，打造这样积极的"未来组织"（职校、班级和课堂）是积极职业教育应该着力努力的发展方向。

建构积极改革策略。现代职业教育改革要认准科学发展道路，不走错路或弯路。尤其是在优化专业人才培养模式、构建职业教育人才培养的"立交桥"、深化政产学合作助推现代学徒制等方面持续创新变革。有学者提出，我国职业教育改革需要吃"中药"，而不是吃"西药"。这个比喻很新颖，恰当地指出了当前我国职业教育改革面临的新挑战。对待消极职业教育的旧疾顽症，既不能拖延拖沓，也不能操之过急，特别是不能急功近利。我们相信，只要真正用对药，假以时日，消极职业教育的痼疾定能祛除，我国积极职业教育事业必将走上更加健康的快速发展之路。

建构积极社会环境。我国是一个制造业大国，职业教育肩负培养多样化人才、传承技术技能、促进就业创业的重要职责。国家对职业教育的重视程度正越来越高，但还需要加快推动出台配套改革措施。有专家指出，要提高技术技能型人才的经济收入和社会地位，进一步营造和弘扬劳动光荣、技能宝贵、创造伟大的社会环境和时代风尚，尊重有一技之长者。我们要不拘一格识才选才、育才、用才，大力宣传高素质劳动者和技术技能人才的重要贡献和典型案例，促进真正形成"崇尚一技之长、不唯学历凭能力"的社会氛围，进一步提高职业教育的社会影响力和吸引力，把更多劳动者培养成为社会急需的高科技人才、高技能人才、农村实用人才和社会工作人才。只有职业教育真正受到各方重视、欢迎，才能培养出大批支撑中国制造的高素质劳动者和技术技能型人才，才能让技术技能型人才成就出彩人生，"大众创业、万众创新"才能落地生根。

为积极而教是现代职业教育改革的基本信念，积极职业教育的根本目的是为了人的现代化。积极职业教育是促进和引领职校生成长成人成才的"希望工程""阳光工程"和"幸福工程"。❶ 立足于职业教育改革创新的视角，积极职业教育倡导树立"全人观"，努力让每一个学生成为最好最优的自我，做人格健全的现代人（自信人、乐观人、希望人），做与时俱进的职业人（潜能人、优势人、特长人），做卓越幸福的心理人（健康人、快乐人、和谐人）。积极职业教育是与人为善、成人之美、助人自助、育人至上的教育，即积极人性教育、积极人格教育、积极人力教育和积极人生教育。积极职业教育要从心出发、用心而为，为积极人性、和谐人格、幸福人生助力导航。积极职业教育坚持推崇人本、人善、人和与人贵的价值取向，即发掘人的潜能，发现人的优势，发扬人的特长，发展人的个性和发挥人的作用。

理性建构积极职业教育范式，就是要科学理解积极职业教育的深厚意蕴，做到不走马观花，不走形走样，不走作走板。范式即示范模式，指可以作为典范的模式或者样式。我们要防止走入积极职业教育范式的认识误

---

❶ 崔景贵. 积极职业教育范式的基本理念与建构策略 [J]. 教育研究，2015 (6)：65-69.

区：一是将积极职业教育的理念"公式化"，即不针对具体情况而死板地根据某种固定方式处理教育问题；二是将积极职业教育的内容"格式化"，所谓格式化就是删除分区内的所有东西，恢复出厂设置，这样"否定一切、告别过去"的教育操作应当慎重；三是将积极职业教育的过程"形式化"，教育过程表面热闹而没有取得实效。马克思说过，"如果形式不是内容的形式，那么它就没有任何价值了"；四是将积极职业教育的评价"程式化"，所谓程式化是说按照规定的公式步骤去做教育评价，一步也不能改变，墨守成规，非常刻板教条，丝毫不会灵活变通。

理性建构积极职业教育范式，并不是要自诩流派、自称学派、自封门派或自立宗派，而是关于发展现代职业教育的科学共同体，在职教内容、方式、目标和路径上开展广泛持续的交流和对话，共同深入探讨职业教育改革创新与科学发展之路，致力于追求加快发展体现积极取向、具有积极立场和彰显积极气派的现代职业教育。学习借鉴当今世界职业教育研究成果，用中国的理论研究和话语体系解读中国职教改革实践、中国职教发展道路，不断概括出理论联系实际的、开放融通的新概念、新范畴、新表述，打造富有中国特色的积极职业教育学术话语体系，科学建构中国职业教育现代化进程中的积极范式，这同样是我国职业教育理论界和学术界面临的重大而紧迫的时代课题。

三、推进改革创新，打造积极职业教育范式共同体

今天，我们已经迈入了一个全球化经济空前繁荣和发展的世纪，而职业教育也在与时俱进，不断开拓、改革创新。加快发展现代职业教育要有新思想、新范式，追寻积极的改革创新必将成为现代职业教育发展的新抉择、新征程。只有科学系统地建构积极职业教育，才能着力追求成就幸福卓越的教育人生。积极职业教育旗帜鲜明地提出"行动，才有收获；改革，才有未来；创新，才有奇迹；研究，才有成就；坚持，才有卓越"的要求，把现代理念、改革思维、创新意识、心理基础、工程视野、行动哲

学和草根精神，作为打造积极职业教育学术共同体的重要追求。❶

（一）幸福人生：积极职业教育的现代理念

积极职业教育是追求幸福的教育，让每一个教师享受职业教育的幸福，让每一个学生接受幸福的职业教育。2014 年 3 月 21 日，由著名心理学家、积极心理学奠基人马丁·塞利格曼教授倡议，来自各大洲的国际积极心理学领军人物在美国纽约成立了"国际积极教育联盟大会"。在这次会议上，国际积极教育联盟提出了"教育的根本目的是人类的幸福"（The end of education is human flourishing）的口号。国际积极教育联盟成立标志着积极心理和幸福科学的教育国际化战略正式启动。理想的中国教育梦就是"有教无类、因材施教、终身学习、人人成才。"职校教师要为学生幸福成长服务，让每个学生幸福成长、人人成才。积极职业教育要让每个孩子都能成为有用之才，为每一个职校学生播种理想，点燃梦想，最终实现梦想，把自己的专业成才梦和中国现代职教梦有机地结合在一起。积极职业教育要努力为追求卓越幸福的职教人创造出一个美满智慧的现代人生。我们相信，职业教育人生因积极而更加精彩！职业教育人生因卓越而更加幸福！

（二）追求卓越：积极职业教育的改革思维

"卓越"不同于"优秀"，它比"优秀"更具有"赢"的信念。"卓越"不同于"完美"，它比"完美"更注重对自身的高要求、好表现。"永远追求卓越"是职业教育改革永恒的主题，"永远追求卓越"就要勇于迎接各种挑战。职业学校要进一步增强改革创新的顶层设计意识，以精益求精的专业视野加强统筹规划，以时不我待的使命感推进创新工作进程，积极自主地做卓越的职业教育，坚定坚持真做积极的职业教育，用心做好卓越的积极职业教育，实现追寻积极理想的现代职业教育发展愿景，科学系统地建构富有中国特色、风格和气派的积极职业教育范式。以"永远追求卓越"为目标，用"永不放弃"的精神，"超越自我"的决心，"实现

---

❶ "打造"一词着力凸显人们创造事物的决心、对事物品质的关注以及所采用的制造方式的力度。

卓越"的使命，坚定地创造"卓越"的积极职业教育事业。我们深信，未来积极职业教育这棵参天大树一定会基业长青、雄伟强壮。

（三）和谐发展：积极职业教育的创新意识

职业教育发展在于改革，职业教育改革在于创新。改革创新的目的，是为了促进和引领职业教育、职校师生的和谐发展。积极职业教育范式的基本共识就是要为职校学生幸福人生奠基，为教师专业持续发展铺路。积极职业教育是以追求职校每个学生身心健康、素质全面和谐、成为高素质技术技能人才、能够创造幸福人生为核心目标的教育。积极职业教育是帮助职校师生提升生态价值、体验生活快乐、提高生命质量的教育。积极职业教育就是要秉承"为幸福人生奠基"的教育理念，让职校每一个学生都能拥有成就卓越人生的出彩机会，让每一个有志成才的学生都能找到适合自己的自主发展空间和道路，让每一个学生都能成为服务社会的有用之才。积极职业教育呼唤专业卓越、自主发展的教师，教师的专业成长需要不断学习、不断实践、不断反思、不断超越自我，只要我们心怀梦想，不懈追求，每天进步一点点，积少成多，就能不断提高自己的职业教育素养，逐渐成长为一名有教育思想、有人格魅力、有实践智慧的职校好教师！

（四）积极取向：积极职业教育的心理基础❶

当代中国职教改革创新呼唤心理学，积极职业教育建构实践更要以现代心理科学为基础、为依据。心理学对 20 世纪历次教育改革思想的贡献和影响主要集中于两个方面：一是为教育改革设计思想提供了理论模式和新的科学概念知识；二是为教学改革探索了研究方法。事实上不同时期教育改革指导思想中的核心理念和发展思路，均有较为深厚的心理学理论基础。西方很多有影响的心理学家积极投身于教育改革的时代大潮，成为历

---

❶ 早在 20 世纪 20～30 年代便开始出现了截然不同的意见。有的学者主张"心理学是改革教育的'万能科学'"（苟伯勒，1920）。而有的专家却认为，以心理学为科学基础的教育改革运动的成效是令人失望的。美国教育学家弗里曼（1938）提出，以实用主义为代表的教育改革运动"之所以成效不彰，主要是教育改革方向的错误。运动者只见及教育问题的表面，而未触及教育历程中问题的核心。科学并非万能，科学只可藉以评估研究问题的方法是否适当；不能依靠科学本身去制造理想的教育效果"。

次教育改革思想的主要设计者或重要参与者。他们不断运用当时最先进的心理学研究成果和理论范型，在课程及教材的规划、改进方面进行了较为系统的理论设计、实际操作工作，特别是在实验方法和教育改革实验试点方面做出了巨大的努力，赢得了人们的普遍尊敬。我们要基于现代心理科学规律进行职业教育改革创新，建构积极取向的职业教育改革创新之路，为积极职业教育奠定坚实的心理科学理论基础。

（五）助力改革：积极职业教育的研究视界

持续深入推进改革创新，积极职业教育才能真正赢得希望无限的未来。教育领域综合改革以及职业教育改革给职业教育研究带来了新的问题视界，推动学术界进行不断探索。在改革创新的语境下，探索经济社会转型背景下我国职业教育发展的使命和转向、构建现代职业教育体系、创新职业教育办学模式与人才培养模式、职业教育质量保障与评估、推进职业教育治理体系和治理能力现代化、职业教育公平治理以及职业教育课程、教学及教师的标准化等方面，成为近年来我国职业教育研究的前沿和热点问题。❶ 为职教改革助力鼓劲、为职教改革指引航向，是积极职业教育研究的新任务、新使命。

（六）系统统筹：积极职业教育的工程视野

现代职业教育改革是一项牵一发而动全身的系统工程。推进职业教育领域的综合改革，需要有勇气、有耐心，积极稳妥，还需要全社会方方面面的积极配合与支持，需要劳动人事制度和收入分配制度的配套改革。这是一项漫长的、无法一步到位的改革，更是一场只争朝夕、势在必行的改革。如何积极回应现代职业教育加快发展的现实问题、关键问题和主要问题，更需要我们统筹规划、自主推进、积极行动、注重实效。尤其要抓好职业教育教学改革方案的进度统筹、质量统筹、落地统筹，理清各项改革的"联络图"和"关系网"，增强职业教育改革创新的系统性、针对性和有序性。

---

❶ 林克松，石伟平. 改革语境下的职业教育研究——近年中国职业教育研究前沿与热点问题分析［J］. 职教论坛，2015（5）：89-97.

（七）校本实践：积极职业教育的行动哲学❶

积极职业教育不但是加快发展现代职业教育的理想或梦想，更是实实在在的职业教育行动与实践。积极职业教育是以"积极个性人格教育、积极潜能优势教育、积极习惯责任教育、积极生命实践教育"为四大支柱，在"立足校本—改革创新—开放合作—多元发展"过程中不断追求卓越的现代职业教育。我们并不企求理论研究最好，但要追求职业教育改革创新实践行动更好。真理是在不断实践中得知并得到检验，理想是在持续行动中越来越近并得以实现。建构积极职业教育，职业学校不应该只是原地踏步转圈般"吹喇叭""喊口号"和"谈设想"，不能够采用错误的方法解决虚假的职业教育问题，而要脚踏实地务实行动、创新实践取得实效。

（八）执着坚韧：积极职业教育的草根精神❷

职业教育工作者要自觉做真懂教育、专业卓越的职业教育改革开拓者，做职业教育改革创新的先行者，扎实推进职业教育改革发展、创新发展和积极发展。我们要以积极为主线，直面问题、读懂学生、反思实践与创新行动，明确"建构积极职业教育，成就卓越幸福人生"的现代思想，提出"多元发展，追求卓越"的办学理念，在教育教学实践中本着"为职校学生卓越人生奠基，为教师专业持续发展铺路"的办学宗旨，遵循全员培养积极教师，全面开发积极课程，全力打造积极班级和课堂，全程培养积极学生，全方位构建积极文化，努力创建现代化、特色化、品牌化的职业学校。有执着坚韧这种草根精神般的时代品格，积极职业教育永远前行在希望之路上。

改革创新是现代职业教育加快发展的"原动力"和"风向标"，全面

---

❶ 这里的行动哲学不是一个哲学名词，而是一个积极教育人生理念，就是克服冥想与懦弱，积极自主行动起来。

❷ 草根因其平凡而具有顽强的生命力和独立性。它是阳光、水和土壤共同创造的生命，看似散漫无羁，但却生生息息、绵延不绝，遇到土壤就生长，给点阳光就灿烂。草根富有民众精神，具有强大的凝聚力，因植根于大地而获得永生。草根和权力大小、地位高下没有关系。它应该有两个特点：一是顽强，代表一种"野火烧不尽，春风吹又生"的生命力；二是广泛，遍布每一个角落。不同的人对草根精神的理解略有不同，但这些草根精神的内涵都离不开不屈不挠的朴素精神。

推进和持续深化改革创新，积极职业教育才能真正赢得希望无限的未来。我们深信，积极职业教育在现代职业教育改革创新大潮中应运而生，肩负着现代职业教育积极发展的时代重任和历史使命，必将会在职业教育改革创新实践中苗壮成长。探索和建构积极职业教育，我们走在改革创新大路上，路在我们脚下不断延伸。我们要更加努力做好，用心做得更好！

本章小结

改革创新是现代职业教育加快发展的新动力，转型发展的新常态，积极发展的新追求。积极职业教育是现代职业教育改革创新的一种新范式，意在"让每一个人都有人生出彩的机会"，为职校学生幸福人生奠基，为职校教师专业持续发展铺路。积极职业教育在现代职业教育改革创新大潮中应运而生，肩负着现代职业教育积极发展的时代重任和历史使命，必将会在职业教育改革创新实践中苗壮成长。我们要积极理解改革创新进程中的现代职业教育范式，基于改革创新视角理性反思消极职业教育，理性认识积极职业教育与职校学生发展的关系，自觉系统推进职业教育改革创新实践，着力科学建构追求卓越，富有中国特色、气派和风格的积极职业教育范式。

积极诠释：积极职业教育范式的基本理念与建构策略

提出积极职业教育范式，并非概念的主观臆造或翻新❶。积极职业教育范式是一种现代职业教育的指导思想和建设理念，是一种科学先进的职业教育思潮和系统完整的职业教育模式。追寻积极职业教育，就是要为中国职教改革创新资鉴，为职校学生幸福人生奠基，建构中国职业教育现代化进程中的积极范式。那么，积极职业教育范式的理论基础与实践依据是什么？积极职业教育范式的基本理念和行动主张有哪些？如何科学建构积极职业教育范式？本章试图对这三个问题做初步的探讨与探究。

一、积极职业教育范式的思想渊源

积极职业教育就是根据职业教育对象的生理、心理发展特点，以人的

---

❶　可以参阅本书作者发表的系列论文，主要有：《育人为本：我国职业教育创新变革的基本策略》，《教育与职业》，2007 年第 30 期；《树立促进职校生心理发展的现代职业教育观》，《职业技术教育》，2008 年第 1 期；《90 后职校生心理发展的特征与多元评价》，《中国职业技术教育》，2009 年第 3 期，人大复印资料《职业技术教育》2009 年第 7 期全文转载；《90 后职校生心理发展的基本问题与职业教育策略》，《教育与职业》，2009 年第 30 期；《心理学视野中的德国职教行动导向教学范式》，《职教通讯》，2009 年第 7 期，人大复印资料《职业技术教育》2010 年第 1 期全文转载；《积极关注和引领 90 后一代的心理成长》，《思想理论教育》，人大复印资料《青少年导刊》2009 年第 11 期全文转载；《聚焦 90 后"职校门"事件：心理分析与教育启示》，《职教论坛》，2012 年第 22 期，人大复印资料《职业技术教育》2012 年第 12 期全文转载；《职校问题学生心理与积极职业教育管理》，《中国职业技术教育》，2012 年第 33 期（理论版），人大复印资料《职业技术教育》2013 年第 3 期全文转载。

向善性为价值取向，运用积极的内容、方法和手段，从正面发展和培养个体的积极心理状态、品质与人格，促进个体身心全面和谐与职业素质发展的职业教育活动。从积极职业教育范式的基本内涵，追溯其心理学、教育学的渊源，可以清晰地看到，积极职业教育是在科学继承和整合借鉴积极心理学、积极心理治疗、积极心理教育、积极教育和现代职业教育诸方面思想和实践的基础上提出来的，具有历史发展的必然性和坚实的理论基础。

（一）积极心理学的专业视角

积极心理学最早在 1954 年出现于马斯洛的《动机与人格》一书中，但直到美国心理学家马丁·塞利格曼在 1998 年美国心理学会年度大会上明确提出把建立积极心理学作为自己任职内的一大任务，积极心理学才开始受到广泛的关注。积极心理学是以一种全新的视角诠释心理学，将心理学的研究关注点放在心理健康和良好的心理状态方面，是一门旨在促进个人、群体和整个社会发展完善和自我实现的科学。❶ 强调心理学不仅要帮助那些处于某种"逆境"条件下的人们知道如何求得生存并得到良好的发展，更要帮助那些处于正常环境条件下的普通人学会怎样建立起有尊严、高质量的社会生活和个人生活。积极心理学运动的兴起，为创立积极职业教育提供了直接的思想动力。

（二）积极心理治疗的人性假设

积极心理治疗是由德国著名心理学家诺斯拉特·佩塞施基安 1969 年开设自己的心理诊所之后，逐渐形成的现代心理治疗思想。与从疾病出发、把患者看成是疾病载体的传统的心理治疗有所不同，积极心理治疗从人的发展的可能性和能力出发，强调每个人天赋的潜能在解决心理问题中的重要性。积极心理治疗中的积极这个概念，意思是说治疗并非首先以消除病人身上现有的紊乱为准，而是首先在于努力发现、发掘和发动患者身上存

---

❶ 任俊，叶浩生. 积极：当代心理学研究的价值核心 ［J］. 陕西师范大学学报，2004（4）：106－111.

在的种种能力和自助潜力❶。积极心理治疗拓展了积极职业教育的领域，丰富了积极职业教育的内涵，为创立积极职业教育范式奠定了合理的人性假设。

（三）积极心理教育的价值取向

《辞海》将心理教育分为积极与消极两种形式，认为积极心理教育是主导的形式。本书作者在论著《心理教育范式论纲》，国内学者孟万金在相关文献中进行过阐释❷。针对以往的心理教育把重心放在"诊断和消解痛苦"等问题上，积极心理教育提出要坚持积极的评价取向，加强人自身的积极因素和潜能的开发，以人固有的、实际的、潜在的和具有建设性的力量、美德和善端为出发点，用积极的心态来对人的心理现象（包括心理问题）进行解读，诠释和解决当前的许多社会心理危机、矛盾、冲突和困惑，用积极的内容和方式激发人自身内在的积极品质，让个体学会创造幸福，分享快乐，使自身潜能得到最大限度发挥，使心理免疫力和抵抗力得到大幅度提升，使生命最佳状态得以丰富和发展，从而塑造与和谐社会相匹配的充满乐观、希望和积极向上的美好心灵。

（四）积极教育运动的创新思潮

积极教育是20世纪末美国发起的蔓延西方的一场教育运动。积极教育就是指以学生外显和潜在的积极力量为出发点，以增强学生的积极体验为主要途径，最终达成培养学生个体层面和集体层面的积极人格而实施的教育❸。积极教育重视技能、态度、行为、交流风格等的教育，强化个体自信、自尊、忍耐、尊重他人、爱护环境等积极品质，以此激励、促进个体和人类的发展。积极教育的核心价值观表现为：所有人不论年龄和生活状

---

❶ 崔景贵．德国积极心理治疗范式述要［J］．江苏教育学院学报（社会科学版），2009（5）：1－9；德国积极心理治疗范式的特点与评价［J］．宁波大学学报（教育科学版），2009（3）：27－31.

❷ 崔景贵．心理教育范式论纲［M］．北京：社会科学文献出版社，2006：240－273. 即第四章内容"积极型心理教育——21世纪的主导范式"．孟万金．论积极心理健康教育［J］．教育研究，2008（5）：41－45.

❸ 陈振华．积极教育论纲［J］．华东师范大学学报（教育科学版），2009（09）：27－39.任俊．西方积极教育思想探析［J］．外国教育研究，2006（5）：1－5.

况，都能学习和成功；持续的创造性的方法要能打开一个人的心智；家庭、学校、专业人员、环境和年长的人整合起来为当代和未来的学生提供支持；重视和尊重人的文化遗传、年龄、生活情景、信仰和个人的特点。积极教育的兴起，为创立积极职业教育提供了教育学的理论支撑。

（五）现代职业教育的转型发展

2014 年 6 月召开的全国职业教育工作会议强调，现代职业教育是国民教育体系和人力资源开发的重要组成部分，是广大青年打开通往成功成才大门的重要途径，肩负着培养多样化人才、传承技术技能、促进就业创业的重要职责，必须高度重视、加快发展。现代职业教育要"让每个人都有人生出彩的机会"，营造人人皆可成才、人人尽展其才的良好环境，努力培养数以亿计的高素质劳动者和技术技能人才。当前，以功利性、机械性、划一性为特征的"应试教育"已经把职校学生带进"泯灭人性、压抑天性、扼杀个性、忽视品性"的死胡同。唯有实施"尊重人性、呵护天性、张扬个性、提升品性"的充满人文精神的理想职业教育，才是改变职业教育现实困境，解决职业教育问题的根本出路。

在继承和借鉴这些心理学流派的思想、教育改革的经验和趋势的基础上，积极职业教育着力构建自己的基本主张和实践体系。目前，积极范式日益成为现代职业教育理念的完美组合、职业教育改革创新的重要依据。积极推进、自觉建构这一范式，必将有助于我国职业教育与世界职业教育的对话与接轨，有助于引领和加快我国现代职业教育健康、和谐地科学发展。可以预见，在并不久远的将来，积极职业教育必定会从"边缘"走向"中心"，成为 21 世纪我国现代职业教育的主导范式。

二、积极职业教育范式的基本理念

积极职业教育是以积极、和谐和发展为取向，有目的、有计划地增进职校学生素质与幸福感的现代职业教育理论和实践体系。积极职业教育是主体发展教育，是高效优质教育，是个性特长教育，是成人成才教育，是和谐幸福教育。在积极职业教育中，积极应当成为贯穿教育全过程的核心价值和主线，使每一个人的素质都能够获得相对于自身而言的更为健康、积极的发展与提高，在职校和职场中能够高质量、有尊严地幸福生活。

（一）树立科学的积极职业教育认知观

范式是一种看待研究对象的方式和专业视角，是从事某一科学的研究者群体（科学共同体）所共同遵从的世界观和行为方式。它决定了研究者如何看待对象、把对象看成什么、在对象中看到什么、忽视什么。从范式的视角，积极职业教育要追求什么？如何才能实现积极职业教育的理想目标？积极职业教育实践成效怎么样？职业教育工作者要积极认识与理性看待职业教育的功能，积极认识和看待职业学校学生，积极认识职业教育与心理发展的关系。

积极职业教育的理念，促进人们更加理性、深刻地认识职业教育的本质和功能。职业教育不是单一的知识传授或技能训练教育，不是"补差"式教育或者"二流"的教育，不是学习"失败者"的教育，也不应该是消极防御、被动应付的"救火式"教育。积极职业教育是播扬希望、播撒阳光、播种幸福的教育。职业教育就是为人的发展与幸福。职业教育对学生的培养不应该"削足适履"、整齐划一，而应该鼓励学生扬长避短、个性化多元发展。立足于促进人的发展，积极职业教育不是"护短""揭短"和"补短"，而是要"加长""扬长"和"拉长"；积极职业教育不是诊疗般矫正和预防，而是更加应当注重建设和发展。

积极职业教育的理念，要积极认识和建构职校学生心理世界。职业教育工作者要以发掘职校学生积极力量、积极品质为出发点，以增强职校学生的积极心理体验和发展优势，培养职校学生的积极心态、个性与人格。积极职业教育要引导学生追求充满希望的未来人生，让学生内心世界充满阳光，培养和提升学生的幸福意识与能力，感受幸福生活、追求幸福人生。积极职业教育应当培养"有一技之长或专业特长的职校生""真正有健康个性、健全人格的职校生"和"有积极心态、特征与品质的职校生"，培育学习自主、生活自理、人格自尊、体质自强的心理状态，健康、平衡、和谐、成熟的心理特征，自信、乐观、希望、坚韧的心理品质。积极职业教育更要注重培养学生的职业道德习惯、职业行动能力、职业人格特征、职业兴趣爱好、职业责任感、职业创新意识等职业心理素质。

积极职业教育的理念，要求科学认识职业教育与职校生心理发展的辩证关系。职校教师要全面客观地理解和评价当代职校生，把握职校生心理发展的基本特征，引导学生强化自信心、自尊心、责任心和进取心，促进职校生的个性和谐发展，让职校生心理世界充满和煦的阳光。职业学校教师要对当代职校生的职业发展和专业成才抱有信心，积极关注职校生的学习过程和成长历程，引导学生真正"学会学习，学会做事，学会共处（共同生活）和学会发展"❶，获得积极的人生发展观和职业价值观。

当今中国职业教育发展正处在一个重要的转型期，即从消极职业教育向积极职业教育转换。现代职业教育的发展，正在从消极、被动、补救向积极、主动、预防和发展的方向转型；从面向个别学生和学生的问题向面向全体学生和全面开发心理潜能、提高心理素质方向转型；从专职教师的专门服务向全员参与的全过程、全方位服务方向转型。我们需要树立以人为本、助人自助、育人至上的积极职业教育新理念，以积极的认知方式和思维方式把握职业教育目标，积极实施主体发展性教学过程，建构积极的职业教育管理模式。

（二）树立科学的积极职业教育实践观

人是现代职业教育的主题和主体，是积极职业教育的逻辑起点和归宿。谈及当今的职业教育，我们必须直面、无法回避的有三个重要问题：人为什么要接受职业教育？教人接受什么样的职业教育？如何教人接受更适合的、更优质的积极职业教育？积极职业教育工作者要始终坚持为人、助人和育人的趋向，树立人性化的教育价值观、人本化的教育过程观和人格化的教育评价观。

1. 与人为善：人性化的积极职业教育价值

瞩目 00 后职校学生，一个全新的职业教育时代已经到来！00 后职校生是一个个性特殊、自我意识特强的群体，他们正处于人生发展的关键时期。建构积极取向的职业教育，需要职业教育工作者抱有积极的职业教育

---

❶ 国际 21 世纪教育委员会向联合国教科文组织提交的报告 . 教育——财富蕴藏其中［M］.
北京：教育科学出版社，1996：2-3.

人性观，对受教育者要有足够的爱心、耐心和毅力，特别是当职校生身上存在严重的不良品行时，仍要以发展的眼光、积极的态度，相信他们有改善自我的积极愿望和潜在能量，这是积极职业教育的首要条件。职校教育管理工作者要秉承积极的人性观，以促进和引导学生的心理健康和谐发展为核心，必须改变功利化、实用化和物欲化的价值追求，转变以往强制式的或者哄骗式的负向教育、消极职业教育，以给00后职校学生植入一种积极精神的方式进行自主激励式的正向教育、积极教育，通过活动、体验、感悟等来促进职校学生的心态转变、心智觉悟、心灵成长。

2. 助人自助：人本化的积极职业教育过程

不断地提升人的地位，是现代职业教育的基本走向。它体现在：职业教育的过程即发现人的价值，发掘人的潜能，发挥人的力量，发展人的个性的过程。在教育内容上，积极职业教育更注重习惯教育、责任教育、生命教育、人格教育和创新实践教育，注重心理素质教育、职业能力与道德教育、就业创业教育等。在教育方法上，积极职业教育倡导心本管理，关键是抓住职校学生心理发展变化的特点，以学生心理需要为切入点，设计出契合学生兴趣与个性的管理模式，以符合现代职业教育规律之道，实现职校积极教育管理的目的、目标。职校教师要有睿智的教育思想、博大的教育胸怀和高超的教育艺术、深邃的教育智慧，求同存异，和谐相处，因势利导，因材施教，能积极理解和包容每个00后学生，充分发掘他们的潜能，真正发挥他们的特长，真正实现师生的共同成长。

3. 育人至上：人格化的积极职业教育评价

职业教育是校园师生互动、教学相长、创新发展的艺术过程，是以心育心、以德育德、以个性影响个性、以精神塑造精神、以人格培养人格的艺术过程❶。积极职业教育要以发掘学生积极力量、品质和美德为出发点，以增强学生的积极心理体验，培养学生个体层面和集体层面的积极人格。职业教育工作者要尊重和理解职校学生间的智能差异、教育差别与发展差距，充分相信学生的内在潜能，承认和理解学生的个性差异，把差异当作

---

❶ 崔景贵. 职校生心理教育论纲［M］. 北京：科学出版社，2013：311.

一种资源去珍惜和开发，允许学生有自己的个性，培养学生的特长，给学生展示才能的机会和舞台，鼓励学生自主追求真善美的和谐人格，向往美好幸福的人生未来。积极职业教育要鼓励和支持学生自我评价、更多一些纵向发展比较，让每一个职校生成为最好的自我，让每一个职校生拥有阳光的个性，让每一个职校生享有幸福的人生。

综上所述，积极职业教育主要有三方面的基本意蕴：积极是对前期集中于问题研究的病理式传统职业教育的反动和变革；倡导现代职业教育要深入系统地研究科学促进人的心理发展，关注人性的积极方面；强调用积极理性的方式对职业教育（职业学校）存在的问题做出适当的解释，并从中获得积极意义。我们应该充分吸收积极心理学等的思想精髓，运用现代职业教育的新理念、新技术、新成果，促进职业教育教学的改革深化与创新发展，建构真正适切中国本土文化的、具有中国特色与气派的积极职业教育范式。

三、积极职业教育范式的建构策略

积极职业教育不是对传统占主流地位的消极型职业教育的简单否定，而是对传统职业教育模式的一种合理继承、积极超越和发展创新。彻底的积极职业教育是职业教育范式的一次"革命"，必将带来职业教育前所未有的崭新面貌。这就要求我们保持与时俱进的学术勇气，树立科学的现代职业教育发展观，正确把握职业教育范式发展的时代脉搏，在积极职业教育与消极职业教育两种范式之间保持必要的张力。

（一）积极职业教育是立体育人的系统工程

积极职业教育的科学建构是一个全方位育人的教育系统工程，必将引发一场深刻的职业教育思想和实践革命。积极职业教育就是引导和促进职校生心理发展与成长的"希望工程""阳光工程"和"幸福工程"。积极职业教育工作者应树立教育工程的理念，围绕育人的"点""线""层""面"和"体"，创新变革基本策略：把握职业教育目标的"支点"抓手，促进职业教育实践的"在线"运作，推进职业教育对象的"分层"培养，引导职业教育内容的"全面"优化，构建职业教育力量的"立体"格局，追求职业教育过程的"艺术"智慧❶。必须以立德树人、育人为本的理念来引领现代职教创新发展，以提高质量为核心来增强现代职教发展的吸引力，以行动导向为举措来推进现代职教教学深化改革，共同绘就中国现代职教梦积极发展的新篇章。

（二）积极职业教育是模式建构的创新过程

建构积极职业教育，是职业教育模式动态变革、自觉提升的创新过程。一是把握职教定式：坚持传承优良的职业教育传统，以实施与深化职业素质教育为抓手，大力开展服务全面发展、促进就业创业为导向的职业素质教育。二是寻求职教变式：突破传统教育基础上的个体发展，优化专业特长教育，倡导鼓励学生个性化发展，着力培养有一技之长、发展特长的学生。三是引导职教样式：尊重职校学生存在的多元差异，理解和包容学生发展的差距，发掘学生固有的潜能，发现学生潜在的优势。四是建立职教通式：坚持育心育德一体，以培养现代化人格为主线，以职业人格教育为重点，引导学生努力成为人格健全的现代人。五是建设职教心式：教育教学管理就是沟通，一切要从心开始。提倡用心导心的心本管理与教育，为赢得职场竞争优势积淀坚实的心理资本，让学生成为人格健康的现代"心理人"。六是建构职教范式：培养习惯优良、勇担责任、积极和谐的社会人，提高职场与家庭生活的幸福能力。

（三）积极职业教育是追求卓越的发展进程

建构积极职业教育，是职校教师自觉走向专业成长，不断超越自我、追求卓越的教育历程。理想的现代职业教育自然不会自动向我们走来，职校教师当坚定而自信地向积极职业教育的理想走去。一是走近积极的专业视窗，职校教师要学会用积极心理学的理念与技术理解职业教育，树立积极职业教育的基本信念，坚定积极职业教育的价值取向；二是走进 00 后职校学生心灵，真正读懂学生心灵这本书，理解学生的个性心理特征和多元需求，建立民主平等的积极师生关系，做学生需要、人格高尚的职校教

---

❶ 崔景贵. 育人为本：我国职业教育创新变革的基本策略 [J]. 教育与职业，2007（30）：10－12.

师；三是走出消极教育误区，自觉认识与深刻反思职业教育存在的问题，直面职业学校教育实践存在的"误区"，理性正视专业发展与自我成长存在的"短板"；四是走秀改革创新，重点关注职校生专业学习过程中的学力欠缺，科学认识与积极引导职校生存在的"习得性无助"现象，让教学过程充满生机和活力，建设积极课堂教学范式；五是走起行动研究，树立"我是一个研究者"的意识，自觉开展持久的校本行动研究，从积极班集体建设、积极人际关系建构等方面寻求职业教育管理创新的有效策略；六是走入积极的专业团队，建设团结合作的专业团队，培育互助高效的团队精神。

我们正行走在通往积极职业教育的大路上，路在我们坚实的脚步下不断拓展、继续延伸。建构和推广积极职业教育范式必定会成为加快发展我国现代职业教育的主要趋势，也必将对职业教育改革创新与科学实践产生极为深刻而广泛的影响。我们有理由坚信，积极职业教育这棵现代职业教育学科之林中的奇葩定会鲜艳无比、昌盛不衰！我们更有责任为之付出自觉努力、用心执着追求！

本章小结

积极职业教育是积极心理学、积极心理治疗、积极心理教育、积极教育、现代职业教育等综合影响的一种教育范式，具有坚实的思想渊源、理论基础与实践依据。追寻积极职业教育，就是为中国职教改革创新资鉴，为职校学生幸福人生奠基，科学建构中国职业教育现代化进程中的积极范式。作为一种现代教育理念，积极职业教育是职业素质教育、个性特长教育、成人成才教育、和谐幸福教育。本章从"育人的系统工程""模式的创新过程"和"卓越的发展进程"等三个方面，提出建构积极职业教育范式的基本策略。走向积极职业教育教学管理，职校教师要努力走近专业视窗，走进学生心理，走出消极误区，走秀改革创新，走起行动研究，走入和谐团队。

职校生心理发展与积极职业教育的心理策略

2014 年 6 月印发的《国务院关于加快发展现代职业教育的决定》（简称《决定》）和《现代职业教育体系建设规划（2014～2020 年)》（简称《规划》），明确提出现代职业教育要为人的全面发展服务，着力培养高素质的劳动者和技术技能人才。谈及人的全面发展，必然离不开心理的全面和谐发展。00 后职校生作为一个个性张扬、自我意识凸显的特殊青年群体，其心理发展一直备受社会各界关注。积极职业教育是促进职校生成长成人成才的"希望工程""阳光工程"和"幸福工程"。走向积极职业教育是我国职业教育创新变革的必然选择。如何认识职校生心理发展与积极职业教育的辩证关系？积极职业教育如何为当代职校生心理和谐发展导航？这些问题需要我们深入思考、积极探究。

一、促进职校生心理发展是积极职业教育的核心目标

职校生心理发展与积极职业教育之间存在相互促进、相互依存的辩证关系。一方面，职校生心理发展的水平和特点是职业学校教育的起点和依据，是积极职业教育科学开展的前提；另一方面，职校生的心理发展又依

赖于职业学校教育，是积极职业教育实践的产物❶。积极促进职校生心理发展，是积极职业教育的核心目标。而积极职业教育的深入开展，更需要全面认识职校生的心理发展特征，遵循职校生心理发展规律，维护职校生心理健康权益，以着力创造和实现最优化的最近心理发展区。

（一）认识职校生心理发展特征是积极职业教育的基本依据

中等职业学校学生年龄在 16 岁、17 岁至 19 岁、20 岁，正值其个性发展和人格成熟、由"自然人"向"社会人"发展、完成社会化任务最关键、最重要的青年初中期。这一时期的职校生心理发展，特别是在认知与思维方式、情感与智力发展、个性倾向及言语表现上，都有其独特的特征。表现为：具有过渡性、闭锁性、动荡性、两极性的年龄化特征，具有明显的两面性，幼稚与成熟、依赖与独立、自觉与蒙昧交织并存的个性化特征，以讲究实用性与本身的从众性、消极性、逆反性并存的社会化特征，定向性鲜明的职业指向性与盲目性、片面性并存的职业化特征，具有学习行为实用化、个性发展自主化、需要结构多样化、价值观念多元化、负面心态普遍化的时代化特征，多重矛盾冲突相互交织的矛盾化特征六个方面特征❷。

积极职业教育对职校生心理发展具有依存性。一方面，积极职业教育受职校生已有的心理发展水平和特点的制约。职校生受各方面影响，其心理发展在各个阶段显现出不同的特点，积极职业教育只有适应职校生心理发展的水平和特点，才能充分发挥它在促进受教育者身心发展过程中的主导作用。因此，积极职业教育必须从职校生心理发展的水平和特点出发。另一方面，积极职业教育受职校生心理发展个体差异性的制约。积极职业教育只有面向全体职校生，考虑他们各方面的个别差异，最大限度地发挥每个职校生的潜力和积极因素，弥补短处与不足，才能促进所有职校生心理健康发展。

（二）遵循职校生心理发展规律是积极职业教育的基本要求

职校生心理发展是不断完善、螺旋式上升的过程，呈现出顺序性和阶

---

❶❷　崔景贵 . 职校生心理教育论纲［M］. 北京：科学出版社，2013：15，16 - 26.

段性相统一，稳定性和可变性共存，具有发展的不均衡性及个别差异性等。理性认识并自觉遵循心理发展基本规律，积极职业教育才能引导与促进职校生的心理和谐发展，并进一步把握好心理发展的可变性，考虑个性心理差异，注重因时而化、因势利导、因人而异和因材施教。积极职业教育只有在遵循职校生心理发展规律的基础上，才能更充分地体现积极的意蕴，更深入系统地促进职校生的心理发展，关注人性的积极方面，也才能更好地增强自觉性，把握针对性，体现时代性，富有创造性。

如何遵循职校生心理发展规律，科学开展积极职业教育？第一，依据职校生心理发展顺序性和阶段性相统一的规律，积极职业教育应当循序渐进，对处于不同教育阶段的职校生要区别对待，不搞"一刀切"。第二，依据职校生心理发展稳定性和可变性共存的规律，积极职业教育既要科学规定每一阶段教育、教学的内容与方法，又要充分利用发展的可能性，创造"最近发展区"，促进职校生心理较快发展。第三，依据职校生心理发展规律的不均衡性，积极职业教育要抓住心理发展的关键期、最佳期，进行有针对性的教育引导。第四，依据职校生心理发展规律的个别差异性，考虑职校生在智力、能力和个性品质等方面的个别差异，从个体学生的实际出发，有的放矢地进行个别指导或因材施教❶。

（三）自觉维护职校生心理权益是积极职业教育的基本职责

关注和维护职校生心理权益，是现代职业教育发展和社会进步提出的一个重要课题。所谓职校生心理权益，指职校生心理健康成长、发展必须享有的以及成人社会必须予以尊重的权利❷。2000 年 8 月，联合国儿童基金会官员在无锡召开的《儿童权利公约》教育研讨会上，提出儿童至少拥有六个方面的基本心理权益，包括获得生活、学习安全感的权益；被尊重、理解、鼓励和爱的权益；被集体接纳、发展良好的人际关系和参与集体活动的权益；有去尝试，即使是犯了错误后改正错误、承担必要责任的权益；自主选择及自主决断的权益；在学习上保持自己发展水平和发展速

---

❶ 崔景贵. 职校生心理教育论纲 [M]. 北京：科学出版社，2013：13.
❷ 张炳全. 加强心理保护 预防青少年违法犯罪 [J]. 青少年犯罪问题，2000（6）：28 – 29.

度以及得到具体帮助的权益；在个性心理品质发展上得到帮助和服务的权益。职校生心理权益是一项最基本的人权，然而，又是最容易被社会和学校所忽视的基本权益。

积极维护职校生的心理权益，要求树立和谐的现代教育目标观，让每个学生成为富有智慧的自我实现者，真正关注职校生现实的生活世界，让职业教育回归现实的学校和社会生活世界，重视对学生生命的终极关怀，引导他们学生活的知识，学生存的技能，学生命的智慧，学生态的意义，引导职校生学会担当责任，学会自主选择，从"异化"的心理状态中走出来；培育新型民主的职业学校师生关系，要求教师要学会做"心理保健师"，对学生做到不讽刺，少批评，多鼓励，常谈心，成为学生心灵的陶冶者，学生健康的守护神，学生个性的示范者，学生精神的关怀者，学生成长的引路人，让每一个学生在职校"抬起头来走路"，让每一个学生在学校"有尊严地读书学习"。

（四）着力实现最近心理发展区是积极职业教育的基本任务

苏联教育心理学家维果茨基提出的最近发展区理论，认为教学要考虑学生的两种发展水平：一是个体在独立活动中目前已经达到的解决问题的水平，即"现有的发展水平"；二是在他人的指导帮助下所能达到的解决问题的水平，即"可能的发展水平"或"潜在的发展水平"。这两种水平之间的差距就是所谓的最近发展区。教学就是着眼于、落实于最近发展区，教育就是实现"最近发展区"的过程。也就是说，教学要依据学生以及达到的心理发展水平，而且要预见到今后的心理发展，即教学要走在发展的前面，而不是迁就原有水平。只有这样，教学才能带动和加速发展。最近发展区理论对职业学校教师根据职校生的原有基础确定合适的发展目标具有直接的指导意义❶。

职校教师要充分把握"最近发展区"的要义，科学开展积极职业教育。"最近发展区"理论强调，教师在教学设计、教学原则、教学模式上都要顾及学生的现有能力和潜在发展水平，发挥教师在教学中的"桥梁"

---

❶ 崔景贵. 职业教育心理学导论［M］. 北京：科学出版社，2008：3.

作用：在教学设计上，充分了解学生的现有发展水平，分析学生的知识结构与思维特点，预测他们的潜在发展能力，找准学生的"最近发展区"，并在此基础上提供学生原有知识结构不具备，但与原有知识结构有一定联系的新知识，激发学生求知欲，使其调整原有的知识结构，实现自身发展；在教学原则上，从"最近发展区"理论角度审视"因材施教"，职校教师不仅要了解学生的现有发展水平，更要了解学生的潜在发展水平，寻找其最近发展区，把握学生的"学习最佳期"以引导学生向潜在的、最高的水平发展；在教学模式上，鼓励学生进行交往和探究，在教师适时、必要、谨慎和有效的指导下，学生通过与同伴合作对话或自主探究寻求答案，知识的建构由学生自己围绕问题自主完成❶。

作为国家的未来和民族的希望，当代职校生的成长需要青春的阳光，职校生的生命需要温暖的阳光，职校生的生活需要灿烂的阳光。积极职业教育的实践创新，就是要进一步促进职校生心理更健康、更和谐、更全面的发展，引导职校生成为拥有积极的心态、阳光的个性、健全的人格、心理真正成熟的现代"心理人"。

二、树立促进职校生心理发展的积极职业教育新观念

在当今社会变革与转型中，由于所处的特殊社会历史时期、年龄的特殊阶段、生活的特殊环境、教育的特殊内容和所担当的特殊角色与使命，当代职校生产生了一系列与以往任何一个年代职校生不同的心理面貌和特征。当代职校生心理发展的年龄化、个性化、社会化和职业化等基本特征是相互交织的，既有稳定性，又有可变性。

00 后职校生心理发展具有鲜明的时代特征，也面临着多方面的问题。处于青年初中期的职校生群体，生理成熟水平显著提高，其心理发展特别是在认知与思维方式、情感与智力发展、个性倾向及言语表现上，都有其独特的时代特征。表现为个性张扬，独立叛逆，思想活跃，追求时尚，崇

---

❶ 常凤，周本伟.维果茨基"最近发展区"理论在新课程教学中的应用［J］.新课程研究（基础教育），2009（1）：25 – 27.

尚务实，推崇民主，渴望平等，乐于展示自我。00后职校生心理问题主要表现在：心理矛盾冲突交织增多，心理负担压力不断加大，心理适应调节能力不强，心理价值判断迷失错位。主要原因在于家庭教育引导的"空场"，社会生活环境的"异化"及职校教育管理的"模糊"。

职业学校教师要认真研究当代职校生在社会转型时期的心理发展特点，切实把握时代脉搏和职业教育规律，把自己对职校生心理发展的认识建立在理性分析的基础上，坚持不懈地让所有职校生的心理得到最充分自主的发展。面对00后职校生心理发展的基本特征与存在问题，职业教育工作者需要树立正确的学生观，寻求积极的职业教育对策，因势利导，因材施教，充分发掘他们的心理潜能，发挥他们的个性特长，坚持促进职校生学会学习与学会做人的和谐统一，让职校生的心理世界充满和煦的阳光。根据职校生心理发展特征的实质，职业教育既要依据心理特征，以此出发去引导与促进职校生的心理和谐发展，又要善于把握心理特征的可变性，考虑个性心理差异，注重因时而化、因势利导、因人而异和因材施教。

职业学校教师要科学认识职业教育与职校生心理发展的辩证关系，全面客观的理解和评价当代职校生，把握00后职校生心理发展的基本特征，引导学生强化自信心、自尊心、责任心和进取心，促进职校生的个性和谐发展。当今世界职业教育以人为本的理念已经耳熟能详、深入人心，人性化、人文化、个性化、全人化、主体化和人格化的发展趋势日益凸现。当代职校生心理发展的新面貌和新特征，迫切需要职业学校教育工作者转变教育观念，变革教育观念，创新教育观念。

第一，树立与时俱进的积极职业教育观念。职校教师要深刻认识职业教育的本质和功能，职业教育不是单一的知识传授或技能训练教育，不是"补差"式教育或者"二流"的教育，不是学习"失败者"的教育，也不应该是消极防御、被动应付的"救火式"教育。要理性认识，不怀疑职业学校教育的存在价值，不否定职业学校学生的群体形象，更不应给00后职校生的个性乱贴标签。职业学校教师要树立促进职校生心理发展的新观念，对当代职校生的职业发展和专业成才抱有信心，积极关注00后职校生的学习过程和成长历程，引导学生真正"学会学习，学会做事，学会共处

（共同生活）和学会发展"，获得积极的人生发展观和职业价值观。

第二，构建宽广包容的积极职业教育情怀。00后职校生渴望学校、社会和家长给他们提供平台、机会，期盼获得更多的理解、宽容、鼓励、支持和信任。对职校生简单指责和机械训斥没有任何教育的意义与价值。对于职业学校教师来说，什么类型和特征的学生都是可爱的，什么样的行为表现都是可以被思考和接纳的。00后职校生正在做着的事情是很多其他年代的人无法接受或者很难接受的，但是我们可以试图站在他们看事情的角度上去理解和感受，在不违背自己原则的情况下和他们一起享受"新新社会"的感觉。职业学校教师要善于保持年轻心态，慎重对待"流行文化"，本着负责的态度，引导职校生学会分辨美丑善恶，而不是任由00后职校生去媚俗跟风、盲目追星。

第三，把握因势利导的积极职业教育目标。职业教育对学生不应该"削足适履"、整齐划一，而应该鼓励学生扬长避短、个性化多元发展。职业教育工作者要逐步形成积极和谐发展取向的职业教育价值观——每一位职业学校学生都要发展，但不求一样的心理发展；每一位职业学校学生都要提高，但不是同步的心理提高；每一位职业学校学生都要合格，但不必相同的心理规格。努力让每一个学生有人生出彩的机会，让每一个学生成为最好最优的自我。职业教育工作者要为职校生创造成功成才的条件，使得职业学校和班级的每一次活动成为锻炼职校生成长的青春大舞台，让每一个学生都有充分展示自我才能的机会，让每一个职校生都能够成为校园生活和班集体的主人，让每一个职校生都能够学以致用、学有所长，让每一个职校生都能够振奋精神，抬头挺胸向前走，真正各展其长、各得其所。唯有引导00后职校生昂首阔步坚持向前走，他们才能对未来人生和职业前途充满憧憬和向往。

三、科学建构积极职业教育范式的心理策略

积极职业教育强调，积极要成为贯穿职业教育全过程的核心价值和主线，倡导职业教育要深入系统地关注人性的积极方面。建构积极职业教育范式，就要秉承"以人为本、助人自助、育人至上"的理念，充分发挥职

校生的主体性和自主性，支持和激励职校生积极开展心理健康自助，保持心理和谐状态，发掘心理发展潜能，认识心理成长问题，建设心理资本资源，提升职业心理能力，促进职校生积极品质的形成与完善，实现心理世界更加健康、和谐发展。

（一）倡导职校生积极开展心理健康自助

心理自助是通过自我意识对自身心理和行为状况进行自我观察和自我评价，并使用一定的心理调节方法来维护心理健康、发展心理品质、开发心理潜能的过程[1]。职校生要增进心理健康，提高心理素质，自我教育是根本途径。只有职校生自身积极参与和不断努力，学会自我心理修养的方法和技术，才能实现心理素质的积极发展和持续提高。所谓自我心理修养，就其实质而言，是一种自我心理教育，是一种心理上的自我帮助、自我服务。

倡导职校生积极开展心理健康自助，需要其加强自我心理修养，充分认识自我心理修养的重要作用，自觉激发、保护和增强自我心理修养的动机和愿望；学习运用有关心理科学的基础知识，制定自我心理修养的近期、中期与远期目标；正确掌握有关自我心理修养的一些具体技术，如学会理性认知，巧妙运用心理防御机制，进行积极自我暗示，直接或间接进行心理训练等；积极参加社会实践活动，在社会生活和实际行动中培养良好的心理素质。

（二）指导职校生积极保持心理和谐状态

心理状态是指建立在脑物质活动基础上的人的具体心理活动的无限多样的实际存在方式或存在形式，在其持续的一定时间段内具有一些相对稳定的特征，是特定主体在该时间段内具有一定结构和功能的心理活动全部要素的总和[2]。简而言之，心理状态是指人在某一时刻的心理活动水平，是人的心理活动在程序加工过程中出现的相对稳定的状态。心理状态有积

---

[1] 钟建军，陈中永，李笑燃. 心理自助——维护心理健康的重要途径 [J]. 内蒙古师范大学学报（哲学社会科学版），2008，37（3）：31-35.

[2] 方海韵. 论心理状态 [J]. 陕西师范大学学报（哲学社会科学版），1992，21（3）：124-129.

极和消极之分，而健康向上、科学合理的心理状态是当代职校生心理发展的主流。职校生要想摆脱消极状态，走出阴霾，紧追时代和社会发展的主流，需要保持心理和谐状态。

指导职校生积极保持心理和谐状态，培养学生积极心态是重点。所谓心态决定状态，就是这个道理。指导职校生培养积极心态，可从以下几个方面着手：积极主动参与学校开设的心理健康课程或讲座，了解与学习心理健康知识；生活、学习中遇到困惑或难题，要学会主动向心理辅导老师求助；积极参与学校开展的素质拓展活动，努力提高心理素质和社会适应能力；鼓励和支持职校生成立心理健康协会等社团，让学生有机会为营造校园健康向上的心理氛围贡献自己的力量；自主积极组织开展职校生校园心理剧（小品）等有特色、系列化、形式多样的校园心理文化活动，充分发挥学生的主体性。

（三）引导职校生积极发掘心理发展潜能

新兴的积极心理运动拓宽了人们的视野，心理学家们不再仅仅关注"人出现了什么问题"，而开始考虑如何才能让人达到最佳状态，怎样培养和充分开发人的潜能。潜能是指人具有的但又未表现出来的能力。心理潜能的概念是建立在人脑的机能远未被开发这个事实上的，从某种意义上说，人脑潜能就是心理潜能。为促进和引导职校生心理向着健康、和谐的方向发展，积极职业教育必须重视左右脑的协同开发，即实施"全脑型"教育，使职校生左右脑在一个高水平上协调发展，脑功能得到充分发挥，脑的固有潜能得到充分发掘。

可以从以下几个方面着手：一是信息刺激，养成多练脑、勤动脑、会用脑的良好习惯。二是协同开发，全面塑脑。多开展一些左侧活动和从事音乐美术活动，在活动中主动调节大脑状态，全面锻炼脑力。三是劳逸结合，科学护脑。在学习和生活中有张有弛，科学休息，保证适量睡眠，保证用脑健康。四是营养健身，合理补脑。由于脑消耗能量比重大，职校生应注意及时补充能量，养成良好生活习惯，强身健体。五是情绪乐观，精心益脑。职校生要保持心境乐观、心理健康，良好的心理状态有利于健脑用脑，开发大脑潜能。此外，引导职校生积极发掘心理潜能，"双脑教育"

不可忽视。所谓"双脑教育",是指"左脑+右脑""大脑+小脑""人脑+电脑"的协调教育。因而要重视职校生左右脑功能协调开发,提高学习效率和兴趣;大小脑协调开发,有效培养适应与创新能力;积极寻求人脑与电脑的最佳结合方式,从容迎接信息网络时代全方位的心理挑战。

(四)辅导职校生积极认识心理成长问题

00后职校生处于身心发展的特殊阶段,心理学上称为"暴风骤雨""疾风怒涛"期,也有说心理断乳期、个性叛逆期。当代职校生的心理发展状况格外引人注目,其心理成长问题频频显现,表现在学习压力大、代沟冲突频、网络沉迷重、性征体相烦、不良习惯多、责任能力缺、逆反意识强、负面心态多等多方面。这些心理问题的多发易发并非偶然,其形成原因是多方面的,需要辅导职校生理性认识、理智分析自身的心理成长问题,让学生学会以积极乐观的态度来看待问题,形成积极的思维习惯。

面对频频出现的心理成长问题,职校生需要学会运用理性思维进行积极认知。而积极认识问题,可以通过学习埃利斯ABC理论,即情绪不是由某一诱发性事件本身所引起的,而是由经历了这一事件的个体对这一事件的解释和评价所引起的,理性地认识自身成长和发展过程中出现的问题。职校生通过学习转变不合理信念,调整认知偏差,才能迈出解决问题的第一步。职校生需要纠正错误认知方式,学会自我心理调适,在实际生活中培养积极认知的理性思维,积极追寻生命的阳光、生活的希望和美好的未来。

(五)教导职校生积极建构心理资本资源

以自信、希望、乐观和韧性为核心的心理资本作为心理资源的积极方面,成为建构积极职业教育范式的心理策略重要组成部分。心理资本简称PCA(Psychological Capital Appreciation),是指个体在成长和发展过程中表现出来的一种积极心理状态,是超越人力资本和社会资本的一种核心心理要素,是促进个人成长和绩效提升的心理资源。目前心理学领域主要采用路桑斯(Luthans 2007)的心理资本含义。他认为心理资本表现在四个方面:①自我效能:拥有挑战工作的勇气,能够付出足够多的努力去获得成功;②乐观:从积极的角度对目前或未来取得的成功进行归因;③希望:

认定目标决不放弃，甚至可以为达成目标而重新规划所选取的方向和路径；④韧性：遭遇挫折能不卑不亢，迅速从困境中恢复过来。教导职校生积极建构心理资本资源，有助于促进职校生心理健康和谐成长，增强竞争和发展优势，有助于学生提升自我，完善自我，提高学生的可持续发展能力。

教导职校生积极建构心理资本资源，主要从以下四个方面着手：一是提升自信心。指导职校生设置合理的目标，使其产生驱动力，集中精力，提高激情，取得更好的学习与工作绩效；善于发现自己的优势，并且主动寻求机会以体验成功；充分认识榜样典型事迹并去效仿其模范行为，树立正确的价值观和人生观。二是保持乐观。职校生保持乐观的心态，需要职校教师的有效激励和引导，积极参加拓展训练以形成积极的认知，同时要学习和学会积极心理暗示方法。三是心怀希望。引导职校生能够正确的自我评估，具备客观的自我认识和求职定位；职校生需要在教师的引导下形成理性的认知，了解自己的真正需求，构筑积极的心理防御机制，通过替代、幽默、合理化、折中等方式有效保护自我，学会运用创新思维方式解决问题。四是增强韧性。职校生可通过免疫保护即启动过去成功的学习和经验进行自主调适，理智地面对现实，建构正面的生活秩序；职校生要进行职业生涯规划，建立明确目标以激发动机；运用 NLP 法输入积极信念以开发韧性；树立终身学习意识，自觉养成勤读书、勤思考的良好习惯。

（六）督导职校生积极提升职业心理能力

培养与提升职校生的职业能力已经成为现代职业教育领域的热点问题。职业能力（Occupational Ability）是指人们从事某种职业所必须具备的多种能力的综合。职业能力是职业教育的核心概念，综合职业能力是职业教育技术技能人才培养的核心目标。21 世纪以来，职业学校教育教学改革与创新，更多关注工作岗位，更加强调"工作过程"❶。基于我国工作过程系统化的课程改革与实践，从能力内容的角度对职校生职业能力进行界定，可以将职业能力划分为专业能力、方法能力和社会能力三种。

---

❶ 徐涵. 以工作过程为导向的职业教育 [J]. 教育与职业，2008（3）：5-8.

督导职校生积极提升职业心理能力，可从以下三方面着手：①职校生应基本完成公共基础课教学，积极参加社会实践活动，学会运用数学知识等作为基本工具解决实际问题的能力，注重训练自己的应用文写作和语言表达能力，借助网络、电子课件、视频等多种媒体突出英语的听说训练，增强英语语言的实用性，形成专业学习的基础能力。学生还应遵循实用性、针对性、阶段性、系统性的原则训练自身的职业规划能力；②认真学习以工作过程为载体，以实践教学为主体的职业课程，把握好教学内容、训练项目、训练装备、课程考核各个环节，获得职业资格证书，形成择业能力；③职校生通过在企业顶岗实习或创业实践成为职业人。学生在顶岗实习期间，注重专业实践能力的培养和提高，同时学会体会企业独有的文化和精神，形成就业与创业能力❶。

积极职业教育的科学实践，需要依据当代职校生心理发展的水平、特点和规律，与此同时，为 00 后职校生心理发展导航导向，促进其心理全面和谐发展，引导其成为幸福而卓越的现代"心理人"，积极职业教育必定能够有所作为、也完全应该大有作为。让我们在积极职业教育实践中携手探索、奋力前行！

本章小结

职校生心理发展与积极职业教育存在互为依存的辩证关系。促进职校生心理发展是积极职业教育的核心目标。践行积极职业教育，需要科学认识职校生的心理发展特征，遵循职校生心理发展规律，自觉维护职校生心理权益，以着力创造和实现最优化的最近心理发展区。积极职业教育促进职校生心理发展、心理策略有：倡导开展心理健康自助，指导保持心理和谐状态，引导发掘心理发展潜能，辅导认识心理成长问题，教导建构心理资本资源，督导提升职业心理能力。

---

❶ 周国烛. 高等职业院校培养学生职业能力的探索 [J]. 中国成人教育，2010 (11)：82 – 83.

职校生心理特征与职校积极德育范式

德育工作是职业学校教育的重要组成部分，与专业教育教学共同担负培养和引导职校生成才的重任。作为以人才培养为己任的职校德育工作，应该自觉地把"培养什么人""如何培养人"放在德育工作研究的重中之重。然而，什么是德育工作？如何深刻认识和科学把握职校德育工作的时代内涵？当下职校德育工作如何走向专业化？却是一个现实而紧迫的重要课题。职校德育工作者必须进一步解放思想，实事求是，与时俱进地创新德育理念，科学系统地推进德育建设，才能从容迎接职业教育改革的新挑战。

一、积极认识职校生心理发展的基本特征

处于青年初中期的职校生群体，生理成熟水平显著提高，其心理发展特别是在认知与思维方式、情感与智力发展、个性倾向及言语表现上，都有其独特的时代特征。在当今社会变革与转型中，由于所处的特殊社会历史时期、年龄的特殊阶段、生活的特殊环境、教育的特殊内容和所担当的特殊角色与使命，当代职校生产生了一系列与以往任何一个年代职校生不同的心理面貌和特征。当代职业学校学生心理发展表现出过渡性、闭锁性、动荡性、两极性等年龄特征，自立性、主体性、两面性和矛盾性等个

性化特征，实用性、从众性、消极性和逆反性等社会化特征，定向性、盲目性和片面性等职业化特征。❶

当代职校生心理发展的年龄化、个性化、社会化和职业化等基本特征是相互交织的，既有稳定性，又有可变性。根据职校生心理发展特征的实质，职业教育既要依据心理特征，以此出发去引导与促进职校生的心理和谐发展，又要善于把握心理特征的可变性，考虑个性心理差异，注重因时而化、因势利导、因人而异和因材施教。职业教育是面向人人、以人为本、助人自助、育人至上的崇高事业。职业学校教师要认真研究当代职校生在社会转型时期的心理发展特点，切实把握时代脉搏和职业教育规律，把自己对职校生心理发展的认识建立在理性分析的基础上，坚持不懈地让所有职校生的心理得到最充分自主的发展。

面对 00 后职校生，职业学校教育工作者需要一种宁静致远、理性平和的教育心态，需要一种忘我无私、奉献大爱的执着精神，需要认同理解、接纳欣赏的积极态度，而不是捶胸顿足样指手画脚、品头论足般说三道四。

第一，了解与理解 00 后职校生。职校教师必须了解 00 后职校生，了解时代的教育变化。生活在信息时代的 00 后职校生是一本内容极其丰富的书，每一位教师只有潜心研读，才能理解职校生的"十万个为什么"，才能发现职校生的优点。作为教师不只是关心他们的学习和生活，更要关心00 后职校生的情感世界和心理轨迹，把握他们的心理需求和心理脉搏。当教师不能理解学生的言行时，切忌匆忙下结论反对批驳，应三思而后行。让我们自觉走近他们，和他们沟通，进而深层次地理解他们，为他们的成长成才创造一个宽松的教育环境。

第二，尊重与信任 00 后职校生。教育引导学生的前提是尊重学生。教育无痕更需要宽容尊重。职校教师应尊重职校生生命发展过程中的独特规律，尊重学生的成长需要，尊重学生的各项权利，尊重学生的人格尊严。当然，职业教育不能没有批评，甚至不能没有惩罚，但越是批评与惩罚学

---

❶ 崔景贵.当代职校生心理发展的基本特征［J］.教育与职业，2008（8）：19－21.

生，越要尊重职校生，用唤醒自尊的方式引导职校生不断进步。

第三，欣赏与期待00后职校生。欣赏学生的优点是向学生学习的主要条件。职业教育是一个独特的大舞台，职业学校是一个全新的起跑线，我们始终期待着00后职校生会有更加积极而精彩的出色表现。让我们以积极的思维、欣赏的目光和无限的期待迎接00后职校生自主融入社会，自信地走向未来！

第四，热爱与鼓励00后职校生。优秀的教师总是善于发现学生的长处，并给予积极的鼓励。职校教师既不能对职校生过分放任纵容，也不能使职校生生活在缺乏温暖和关爱的情感的教育环境之中。让我们给他们一个宽容和谐的环境，多一点理解和交流，多一点支持和关爱，少一点打压与嘲讽。也许，00后职校生展现给社会、家庭和职业学校的，将是一个全新的状态和积极的面貌。

00后呼唤着当今职业学校教育管理范式的根本转型，走向积极职业教育是我国职业教育创新变革的必然选择。这或许意味着整个职业学校教育管理范式的根本转型与创新变革。可以相信，未来积极职业教育创新实践之路，必将更加自主和谐科学，必将富有职校办学特色，必将充满无限生机与希望！

二、职校德育工作的时代内涵与创新提升

(一) 职校德育工作的时代内涵

在职校，德育工作一直是一个比较模糊的概念术语，更多地被人们称为学生思想政治教育工作或道德教育。随着职业教育大众化进程的深入，整个职业教育体系将与之相适应发生重大变革，职校学生的教育和管理出现了许多新情况、新特点，既蕴涵史无前例的发展空间，又面临前所未有的巨大挑战。职校德育工作不能按老框框办事，也不能静等观望，而必须从现状中"跳"出来，按社会和时代对00后职校生培养模式的要求发挥应有的作用。教育、管理、指导和服务是新时期职校德育工作的四大基本职能。创建职校和谐校园需要我们转变工作观念，深刻把握德育工作的时代内涵，积极拓展德育工作的实践空间。

1. 德育工作：为了职校生的成才和发展强化服务工作

学生是职校存在的价值所在。职校教育的价值就在于能够培养和造就学生。德育工作必须面向每个学生，尊重、关心、服务好每一个学生，最大限度地满足每一个学生成长成才的合理需要。这是职校德育工作首先要解决的基本问题。"以学生发展为本，为学生成才服务"就成为当今时代职校德育工作倡导的理念。这就要把职校生作为职业学校的生存之本、发展之本，把为学生服务作为推动职校各项事业改革与发展的动力之本。职校德育工作应该贴近职校生的校园生活、贴近职校生的情感需要、贴近职校生的发展实际，为 00 后职校生办实事、做好事、解难事。职校德育工作必须适时为职校生的自主发展提供先进优质的真诚服务，始终让学生在接受专业的教育服务中追求个人的全面和谐发展。

2. 德育工作：在职校生之中和职校生一起优化教育工作

德育工作是围绕学生、针对学生并直接作用于学生的特定教育工作。如果职校德育工作只是想管住或压服学生，只是按照职校教育规章的既定尺度去"雕刻"学生，那就偏离了职业教育的根本目标。作为职校生发展的"人格引领者""精神关怀者"和"重要他人"，职校德育工作者不能远离学生或者脱离学生，不能高高在上或站在学生的对立面，也不能局限在办公室和会议室里布置德育工作，而要自觉走近学生，走进学生的心理世界，深入到学生的生活中去，深入到学生宿舍和公寓。善于在教室和实验室，在实践和活动过程中，在课堂和操场上，"零距离""无落差"与学生对话和交流。这就意味着我们对学生主体地位的承认、信任和尊重，发挥职校生的主体能动性、实践智慧和创造性潜能。这也要求改变传统的教育者和受教育者、管理者和被管理者的关系，把学生作为平等主体来看待，建立人格平等的师生关系。而职校德育工作者，只是现代化人格的示范者和平等关系中的"首席"。

3. 德育工作：为促进职校生和谐自主而多做引导工作

什么是学生？我国台湾教育家高震东说："学生，就是学生活的知识，学生存的技能，学生命的智慧。"不难理解，生活教育、生命教育、生涯教育、生态教育和生存教育是当今职校德育工作的应有之义和时代命题。

职校德育工作者面对的是个性张扬、思想活跃、反应敏捷、善于独立思考、敢于标新立异的职校生，而职校生是"自我教育、自我管理和自我服务"的主体。职校德育工作者要克服一切工作都是"等上""靠上"和"唯上"的消极倾向，改变德育工作是学生干部围着辅导员和班主任转；辅导员和班主任跟着学校党政领导转；领导随着上级职能部门和大小会议转的不良状态。职校德育工作要实现由"被动防御型"向"引领发展型"的转变，变疲于应付为主动出击、科学引导，围绕职校生的学习、生活和成才目标而和谐运转，对职校生的未来发展尽心尽责。

4. 德育工作：为维护职校生的合法权益而深化管理工作

当今职校生已经成为职业教育的主体，他们维护自身合法权益的意识日益增强。在一些职校校园里和现实生活中，职校生的合法权益被侵犯或受损害的事情还时有发生，如乱罚款乱收费现象、人身安全问题、择业过程利益受损等。00 后职校生迫切需要与之联系紧密的德育工作部门和德育工作者能够真正站在学生的立场和角度将心比心换位思考，反映他们的愿望和心声，代表和维护他们的合法利益。职校德育工作者要扮演"维权使者"的角色，通过积极组织和引导学生参与学校民主管理，建立学生维权机构，支持学生维权行为，增强学生的维权意识等多种途径和方式，切实维护职校生的合法权益。可以说，职校德育工作者对此义不容辞，责无旁贷。

职校德育是一项常为常新的教育事业。历史既给职校德育工作带来难得的机遇，也使德育工作面临着复杂的新情况、新问题、新挑战。职校德育工作者一定要适应实践的发展，以实践来检验一切，自觉地把思想认识从那些不合时宜的观念、做法和体制的束缚中解放出来。而当代职校生发展的新面貌、新矛盾和新问题，迫切需要我们对职校德育工作进行前瞻性的思考，更新德育观念，变革德育思路，创新德育模式❶。

（二）职校德育工作的职能创新与效能提升

德育是职业学校教育的重要组成部分，服务、教育、引导和管理是其

---

❶ 崔景贵. 职业教育心理学导论［M］. 北京：科学出版社，2008：53.

基本职能。目前，职校德育工作存在的主要问题有：工作职能上管教过多，服务过少；教育方式上言教过多，身教过少；管理方式上指挥过多，指导过少；服务方式上被动过多，主动过少，影响了德育工作的绩效。笔者认为，职校德育工作就是为了职校生的成才和发展强化服务工作，就是在职校生之中和职校生一起优化教育工作，就是为促进职校生和谐自主发展而多做引导工作，就是为维护职校生的合法权益而深化管理工作。新时期职校德育要实现由"被动防御型"向"引领发展型"的根本转变，就需要职校德育工作者积极构建、身体力行新理念、新作风。

德育工作作风是职校校风的重要组成部分，同时对职校的教风、学风和党风有着重要的影响。优良的德育工作作风能够对职校校风建设产生积极的辐射作用，能够形成无比巨大的凝聚力，能够产生无以穷尽的创造力，能够凝就无坚不摧的战斗力。为了进一步发挥职校德育工作者的表率与示范作用，营造积极优质的育人环境，职校要切实重视和加强德育工作作风建设，努力创建文明和谐的职校校园。加强和改进新时期职校德育工作作风建设，是一项十分复杂的系统工程，最要紧的是两方面：着力创新工作职能、科学提升工作效能。

1. 着力创新职校德育工作职能

德育工作是一项以人为本、助人自助、育人至上的崇高事业。笔者认为，职校德育是以心灵呼唤心灵，以人格塑造人格，以精神感染精神，以思想转化思想，以智慧培植智慧，以生命点燃生命的教育过程。加强工作作风建设，职校德育工作者追求的不仅仅是德育工作的规范、制度、方法与技术，更应注重建构专业化发展的职业教育教学思想、理念、智慧与艺术。

第一，转变思想观念，增强服务意识。"以学生发展为本，为学生成才服务"是我国职业学校德育工作所倡导的时代理念，就是要在实践中自觉地把学生视为职业学校事业的生命之线、生存之根、发展之本。我们应该贴近职校生的生活，贴近职校生的情感，贴近职校生的需要，真正立足于解决职校生的实际问题来改进德育工作，做到情为学生所系，权为学生所用，利为学生所谋，"想学生之所虑，急学生之所难，谋学生之所求"。

第二，转换专业角色，注重教育过程。职校德育工作者是 90 后职校生发展的"人格引领者""精神关怀者"和"重要他人"。德育工作者要善于扮演好多重专业角色，善于做有思想的"教育家"，做能创新的"研究者"，做务实际的"多面手"；善于变教育者的角色、权威者的角色和管理者的角色为"导师"的角色、"导演"的角色和"导游"的角色。

第三，转化精神状态，创新引导艺术。职校德育工作者必须始终保持与时俱进、奋发有为的精神状态，树立"创新创特色，创业创一流，创优创实效"的意识，增强"敢于争先，勇于拼搏，善于超越"的意识。职校德育工作者要改变一切工作都"唯书"或"唯上"，克服怨天尤人、无所作为的消极心态，实现由"消极防御型"向"引领发展型"的转变，变被动防守、疲于应付为主动出击、科学引导，围绕职校生的成人成才成功而运转，对职校生的人生未来发展负责，善于引领 00 后职校生追求卓越的人生目标。

第四，转移工作平台，提升管理水平。一切为了学生，一切依靠学生，从学生中来，到学生中去，这是职业学校德育工作的优良传统。切实加强德育工作作风建设，就要虚心向当代职校生学习，把大多数学生拥护不拥护、赞成不赞成作为一切工作的出发点和落脚点。职校德育工作者不能够局限在办公室、会议室和文件中布置安排德育工作，满足于做好一般性、日常性和事务性的德育工作，而是要善于深入到学生宿舍和公寓走访调研，在教室、工作室和实验室里、在课堂上和操场上了解学生的真实信息，在"零距离"与学生对话交流活动中观察思考。职校德育工作者要不断创新和变革管理方式，从权力管理向制度管理、法制管理转变，从封闭式、强迫式管理向民主式、自主式管理转变，从常规事务型管理向特色创新型管理转变，从经验化管理向专业化管理提升❶。总之，职校德育工作者要树立"助人自助与自助助人"的信念，坚持"成才与发展为本、教育与管理为纲、引导与服务为主"的工作方针，通过专业理论学习、反思专业实践和开展职业教育管理科研等途径来实现自身的积极发展，努力成为

---

❶　崔景贵. 当代职校生心理发展的基本特征［J］. 教育与职业，2008（8）：19 - 21.

创新型和智慧型德育工作者，成为专业化和专家型德育工作者。

2. 科学提升职校德育工作效能

职校德育是师生互动、教学相长、创新发展的艺术过程，是以心育心、以德育德、以个性影响个性的艺术过程。从某种意义上说，德育工作是一门科学，更是一门哲学；是一门技术，更是一门艺术。加强德育工作作风建设，职校德育工作者更要在科学提升德育工作效能上下工夫、求实效。

第一，用心重于用力。亚里士多德说过，"教育心智而不教育心灵就是没有进行教育"。德育工作首先是人心之学，不了解学生心灵就谈不上德育工作。德育工作是心灵对心灵的理解与沟通，心灵对心灵的耕耘与创造。德育工作就是"知心"和"贴心"的教育，是以心"换"心、以心"唤"心、以心"焕"心的工作艺术，更需要德育工作者学会做有心人，用"心"去做，而不只是简单地用力、用劲和用时间。

第二，引导重于矫正。职校德育工作必须坚持"教育有法，但无定法，贵在得法"。所谓"得法"，就是要经常性反思自己的教育过程、管理工作和服务意识，以"导"为教育原则和主要方法，多做引导性、指导性、辅导性和疏导性的工作，对职校生的思想问题要开导，道德问题要教导，学习问题要辅导，生活问题要引导，择业问题要指导，心理问题要疏导，行为问题要督导。职校德育工作者既要讲工作过程的人格魅力，又要讲教育实践的智慧艺术；既要坚持工作的原则性，又要把握工作的灵活性。

第三，行动重于策划。俗话说，"心动不如行动"。职业学校德育必须时时处处坚持重实际、说实话、办实事、求实效，必须大力发扬脚踏实地、埋头苦干的工作作风。职业学校德育工作者唯有求真务实，大兴求实笃行之风，才能做到工作思路务实，工作目标求实，工作措施扎实，工作成效真实。

第四，责任重于泰山。古今兴盛皆在于实，天下大事必作于细。细节决定成败。职校德育工作无小事，职校生学习生活和发展成长中的每一件事都是丝毫马虎不得、耽误不得的大事。职校德育工作者要进一步强化责任感和使命感，把实际工作中每一件不起眼的小事情做精细了，就是了不起的伟大；把职业教育实践中每一件平凡的小事情做精致了，就是真正的不平凡。

第五，人格重于知识。古人云："政者正也。其身正，不令而行；其身不正，虽令不从。"俄国教育家乌申斯基说："在教育中，一切都应以教育者的人格为依据，因而教育的力量只能从人的人格这个活的源泉流露出来。任何规章制度，任何人为的机关，无论设想得如何巧妙，都不能代替教育事业中教育者人格的作用。"职校德育工作者要自觉完善心理素养和文明素养，清清白白从政，踏踏实实做事，堂堂正正做人，以自身的高尚人格来塑造学生的健全人格，因为一位为人师表、人格优秀的职业学校教师，本身就是一本用生命智慧和教育艺术打开的职校教材。

第六，身教重于言教。著名教育学家叶澜教授说："没有教师生命质量的的提升，就很难有高的教育质量；没有教师精神的解放，就很难有学生精神的解放；没有教师的主动发展，就很难有学生的主动发展；没有教师的教育创造，就很难有学生的创造精神。"职校德育工作者要以学习来示范学习，做自主学习、创新学习的榜样，做刻苦学习、终身学习的典范；要以文明习惯来培养职校生的习惯，以创新意识与能力来培育职校生的创新精神；要以自身的教育艺术来引导职校生领悟人生的智慧，以自身专业化发展来引导职校生追求积极向上的成长目标。

加强和改进新时期职校德育工作，职校德育工作者要树立职业教育管理与引导服务的和谐发展理念，不能只为德育工作而做德育工作，就德育工作来抓德育工作。要坚持职校生教育管理服务与职校教育教学改革、课程与专业建设相结合，相得益彰，坚持"一盘棋"的职校德育工作新思路，防止"两张皮"现象；坚持加强教师师德教风建设与改进职校生思想品德教育相结合，做到"两手抓"与"两手硬"，书写"一体化"的职校德育工作新篇章，防止"一手软一手硬"现象；坚持职校教育管理服务工作的公转与自转相结合，始终"两条腿"走路，既要快速优质共转，也要特色和谐自转，建构"一条龙"的职校德育工作新机制，防止"各人自扫门前雪"现象；坚持职业学校德育工作理论研究务虚与实践创新过程实相结合，理论思考研究要"顶天"，实践创新探索则要"立地"，打造"一揽子"的职校德育工作新蓝图，防止"海市蜃楼"现象。

职校德育是一项神圣而崇高的伟大事业，事业的意义在于献身；它是一门育人的科学，科学的价值在于求真；它是一种复杂的艺术，艺术的生命在于创新。把握新形势、面对新目标、承担新使命、迎接新挑战，职校德育工作者义不容辞、责无旁贷。职校德育工作者更需要树立新理念、拓展新思路、创造新经验、打造新品牌、构建新格局，需要创新工作过程，改变管理方式，提高服务水平，一心一意促发展，全心全意抓落实，诚心诚意思创新，真心真意建特色，积极引导和促进 00 后职校生和谐发展、成人成才❶。这是新时期做好职校德育工作的"法宝"和"奥秘"，也是加强和改进职校德育工作的核心旨趣和本真追求。

三、职校积极德育范式的系统变革与建构

当前职校比较普遍的存在一种轻视德育工作、看不起德育工作的倾向，认为德育工作仅仅是跑腿打杂的事务性的工作，人人都可以干，没多大出息，没什么前途，这就使得一部分德育工作者颇有失落感、倦怠感和无助感。思想决定行动，心态决定状态，态度决定高度，思路决定出路。在机遇和挑战面前，我们要积极探索德育工作的新思路、新领域、新机制，要以加强和改进职校生学风建设为主线，以实施职校生素质教育为主题，以引导职校生学会学习、学会做事、学会共处与学会发展为基本目标❷，以实践能力、创新精神、个性特长、责任意识和健全人格等培养为重点，完善工作机制，管理重心下移，优化专业队伍，强化自理自律，精心打造品牌，培育工作特色，研究推动创新，积极宣传造势，不断增强德育工作的针对性、主动性和实效性，开创职校德育事业和谐发展的新局面。

---

❶ 崔景贵. 树立促进职校生心理发展的现代职业教育观［J］. 职业技术教育，2008（1）：78－80.

❷ 崔景贵. 心理教育（职业学校）［M］. 南京：南京师范大学出版社，2002：33.

(一) 人本化：突出德育工作思想建设

职业学校应当是师生思想交流与交锋的场所。职校德育工作者需要学会思考，学会对话，善于集聚教育思索的火花、工作的艺术和实践的智慧，只要持之以恒坚持下去，点滴思考的"火花"就能够成为教育思想的"火把"，照亮前行的道路和航程，给我们无穷的信心、勇气与力量。加强思想建设，职校德育工作者要树立和落实以人为本的理念，坚持以人为主体，以人为前提，以人为动力，以人为目的。以人为本，从根本上来说，就是强调集教育、管理、指导、服务功能于一体的德育工作在职校全局工作中的基础性地位，就是要促进00后职校生的可持续发展，将学生的全面发展与个性发展有机统一起来，尊重学生的个性，为学生的个性发展提供充足的空间和条件，全方位服务于职校生，使得00后职校生"人人有特长，个个显优势"。职校德育工作要"以学生和谐发展成才为本"，"为了一切学生，为了学生一切"，为00后职校生成才发展创造各种可能创造的条件，最大限度地激发00后职校生的内在成才动力，把各项工作实实在在集中到"育人为本"这一价值目标上来❶。

(二) 专业化：重视德育工作队伍建设

培养高质量的创新型和应用型专业人才，职校既要有许多学识渊博、造诣精深的教授、专家与学者；要有先进的教学科研设备，也必须有高素质的德育工作队伍、高水平的学生教育管理服务工作。由于职校生是思想活跃、行为多变、生活时尚、需求多元和个性张扬的青年群体，因而对职校德育工作者的素质要求比其他学科的教师在一定意义上还要高，不仅要有较高的政治理论水平、思想道德素质、较强的工作能力，而且还要善于了解00后职校生思想行为变化和发展的特点，熟知德育工作的规律和方法。不论是职校生的专业教育、科技竞赛或行为管理，还是心理辅导、就业指导与创业培训，对德育工作者的专业化要求越来越高。因此，职校要像重视专业教师队伍建设那样，重视德育工作队伍建设，加大德育工作干

---

❶ 崔景贵. 育人为本：我国职业教育创新变革的基本策略 [J]. 教育与职业，2007（30）：10－12.

部选拔、培养力度，选拔优秀的硕士毕业研究生和德才兼备的年轻教师充实德育工作队伍，切实采取措施，提高他们的学历层次、工作水平和专业素养。同时进一步完善德育工作教师、班主任的聘任、晋升和激励制度，通过培训、进修、考核等多种方式，使他们具备专业资质，践行专业精神，从而建设一支高素质、专业化的德育工作队伍。

（三）人格化：加强德育工作作风建设

从培养00后职校生的理想人格角度来讲，职校德育工作者要有乐观向上的积极心态、求实奉献的责任意识、虚怀若谷的坦荡胸怀、温文尔雅的文明修养、精益求精的工作作风和奋发进取的精神状态。职校德育工作者要善于扮演好多重专业角色，进一步强化为人师表、以身立教、人格示范的责任感和使命感，善于以个性来影响个性，以精神来感染精神，以思想来转化思想。职校德育工作者既要讲工作的能力魄力，又要讲工作的艺术智慧；既要讲求工作的规范原则，又要追求工作的创新创意，自觉追寻和践行"求实笃行，创新高效"的德育工作作风，真正体现职校德育工作队伍建设"政治强，专业精，纪律严，作风正，素质高，人格优"的要求。

（四）市场化：完善德育工作机制建设

市场经济中竞争机制、效益观念、企业化经营方式、考虑消费者的愿望与要求等因素在职业教育管理改革中体现越来越明显。职校德育工作应按照社会和市场要求，着眼于培养具有现代市场意识和开拓创新精神的高层次、高素质人才，在德育工作中引入竞争、效益、经营、服务、保障、评价等市场意识和市场机制，特别是在奖学金、助学金等的运作上，要体现市场经营和精致管理的理念，有效发挥社会奖、助学金的积极作用。职校德育工作要建立和完善专业或年级德育工作的考评指标和评价体系，继续推进和不断完善量化考核管理；要学会充分放权、合理分权、自主维权，而不要高度集权、专横揽权和随意侵权；要引进德育工作的公平竞争和激励机制，形成你追我赶、共同发展的良好格局。

（五）品牌化：凸显德育工作特色建设

特色就是德育工作的生命力，特色就是德育工作的影响力和辐射力。职校德育工作要不断创新思路，总结工作经验，着力、用心打造工作特色，倾力、全力打造工作"品牌"。德育工作要以改进和优化学风建设、宿舍文化建设、创新创业教育、校园文明督导和心理健康教育等为抓手，把常规项目和创新项目结合起来，增强自主创新的意识与能力，联系实际凸显工作特色。要鼓励德育工作理念与思路的标新立异、与众不同，形成个性鲜明的教育实践"品牌"和模式，力争做到"人无我有，人有我优，人优我特，人特我亮"。创建德育工作特色，同样要求真务实，以满足00后职校生的合理需求和以促进00后职校生的成人成才和健康发展为衡量标准，而不应为追求表面文章去人为地制造"空壳子"和"花架子"。

（六）一体化：优化德育工作体系建设

职校德育工作要始终坚持"教学中心、德育为先、育人为本"的意识，与教学工作同心同德、密切合作，才能够相互促进、相得益彰。优化德育工作体系，就要处理好公转与自转的关系，做到快速和谐公转，优质特色自转；就要处理好网络德育工作与现实德育工作的关系，相互补充；就要处理好思想品德教育与心理健康教育的关系，相互支持。优化德育工作格局，更要理顺教育、管理、引导和服务的基本关系，树立德育工作的全局观念和整体意识，强化品德教育、招生宣传、就业指导、学风建设、军事训练、帮困助学、党团建设、校园文化、宿舍管理、社会实践、科技创新、心理辅导等"一盘棋"意识。职校德育工作要细化分解职能，通过学校职能部门联动，多校区（职校）连动，职校、家庭及社会互动，职校生社团群体自动，师生员工积极行动来整体推进、形成合力。

（七）法治化：推进德育工作制度建设

德育工作的实践经验是宝贵的，在新时期仅有经验或者说只凭经验开展德育工作又是完全不够的。当今职业学校校园中的热点现象此起彼伏，值得关注和研究。针对职校生中持续不断的追星热、方兴未艾的街舞热、难以降温的恋爱热、骤然兴起的创业经商热、日趋高涨的上网游戏热等，职校德育工作者要注重调查研究，通过理性的思考来探索应对的新思路与新举措，规范管理、严格要求。要加强对德育工作实践的反思与总结，善于和勤于推广探索的成功做法，把实践经验上升到理性高度，成为规范和指导行动的工作制度。职校要进一步健全和完善德育工作制度，实现由

"人治"向"法治"的转变，做到有章可循、有法必依，确保德育工作始终在法治化的轨道上理性行进。

（八）科学化：夯实德育工作理论建设

职校德育工作是一门科学，我们不仅要按照科学的理论和方法做好这项工作，而且更需要研究这门相当复杂的学问。随着德育工作领域的拓宽和内容的丰富，随着职校生发展需求的增多和要求的提高，职校德育工作面临的问题正日趋复杂和棘手，唯有将00后职校生成才存在的问题和解决策略作为研究对象，德育工作才能更有针对性和实效性。职业学校要着力培养一批德育理论研究的骨干，形成重视理论学习和研究的氛围，推出一批理论联系实际的研究课题和经验研究的成果。职校要建立德育研究的学术梯队，有组织、有计划地把德育工作的热点、难点、重点确立为研究课题，从分析德育工作过程的各个方面及其运行机制中，揭示出德育工作的规律及其原则；从德育工作对象的发展变化的规律和特点中，探求德育工作的科学途径和方法，从而提升德育工作的理论水准，用科学的理论指导德育工作实践。

职业学校正处在这样一个社会发展转型和职业教育改革创新的伟大时代，不进则退。与时俱进，求真务实，进取创新，这是职业学校唯一的选择，除此之外别无选择。职校德育工作专业化，需要我们进一步开阔工作视野，理清工作思路，增强责任感、紧迫感和使命感，坚持抓基础和抓特色并举，坚持夯实常规工作与开拓创新工作统一，进一步健全和完善德育工作的长效机制，促进德育工作从经验型向科学型、从专门化向专业化转变，在创建和谐校园的进程中实现德育工作又好又快、更好更快的发展。未来之路在脚下延伸，而职校德育工作者正在铺路，正在铺就职业教育管理事业的希望之路，正在铺就职校德育专业化的特色创新之路。让我们同心同德、群策群力，一起努力前行。

本章小结

职业教育应遵循职校生心理发展的基本规律，把握职校生心理发展的时代特征，树立科学的职校生心理发展观，建构积极促进职校生心理发展的现代教育理念。德育是职业学校教育的重要组成部分，是一项复杂的系统工程。职校德育工作需要为职校生成才和发展而强化服务工作，在职校生之中开展工作，与职校生一起创新工作。加强和改进新时期德育工作，职校要大力倡导积极德育理念，着力创新职能，科学提升效能。职校德育工作者要转变思想观念，增强服务意识；转换专业角色，注重教育过程；转化精神状态，创新引导艺术；转移工作平台，提升管理水平。加强和改进德育工作，职校必须把握德育工作发展趋势，突出人本化思想建设，重视专业化队伍建设，加强人格化作风建设，完善市场化机制建设，凸显品牌化特色建设，优化一体化体系建设，推进法治化制度建设和注重科学化理论建设。

第九章

职校生心理状态与职校积极生命教育

生命教育是我国现代职业教育领域一个较新的研究课题。1968 年，美国学者杰·唐纳·华特士提出"生命教育"的概念，在世界范围引起广泛关注，对学生进行生命教育逐渐成为各国教育的重要组成部分。生命是职业教育的基点，也是职业教育的对象，更是职业教育的价值追求。生命教育本质上是基于生命、遵循生命、为了生命、成全生命的教育，是现代职业教育的应有之义。职业学校为什么需要重视生命教育？如何理解职业学校生命教育的心理意蕴、积极取向与教育依据？如何科学建构与组织实施积极生命教育？本章从职校生心理状态的视角理性审视职业学校教育管理，对积极生命教育范式的建构策略做初步探讨。

一、职校生生命教育的心理意蕴与教育回归

人的生命与其他生命一个最大的区别是，动物不能把自己同自己的生命区别开来，而人是世界上唯一能够意识到并说出"我"的存在物。人的这种复杂意识表现为人的心理活动。这种心理活动既是生命的重要特征，也是开展生命教育的重要依据。当前，职校生心理健康问题突出，存在的无助、郁闷、厌学、自卑等心理问题，深层次上是职校生发自内心的生命呼喊与生命诉求，也是职校生心理失调、生命困顿的重要表现，需要引起

职业教育工作者的高度重视。

（一）直面心理状态：职校学生发展存在的消极问题

中职学生正处于身心发展的转折点和关键期，不仅受到学习竞争、人际交往和情绪情感等诸多因素的影响，而且还将面临择业和人生规划等抉择，容易出现自信不足、学习目标不明和对未来职业的担忧等心理问题和困惑。这在 00 后职校生身上体现得尤为明显。他们虽然是个性张扬、追求时尚、崇尚务实的"新新人类"，但同时也可能是理想信念模糊、任性叛逆、敏感脆弱的"草莓一族"。00 后职校学生表现出的心理矛盾与冲突、心理困惑与迷茫、心理无望与绝望，直接制约职校生生命的和谐发展，反映出职校生生命意识仍存在比较严重的缺失。主要表现在以下几个方面。

1. 无聊与空虚

职校生大多是由于学习成绩不好才无奈选择职校的，选择职校并不是自己的主动选择，是父母的选择和中考的失利导致。他们对职校生活没有什么美好的期望，加上学习基础较差，对学习更是提不起兴趣。他们经常挂在嘴边的口头禅就是"无聊""空虚"，做一天和尚撞一天钟，每天不知道自己要干什么，也不知道想要什么。有的职校生便通过打架、玩游戏、酗酒、吸烟、甚至是吸毒来寻求刺激，在混日子的同时生命也被日子"混了"。这种无聊与空虚的心理实际上是生命意义感与价值感的严重缺失，是对美好生命与青春年华的挥霍与浪费。

2. 自卑与无助

自卑与无助感深深地困扰着职校生。自卑心理现象在部分职校生中比较普遍，而且多是由学业困难引起的。由于学习基础差，加上不适应职校的学习方式，一些职校生逐渐对学习提不起兴趣，听不懂老师讲课的内容，跟不上老师讲课的节奏，久而久之形成了严重的厌学心理，有的学生就选择逃学、逃课来逃避。心理问题严重的职校生逐渐形成"习得性无助感"，表现出无所适从、无能为力、无济于事、无可奈何、无动于衷的消极心理，对学习抱着一种无所谓或听天由命的态度❶。他们倍感无助，自暴自弃，最极端的甚至选择结束自己的生命。

3. 焦虑与抑郁

由于职校生的学习生活由普通教育向职业教育转变，发展方向由升学为主向就业为主转变以及将直接面对社会和职业的选择，面临职业竞争日趋激烈和发展压力日益加大的环境变化，在求职择业、学习、情感、生活等方面不可避免地存在压力。压力的不断累积，使部分职校生出现不同程度的焦虑，每天处在一种消极的生活状态中，过分担心学业、情感的成败以及未来能否找到满意的工作。由于家庭经济困难、失恋、人际关系紧张等因素交织作用，部分职校生出现严重的自我封闭，不愿与他人交往交流，总是无法从过去生活的阴影中走出，也不懂得珍惜现在的生活，且对人生未来充满悲观无望感。

4. 自私与失控

大多数职校生从小生活在衣来伸手、饭来张口的家庭环境里，集家族诸多长辈的宠爱于一身，是家庭生活绝对的中心。在这种环境中成长起来的职校生很少能主动关心别人、很少能换位思考，他们只关注自己的感受、只关心自己的需求。当外界与自己的需求发生矛盾时，他们总是倾向于埋怨别人、抱怨环境而从来不反思自己。这种过分的自我中心、自私自利意识使得他们在交往中与老师、同伴、父母经常发生冲突。他们既不能理性地认识自己、接纳自我，也不能积极地理解别人。一旦与他人发生冲突，他们总是觉得自己受到严重伤害，导致情绪失控。这种畸形的心理常常让他们做出一些过激的极端行为，如自杀、伤害他人的生命、甚至践踏自然生命。

有调查表明，近1/4的职校生"存在着悲观厌世的心理"，觉得"人活着没有太大意义和没有意义"，认为"活得没尊严不如死了"，而令人痛心的职校生自杀、他杀、校园暴力等现象也屡见报端。一部分职校生存在

---

❶ 崔景贵. 解读职校生"习得性无助"现象：心理症结与教育策略［J］. 中国职业技术教育，2013（12）：65－72.

生命意识淡薄、生命责任缺失、生命关系紧张、生命态度消极、生命价值迷茫等生命观扭曲的现象。一些职校生片面追求感官的快感快乐，消极颓废，厌倦学习、虚度光阴，自暴自弃，对待自己的身心健康状况较为淡漠，对自己的身体行为不负责任。由于生活阅历浅，职校生对问题的分析认识能力低，易陷入束手无策境地，倍感孤独无助，轻率地选择不归之路（不要命）。有些职校生生存技能和自我防范能力薄弱，缺乏对生命的敬畏和尊重，缺乏正确的生命价值观，简单地认命、玩命，轻易失命、丢命，或者肆意挥霍自己的美丽生命，漠视自己和他人生命存在的价值和意义，同时虚度生命，游戏人生，怀疑并否定生命存在的价值及意义。

职校生存在的消极心理状态，反映出职校生积极生命意识的缺乏、生命观念的错位、生命关系的失调，也折射出当下职校积极生命教育的严重缺失。职业学校教育过程为学生谋求的是"怎样为生"的技术技能本领，减少了"为什么而生"的人生思考，忽略了对学生进行感受生命价值、尊重生命、体验生命意义的积极教育。生命教育理念的偏颇和错位，生命教育体系未形成，生命教育师资队伍薄弱，师生关系的疏离和淡薄，生命教育有效载体的缺乏，生命教育核心内容的缺失。职校教育管理实践存在消极取向的误区，职业学校生命教育存在形式化的倾向，缺乏职业教育应有的特色，没有取得实效或成效，因而职校学生普遍表现出生命意识的缺失。

职校生存在诸多消极的心理状态，要求职业教育工作者必须直面00后职校学生真实的生命状态，深切关注他们的心理需求，关注生命意识的基本特征与诉求，以更加积极的心理视角来进行生命教育。

（二）心理和谐意蕴：职校学生生命教育的积极取向

人的心理和谐是社会和谐的重要组成部分。人的心理和谐不仅指心理内部的和谐，还包括与他人、外界环境的和谐。人的关系世界主要表现在三个维度上：一是人与自然的关系，表现为人对自然界认知态度、改造方式及自然界对人的影响；二是人与人的关系即人的社会关系，表现为人与人之间的交往互动行为；三是人与自身的关系，主要指人对自我的认知评价、情感体验及调节控制，以及对生命终极意义的关怀与信仰。这三个维度的关系构成了心理和谐的重要基石。

心理和谐意蕴深化了职校生命教育的内涵，明确了职校生命教育的目标，同时也对职校生命教育的开展提出了更高的要求。职业学校教育要注重促进职校生的心理和谐，加强人文关怀和心理疏导，引导职校生正确对待自己、他人和社会，正确对待困难、挫折和荣誉，加强心理健康教育和保健，健全心理咨询网络，塑造自尊自信、理性平和、积极向上的社会心态。生命教育的宗旨就在于：捍卫生命的尊严，激发生命的潜能，提升生命的品质，实现生命的价值。积极取向的职校生命教育，不仅只是教会职校生珍爱生命，更要启发职校生完整理解生命的意义，积极创造生命的价值；生命教育不仅只是告诉职校生关注自身生命，更要帮助职校生关注、尊重、热爱他人的生命；生命教育不仅只是惠泽人类的教育，还应该让职校生明白让生命的其他物种和谐地同在一片蓝天下；生命教育不仅只是关心今日生命之享用，还应该关怀明日生命之发展。

让职校生正确认识生命的价值，实现心理自主和谐发展，是推进职业教育改革，构建和谐社会的基本要求。社会发展需要具有和谐生命体的公民。职校生是我国青少年的重要组成部分，作为国家未来的建设者，对他们开展生命教育，使每个生命体能学会尊重生命，珍惜生命，在人格上全面健康发展，才能成为建设和谐社会的生力军和主力军。目前，我国在校中职学生已达到2000多万人，他们中的绝大多数毕业后将直接步入职业生涯，是我国未来产业大军的重要来源。他们是否有明确的生命意识和正确的生命价值观，关系到他们一生的命运，更关系到国家的前途与未来。通过科学系统开展生命教育，培养职校生积极乐观、健康向上的心理品质，树立远大的理想和正确的价值观，充分发挥生命潜能，认识生命、尊重生命、珍爱生命，最终实现生命的意义和价值。

（三）回归教育本原：职校积极生命教育的实施依据

将生命教育思想融入教育理念和人才培养目标正是符合现代职业教育的本质要求，也是我国职校教育范式上的一次根本性的变革。生命教育注重探讨人对于生命的态度，生命的价值及意义，也就是对生命的价值观和人生观的研究。生命教育是直指生命本身的教育活动，涵盖价值观、心理健康、生涯规划、社会伦理等教育内容。其基本意义在于让职校生懂得：最宝贵的是生命，生命是智慧、力量和一切美好情感的唯一载体，要通过提升"生命的能量"去创造生命的美好。人力资源与社会保障部中国就业培训技术指导中心于 2012 年 5 月推出的职业培训课程《生命教育导师》中指出：生命教育，即是直面生命和人的生死问题的教育，其目标在于使人们学会尊重生命、理解生命的意义以及生命与天人物我之间的关系，学会积极的生存、健康的生活与独立的发展，并通过彼此间对生命的呵护、记录、感恩和分享，由此获得身心灵的和谐、事业成功、生活幸福，从而实现自我生命的最大价值。

职校开展积极生命教育有着坚实的心理科学理论依据。20 世纪末美国兴起的积极心理学运动中，其倡导者美国心理学家赛利格曼指出：人类要用一种积极的心态来对人的许多心理现象和心理问题做出新的解读，关注人类的生存与发展，强调人的价值与人文关怀，引导人类对自身所拥有的潜能、力量的发掘，用一种更加开放的、欣赏性的眼光看待自身的潜能、动机、价值和能力等，使每个人都能顺利地走向属于自己的幸福彼岸。积极心理学与职业学校生命教育的融合运用，能极大地改变职业教育的理念和视角，促使职业教育从原来过分关注学生所存在的问题转向关注他们的积极体验和积极品质，强调增进职校学生的积极体验，为职校师生所接受，必将带来良好的生命教育实效。

职校开展积极生命教育有着充分的教育政策与制度依据。教育部《中等职业学校心理健康教育指导纲要（2004 年）》《中职校心理健康课程教学大纲（2009 年）》《中小学心理健康教育指导纲要（2012 年修订）》等，均有加强和改进职校生生命教育的相关重要表述。2010 年 7 月 29 日，教育部正式公布实施《国家中长期教育改革和发展规划纲要（2010～2020年)》，在战略主题中明确提出要"学会生存生活"，要"重视生命教育"。可见，进行生命教育已成为国家教育发展的战略决策，这也是在国家教育改革文件中第一次载入要进行"生命教育"的内容，具有深远的历史意义。2014 年《国务院关于加快发展现代职业教育的决定》、六部门《现代职业教育体系建设规划（2014～2020 年)》，提出现代职业教育要让每一个学生都有人生出彩的机会。因此，职业学校要积极引导职校生树立正确的生命与安全观念，提高他们的生存技能和生命质量，培养他们勇敢自信的品格，促进职校生全面发展，为他们幸福人生和终身幸福奠定坚实的基础。

积极生命教育就是以生命为核心，以教育教学为手段，倡导认识生命、珍惜生命、尊重生命、爱护生命、享受生命、超越生命的一种提升生命质量、获得生命价值的积极教育活动。联合国教科文组织早就提出，职业教育必须建立在"四大支柱"的基础上，促进职校生"学会认知、学会做事、学会共同生活、学会生存。"❶ 职业学校开展积极生命教育的目的，在于帮助学生认知生命、珍爱生命、保护生命、尊重生命、升华生命，提升职业教育对生命的尊重和关怀，引导职校生欣赏、热爱自己和他人的生命，让职校生掌握生存生活的方法、与他人相处的方法和爱惜自己及他人生命的方法，使得自己的生命价值得以实现、生活内容丰富多彩、人生更加出彩精彩。

职校开展积极生命教育，必须坚持"何以为生（生命）"和"为何而生（生活）"两个方向，尤其要把握好三个方面：基于职校学生心理状态与需求的积极视角，基于积极教育的价值取向，基于现代人性的积极发展要求。现代职业教育要增添发展活力，职业学校更要增强办学活力，就应该重新承担起拯救生命、唤醒生命意识的教育责任和使命，努力引导和促进职校生夯实生命、丰富生命、灿烂生命。通过实施积极生命教育，使得职校学生理性认识人类自然生命、精神生命和社会生命的存在和发展规律，认识个体的自我生命和他人的生命，认识生命的生老病死过程，认识自然界其他物种的生命存在和发展规律，最终树立正确的生命观，领悟生命的价值和意义；要以个体的生命为着眼点，在与自我、他人、自然建立和谐关系的过程中，促进生命的健康和谐发展。这既是达成现代职业教育目标的最重要途径，也是积极职业教育范式本身所追求的价值核心。

----

❶ 国际21世纪教育委员会向联合国教科文组织提交的报告. 教育——财富蕴藏其中［M］. 北京：教育科学出版社，1996：2－3.

二、积极心理学取向的职校生生命教育

《国家中长期教育改革和发展规划纲要（2010～2020 年)》明确提出要重视生命教育，这一国家教育战略层面的规定使得生命教育由"要不要开展"的理论阶段逐渐转向"如何开展"的实践探索。近年来，生命教育在江苏、上海、湖北、辽宁、黑龙江、云南等地得到积极实施，但在实践过程中也面临诸多的困境。着力把 2200 多万职校生培养成既能为社会发展服务的技术技能人才，又能使其成为全面发展的人格大写的"现代人"，这需要职业教育工作者运用现代教育的智慧，从全新的积极视角重新认识和建构职校生生命教育。

（一）消极倾向：职校生生命教育实践的现实困境

生命教育自 20 世纪 90 年代在国内兴起以来，受到全社会的广泛关注，部分学校开始了对生命教育的积极探索。较之于普通中小学生生命教育，职校生生命教育还未受到应有的重视，在理念与实践层面面临诸多的困境，表现出比较明显的消极倾向。

1. 功利化的教育目的使得职校生生命教育停留在"乌托邦"状态

职业教育作为现代经济发展的助推器，在培养社会所需要的人才方面受到了前所未有的重视和关注。这使得中职教育几乎把全部注意力放在技能的训练和就业的准备上，只教给学生"何以为生"的知识与本领，却放弃了"为何而生"的思考。受这种功利化教育观念的影响，职业教育工作者虽然知道生命教育对职校生生命成长的重要意义，但出于现实的考量，他们还是将知识技能的掌握作为职业教育的首要目的。因为学业、技能、就业是可以量化的指标，也是教育主管部门、社会、家长衡量学校教育质量的显性因素。虽然近年来职校生自杀、校园暴力、吸毒、厌学等现象屡见不鲜，但一些职业教育工作者认为只要强化教育管理，上述现象就能避免，生命教育充其量只是锦上添花的点缀物。这种功利化的心态和侥幸心理忽视了职校生生命成长和发展的基本诉求，使得生命教育很难在职业学校推广。

2. 问题化的教育模式使得职校生生命教育沦为工具性教育

国内外生命教育的兴起与发展大多源于应对日益严重的青少年吸毒、艾滋病、自杀、伤害他人及对异类生命的伤害等危机事件。这种取向的生命教育模式主要指向生命自身的安全和他人生命的安全，把爱护自己生命和尊重他人生命作为教育的重点，试图通过开展健康教育、预防艾滋病教育、毒品预防教育、安全教育、法制教育等矫正青少年存在的各种生命问题，以达到帮助青少年保护生命、珍惜生命的目的。面对日渐增多的职校生漠视生命、戕害生命、挥霍生命的事件，有些职业学校也意识到了职校生生命问题的严重性，采用了上述生命教育模式来解决职校生的生命问题。这种"头痛医头、脚痛医脚"的矫正教育模式，使得生命教育停留在珍惜生命、预防自杀的消极层面，大多仅作为一种权宜之计，而忽视了生命教育更为重要的激扬生命、提升生命，使人活得有尊严、有价值的使命，职校生生命教育成为失去内在价值的工具性教育。

3. 同质化的教育内容使得职校生生命教育有名无实

国内生命教育仍处在起步阶段，无论在理论研究还是实践层面，生命教育都不够成熟。在这种情况下，有些职校简单移植套用中学生或大学生生命教育的内容进行职校生的生命教育。虽然不同教育对象的生命教育在内容上有一定的相似性，但职校生明确的职业定向性使其具有特定的心理和生命特征。与普通高中学生相比，职校生更多地会思考"我是谁"和"我将走向何方"等人生课题，在考虑未来发展及人生抉择时更具现实性；在学习动机、待人接物等方面，他们比同龄人更具社会化、实用化倾向；在对社会、他人与自我之间的关系上，他们常易出现困惑、苦闷和焦虑，对家长、老师的管教表现出较普遍的逆反心理和行为，与父母及其他成年人的"代沟"冲突频发；在情绪情感方面，不少职校生由于文化课基础差，在中小学视分数为生命的评价体制下，饱尝了过多的失败体验，进入职校后，学业上的失利使其存在比较突出的自卑心理和比较明显的自闭性，心态比较消沉，容易给自己贴上"失败者""淘汰者""低能儿""边缘人"的标签，形成"我不能""我不行""不是我不想学好，而是我反正都这样了"等悲观心态❶。职校生这些特有的心理和生命诉求，需要生命教育给予深切的回应与关照，而同质化的教育内容遮蔽了职校生独有的生命诉求。

职校生生命教育存在的诸多困境与消极倾向，从多方面揭示了生命教育科学实施、积极变革的紧迫性与必要性，这需要职业教育工作者转变观念，转换思路，从积极的视角推动生命教育的深入开展。

（二）积极视角：职校生生命教育的基本内涵

积极心理学自 20 世纪末兴起以来一直致力于研究人类的积极力量和优秀品质，其成果和理念已经广泛应用于许多领域，在世界范围内产生了积极的影响。目前，积极心理学发展的一个重要趋势就是积极生命教育——即积极心理学在生命教育领域的延伸与应用。这一发展趋势恰恰为身处困境的职校生生命教育提供了新的视角和新的思路。

积极心理学是利用心理学目前已经比较完善和有效的实验方法与测量手段，来研究人类的力量和美德等积极方面的一种心理学思潮❷。其研究领域主要包括三个方面：积极的情绪、积极的生命品质和积极的社会组织系统。积极心理学将幸福作为其价值追求，不仅告诉人们什么是幸福，而且教人达到幸福的途径与方法，以此促进人生的丰盈与蓬勃发展。积极心理学的核心理念在于强调人本身所固有的积极因素，强调人的价值与人文关怀，主张心理学的研究要以人实际的、潜在的、具有建设性的力量、美德和善端为出发点，用积极的心态对人的心理现象做出新的解读，寻找其规律，从而激发人自身内在的积极力量和优秀品质，并利用这些积极力量和优秀品质来帮助普通人或具有一定天赋的人最大限度地挖掘自身的潜力并获得幸福的生活❸。积极心理学关于人的积极力量和品质的研究，为现代教育注入了新鲜的血液和积极的因素。

---

❶ 崔景贵. 职校生心理教育论纲［M］. 北京：科学出版社，2013：18－24.

❷ Sheldon M，King L. Why Positive Psychology Is Necessary. American Psychologist，2001（3）：216－217.

❸ 任俊，叶浩生. 积极：当代心理学研究的价值核心［J］. 陕西师范大学学报，2004（4）：106－111.

积极心理学取向的职校生生命教育是立足于职校生生命的基本诉求，从积极心理学视角出发，充分借鉴积极心理学的理念和方法，来激发职校生的积极生命体验，挖掘、培养职校生的积极生命品质，建构积极的生命关系，追寻积极的生命意义，以实现知识技能掌握与人生幸福追求双赢的教育。它有如下三层含义。

第一，积极心理学取向的生命教育是生命教育与积极心理学的深度融合。这种融合不是积极心理学在生命教育领域的简单应用，也不是积极心理学理念和方法的盲目移植，而是源于生命教育与积极心理学在促进生命成长和发展方面共同的追求——幸福和丰盈的人生，在这一共同目标下，生命教育涵盖了更广的内容，而积极心理学提供了更有效的实现路径。

第二，积极心理学取向的职校生生命教育是其他取向生命教育的有益补充。积极心理学取向并不排斥健康、伦理、社会、生死等取向的生命教育内容。当下，职校生确实存在着生命意识淡薄、生命观念扭曲、生命意义虚无等问题，需要对职校生进行保护生命、珍惜生命、提高生存技能的教育。但积极心理学取向的生命教育从积极情绪体验、积极生命品质培养、积极生命关系建构等入手，更能激发职校生的积极力量，更能满足职校生的心理需求和生命诉求。

第三，积极心理学取向的职校生生命教育是一种既教人"何以为生"，又教人"为何而生"的双赢教育。这种双赢的教育理念更容易为广大职业教育工作者接受。积极心理学在教育领域的实践表明，积极情绪能产生更为全面的注意力、更多的创造性思维以及更加积极的思维，积极生命品质的培养和自身突出优势的发挥，能带给学生更多的成就感、意义感、幸福感，而这种幸福感、意义感反过来又能提升学生的学习能力❶。这种双赢的教育更可能充分发挥学生的优势，营造和谐的师生关系，甚至可能带来职业学校精神面貌的彻底改变。

（三）积极行动：职校生生命教育的基本策略

职业学校要加强顶层设计，系统规划，形成序列，显现特色，使生命

---

❶ [美] 马丁·塞利格曼. 持续的幸福 [M]. 赵昱鲲，译. 杭州：浙江人民出版社，2012：77.

教育成为职校规范化、制度化的常态工作，构建丰富生动、富有成效的生命教育实践模式。

1. 把握生命教育的核心目标

珍惜生命、发展生命、完善生命、提升生命，直指积极发展与人生、职场的幸福生活。有计划、有步骤组织实施关于生命主题的教育活动，增进职校生对生命的理性认识，培养尊重生命、热爱生命的情感以及实践生命意义与价值的行动。通过多种教育形式，使职校学生学习并掌握必要的生存技能，认识、感悟生命的意义和价值，培养学生尊重生命、爱惜生命的态度，学会欣赏和热爱自己的生命，进而学会对他人生命的尊重、关怀和欣赏，树立积极的人生观、世界观和价值观。

2. 突出生命教育的重点内容

职校生生命教育的内容，涉及生命与健康、生命与安全、生命与成长、生命与价值、生命与关怀等。重点是如何激发与提高职校生的生命力、提高生命质量，即积极的生命态度、积极的生命体验、积极的生命价值、积极的生命潜能。在内容上可以围绕认识生命、珍惜生命、发展生命三方面展开，设计"认识自我""面对挫折""尊重生命""学会学习""规划人生"和"构建和谐"等单元。

3. 优化生命教育的教学设计

教学设计上力求科学性与人文性的统一，注重知识性、情境性、体验性、实践性、活动性、互动性和生活性等特点，以生动有趣、具有启发性的生命故事、案例或活动引入，让学生兴趣盎然地参加生命教育活动，快乐地体验生命的意义，同时精选名家格言，在部分章节配插图、漫画，图文并茂，引发学生讨论、反思，让生命的正能量在职校学生心中发芽，茁壮成长。

4. 创新生命教育的活动形式

活动要充分体现以学生为主体的原则，符合生命教育需求、体现心理教育特点的多样形式、技术与方法。可运用"读一读""讲一讲""演一演""写一写""画一画""测一测"等方式，借鉴自画积极"生命树"的做法，采用"情境—体验式""问题—体验—认知式"等教学模式，通过社会参观、访谈、主题班会、演讲与辩论等实践活动，运用情景体验、行为训练、角色游戏、团体辅导、课堂或校园心理剧展演等方法进行生命教育。

5. 开发生命教育的校本教材

结合实际情况，职业学校可以组织编写"让我们的生命更灿烂"校本教材，即生命与自我、生命与他人、生命与社会，编印出版具有职教特色的生命教育校本教材。可由理论教学和实践教育两大模块构成，理论部分主要包括：生命意识、生命过程、生命质量、生命价值、珍爱生命等；实践部分主要是通过一系列讲座、活动，让学生了解吸烟、酗酒、毒品等的危害，以维护生命健康与安全的措施。

6. 注重生命教育的行动研究

职校应建立专业队伍、制定工作方案，形成一套行之有效的规章制度和评价机制，鼓励参与生命教育校本研究，动员校内外各种资源，争取外力协助。同时要加强研究组织领导，精心组织实施，创新实践、改进管理、拓展服务，着力追求专业卓越的研究成果。职校班主任、任课教师要增强"我是一个研究者"的意识，以研究的心态、研究的视野去推进与改进生命教育教学管理工作，研究积极生命教育实践中的真问题。

7. 开展生命教育的科学评价

将生命教育理念与理论在班集体建设、课堂教学管理中自主应用，脚踏实地、埋头实干，务实际、求实效，善始善终善待生命教育过程，做得精细精致，注重富有职教特色、学校特色与专业特色，真正提高生命教育水平与育人工作质量。评价和衡量职校生命教育最大的成果是：在充满生机与生命活力的校园中，师生感到快乐幸福，有尊严地工作、学习和生活，乐教、乐学成为促进职业学校内涵式、跨越式发展的又一原动力。

8. 实现生命教育的有机渗透

职校生命教育应该加强教育理念上的与时俱进，加强生命的渗透教育，对现代教育载体进行有效整合，既要以课堂教学为主渠道，充分运用学科课程的知识点、对学生进行渗透式教育，又要坚持以感悟体验为主，开展形式多样的实践活动，在各年级、不同学科和各种课型中体现。通过显性课程与隐蔽课程相结合、知识传授与亲身实践相结合的有效途径与方式，让生命教育在职校教育的各个环节各个方面实现有机渗透。

9. 创建生命教育的实践模式

针对职校学生最需要的生命教育缺失的实际情况，初步确立多方面的专题讲座，同时以主题内容为核心和教育目标，设计系列的实践教育活动方案，从而形成一个既相对独立又相互呼应的立体化教育模式。如《生命教育导师》培训课程把"爱即生命"（Love is life）作为生命教育的核心理念。其基本模式为"呵护（Care）、记录（Record）、感恩（Thanksgiving）、分享（Share）"，简称"CRTS 模式"。该模式的基点在于把每个人都作为主体，围绕着"爱即生命"这一核心和天人物我四种关系而展开，即人人都要呵护、记录、感恩、分享爱和生命，人人都要呵护、记录、感恩、分享生命与天人物我之间的关系。

积极心理学的研究证实，如果在学生生活的环境中，学校、家庭和社会都对其提供了最好的支持和帮助，在这样积极、和谐的心理氛围中，学生更有可能拥有积极的情绪和乐观向上的品质。同样，积极心理学取向的职校生命教育，需要形成学校、家庭、社会之间良性互动的教育支持与合作体系，来推动积极生命教育范式的科学建构与有效实施。

三、职校建构积极生命教育范式的基本策略

生命是现代职业教育的基点，职校生的生命质量就是职校办学质量、人才培养质量、育人工作质量。生命教育既是一切教育的前提，同时是现代职业教育改革创新的最高追求。立足于现代职业教育人才培养模式改革，着眼于职校办学实践创新，职业学校要树立积极理性认识，系统建构积极生命教育范式。

（一）职校生积极生命教育的基本认识

1. 人性化取向

在一定意义上，教育是直面人的生命、为了人的生命质量提高而进行的社会活动，是以人为本的社会中最能充分体现生命关怀的一种事业。生命教育应该成为指向人的终极关怀的重要教育理念，是在充分考察人的生

命本质基础上提出来的，符合人性要求，它是一种全面关照生命多层次的人本教育。职业学校要树立以人为本的教育理念，从学生的终身生命质量出发，创新生命教育载体，讲究生命教育的多渠道渗透。

2. 立体化思维

生命特别是人的生命，应当由三个因素构成，即生理（自然属性）、心理（社会属性）和灵性（精神属性）。生命有自然生命、精神生命与社会生命（三位一体）。教育则有学校教育、家庭教育与社会教育或自我教育。生命教育所倡导的助人自助，也包括心理自助、心理互助、心理他助与心理援助。职业学校要树立生命与职业教育的立体认识与多维思考，立体规划职校生生命教育的内容序列，形成学校、家庭与社会优势互补、资源共享的生命教育实施体系。

3. 整合化视野

从某种意义上讲，生命教育是全人教育、素质教育、精神教育、和谐教育、幸福教育。职业教育工作者要树立统整统合的生命教育观，认识职校生生命教育与心理健康教育、专业就业创业教育、青春期健康教育、班集体建设与管理、社会实践与创新教育的关系，认识生命教育与生活教育、生存教育、生理（生长）教育、生态教育的关系，始终把握共通性、注意差异性、保持开放性。职业学校、家庭和社会应三位一体，共同参与，筑成生命教育的合力，才能更有效提高生命教育的成效。

4. 心本化理念

职校积极生命教育的宗旨是为了促进与引导职校学生的成长成人，成为现代人格健全、生命积极大写的社会人、职业人和"心理人"，成为符合社会期待的高素质劳动者和技术技能人才。实施实践要秉承积极的心理教育理念，坚持从心出发，用心而为，育心育人。有的职校提出有心理感染力的生命教育理念，如"关爱生命、呵护心灵""为一生奠基、为人生导航""用心灵阳光照亮生命，以积极理念指导人生！""用心灵心智照亮生命，以积极心态引领人生"，深受职校学生认可和家长欢迎。

（二）职校生积极生命教育的核心内容

安全教育、健康教育、禁毒教育、青春期教育、死亡教育等都是生命教育的重要组成部分，但积极心理学取向的职校生生命教育更强调从积极的视角对学生进行积极力量的培养与挖掘。

积极的生命情感教育。生命情感是个体对自我生命的体认、肯定、接纳、珍爱，对生命意义的自省、欣悦、沉浸以及对他者乃至整个生命世界的同情、关怀与钟爱。积极的情感是个体在内外事物的影响之下而感受到快乐的、积极向上的情绪。积极心理学的研究表明，积极情绪能促使个体充分发挥自己的积极主动性，使自己的认知更全面、准确，并因此而产生较多的思想和行为，特别是能产生一些创造性或创新性的思想和行为，而且这些思想和行为也更容易迁移到自己生活的其他方面❶。积极情绪可以扩展并建构人的智力、社会和身体资源，积极情绪的累加可以成为人们抵抗挫折与不幸的心理资本。面对职校生积极情绪体验的严重缺乏，积极的生命情感教育迫在眉睫，而且是生命教育最有效的切入点，也是职校生打开人生幸福之门的神奇钥匙。

积极的生命品质教育。人性的积极品质是人类赖以生存和发展的核心要素，更有助于人类深刻理解自己。长期以来，受功利主义教育思想的影响，职业学校注重学生知识和技能的习得，而忽视了积极生命品质的培养和发现。积极心理学家用科学的方法归纳出各种不同文化都推崇的 6 种美德：智慧与知识、勇气、仁爱、正义、节制和精神卓越，并提出了拥有上述 6 种美德的 24 种积极生命品质（也称优势），它们分别是实现智慧与知识美德的好奇心、热爱学习、判断力、创造性、社会智慧和洞察力；实现勇气美德的勇敢、毅力和正直；实现仁爱美德的仁慈与爱；实现正义美德的公民精神、公平和领导力；实现节制美德的自我控制、谨慎和谦虚；实现精神卓越美德的美感、感恩、希望、灵性、宽恕、幽默和热忱❷。这些积极生命品质的建构可以通过有效的教育来增强，但更为重要的是发现学生的积极品质，并在每天生活中发挥这些品质。

---

❶ 孟维杰，马甜语. 积极心理学思潮兴起：心理学研究视域转换与当代价值［J］. 哲学动态，2010（11）：103－108.

❷ ［美］马丁·塞利格曼. 真实的幸福［M］. 洪兰，译. 沈阳：万卷出版公司，2010：147－164.

积极的生命关系教育。人的生命与周围的事物发生着千丝万缕的联系，是与周遭生命、所处环境的共在。这种共在性包含了人与自然、人与自我、人与他人、人与社会的多重关系。从这意义上说，人的生命本质上是一种关系性的存在。积极心理学告诉我们，良好的人际关系是一个人心理正常发展、个性保持健康、生活幸福的必要前提。一个人际关系良好的人更能积极地接纳自我、认识自我，也更乐于与他人分享自己的快乐与幸福，倾向于为他人与社会奉献自己的爱心，承担起应有的责任，同时也能从他人和社会那里获得积极的支持与回馈。他不仅能意识到自我与他人生命的可贵，也能对自然界的其他生命存有应有的尊重与敬畏。反观当下的职校生，或多或少存在着生命关系紧张的状态❶。因此，对职校生进行积极的亲子关系、师生关系、同伴关系、物我关系的教育应该成为生命教育的重要内容。

积极的生命意义教育。人的存在总是牵涉到意义，人总试图超越现实生活世界，从人生的终极意义上给现实生活世界以关照，给人的一切生命活动以价值、意义和目标归宿。我国著名哲学家高清海认为，人之为"人"的本质，应该说就是一种意义性存在、价值性实体。人的生存和生活如果失去意义的引导，成为"无意义的存在"，那就与动物生存没有两样，这是人们不堪忍受的❷。生命哲学取向的生命教育告诉人们生命意义的本体价值，却没有揭示实现生命意义的途径和方法。积极心理学为我们指出了一条可以实现高远目的和生命意义的可靠之路——那就是追求幸福。古希腊先哲亚里士多德认为，所有的人类活动都是为了获得幸福，幸福是一个人的最大能力得以充分运用的行为生活，幸福是人生的最高目标。积极心理学大师塞利格曼指出，幸福不在遥远的未来，幸福不只是愉悦，幸福来自每一天应用你的突出优势（积极的生命品质），并将优势用于增加知识、力量和美德，使自己的人生更加丰盈蓬勃。积极的生命意义教育可以引导学生体会到生命的真正意义，进而拥有乐观幸福的人生。

---

❶ 郝永贞. 90 后职校生生命观存在的问题与教育策略［J］. 当代教育论坛，2011（9）：108 - 110.

❷ 高清海. 人就是"人"［M］. 沈阳：辽宁人民出版社，2001：213.

（三）职校生积极生命教育的实践策略

积极心理学取向的职校生生命教育既是一种积极的生命教育理念，更是一种积极的生命教育实践。它更注重通过多样化的方式、全方位的过程、全员化的投入来改善职校生的生命状态，激发职校生的生命活力，提升职校生的生命质量，促进职校生生命的蓬勃发展，不断实现幸福的人生。

第一，树立积极生命教育的现代理念。积极心理学取向的生命教育要求职业教育工作者改变过分关注知识技能掌握的传统理念，树立以人为本、育人至上的现代职业教育理念，将生命教育定位为职校生安身立命的教育，不仅让学生掌握知识技能，更要让学生活出生命的精彩，成就幸福的人生。具体来说，就是要从发现、矫正学生生命问题为主导的观念转向挖掘、培养学生积极生命力量的新理念。坚持积极的教育价值观，相信每一个学生都有无限的生命潜能，每一位学生都有属于自己的突出优势，并且可以通过发挥和加强自己的优势，增进自己的生命积极品质。即使面对学生出现的生命问题，教师也应该以积极的视角、发展的眼光，予以正确的引导。

第二，开设校本化的积极生命教育模块课程。积极心理学取向的生命教育需要专门化的课程来实施与支撑。根据积极生命教育的核心内容，可开设积极情绪、积极品质、积极关系、积极意义等专题模块课程。这些课程需要职业教育工作根据学校的实际情况和学生身心发展的特点，将积极心理学的方法进行改造和改组，变成校本化的生命专题课程。如，可通过每晚临睡前写下当天的"三件好事"、感恩、宽恕等练习，培养学生的积极情绪体验；通过"寻找和运用自身突出优势"练习，培养学生的积极品质；通过"沉浸体验"练习，引导学生发挥优势专注做事情，体验成功后的满足感；通过"积极主动回应练习"，培养学生积极的人际交往能力；通过"对不好的事进行反驳"，培养学生乐观的解释风格，形成乐观的人格，等等。这些模块课程都可以借鉴和运用积极心理学经过反复验证的各种量表，通过前后测验让学生感受积极的生命力量。

第三，在职校生活中全方位嵌入积极生命教育。生命教育要取得实效，仅仅依靠专门课程是远远不够的，还要在学校生活中进行全方位的渗透。例如，可以在专业课教学过程中，引导学生从积极的角度看待各种问题，找出不好事情的积极方面，培养学生的乐观主义品质；通过心理健康教育课引导学生寻找自己和同学的优点，进行积极的评价；通过德育课认识生命的积极力量，讨论生命的意义，如何活出生命的精彩；通过开展各类积极生命品质最突出人物评选等校园文化活动，发挥榜样的引领与示范作用；通过开展关爱孤寡老人、关注留守儿童等社会实践活动，引导学生体验生命的艰辛与美好，激发生命的积极力量。

第四，提升职校教师的积极生命素养。不管是生命教育专门课程的开设，还是在教育教学中渗透积极生命教育，都需要教师掌握积极生命教育的理念和方法。纽约大学研究生院心理学教授吉诺特的研究表明，老师自身的情绪、状态以及教学方法能够影响学生们的整体学习氛围。老师拥有影响学生的强大力量，可以使学生愉悦和快乐，也可能为学生制造痛苦的体验❶。因此，要激发学生的积极情绪和力量首要先提升教师的积极生命素养。积极心理学取向的生命教育要求无条件的接纳学生，用欣赏的眼光和态度，去发现学生积极的品质和优势。另一方面，也要求教师改变自己认知风格，增加积极的情绪体验，以乐观的态度去面对工作、学生和家庭，而且在与学生互动的过程中，也会被学生的积极情绪和积极品质所感染，进而增加自身的积极能量，使师生共同沉浸在积极的生命教育中。

第五，拓展积极生命教育的网络平台。今天的职校生与以往不同的是，他们置身于一个信息高度发达、价值多元的网络时代。网络已经成为职校生的一种生活方式。积极心理学取向的生命教育不能回避这一现状，而是要积极利用网络和信息技术的优势开展生命教育。如学校可以开通官方微博，宣传积极生命教育的理念、知识、方法；教师可以通过创建博客与微博与学生分享自己的生命经验与体会，坦诚地与学生进行沟通交流；教育管理者可以通过微博、微信向学生推送积极生命的练习方法、案例，

---

❶　曹游繁. "我是决定性的因素"——浅谈如何发挥教师课程资源的作用 [J]. 福建论坛（社科教育版），2006（9）：43.

让学生潜移默化中接受积极的生命教育。此外，还可以开发积极生命教育的应用软件、游戏等，引导学生在积极有趣的网络文化与活动氛围中进行生命教育的自我学习、体验与感悟。

生命教育是一种全新的现代职业教育理念、形态和范式，对它的认识和建构目前还处于探索阶段。提升生命教育的科学性、系统性、针对性和有效性，还需要职校作更加充分的实证心理调查和实践创新探索。但积极生命教育的诞生、开拓，预示着职校学生素质教育无穷的潜力、活力和动力，表明生命教育完全可以在加快发展现代职业教育、办人民满意的职业学校进程中展现其独特的魅力和风采。我们充满期待，更需要付出努力、执着追求！

本章小结

生命是现代职业教育的基点，生命教育是积极职业教育的重要内容。职校生存在的消极心理状态，折射出职校生命教育的缺失和缺位。生命教育是职校教育改革创新的积极意蕴和本质回归。在实践策略上要把握核心目标、突出重点内容、优化教学设计、创新活动形式、开发校本教材、注重行动研究、开展科学评价、实现有机渗透、创建教育模式。职校生积极生命教育是立足于职校生生命的基本诉求，从积极心理学视角对生命教育的一种积极探索与实践，是生命教育与积极心理学的深度融合。它以积极生命情感、积极生命品质、积极生命关系、积极生命意义为核心内容，旨在帮助职校生实现知识技能掌握与人生幸福追求的双赢。职校建构积极生命教育范式，在思想认识上要树立人性化取向、立体化思维、整合化视野和心本化理念；需要职业教育工作者树立积极生命教育的现代理念，开设校本化的生命教育模块课程，在职校生活中嵌入积极生命教育的内容和方法，努力提升职校教师的积极生命素养，拓展积极生命教育的网络平台。

职校生心理潜能与职校积极心理教育

2014 年 6 月印发的《国务院关于加快发展现代职业教育的决定》（简称《决定》）和《现代职业教育体系建设规划（2014～2020 年)》（简称《规划》），明确提出现代职业教育要为人的全面发展服务，着力培养高素质的劳动者和技术技能人才。人的全面发展包括其自身具备的所有发展可能，不仅是已表现出来的可继续发展的部分，还包含尚未发现和挖掘的可发展的潜质部分。当今新兴的积极心理学运动拓宽了职业学校教育实践的视野，职业教育不再仅仅关注"人出现了什么问题"，而开始考虑如何才能让人达到最佳状态，怎样培养和充分开发人的潜能。促进职校生的全面发展，最优化地开发职校生的心理潜能，是现代职业教育发展的重要目标。

一、现代职教视域中的职校生心理潜能

（一）职校生心理潜能的含义与特征

所谓潜能，是指人类潜在的智慧、能力和精神力量，包括体能、技能、知识潜能、道德潜能和心理潜能等，其中，心理潜能处于潜能结构的

基础、核心地位❶。心理是人脑的机能。人脑是世界上最高级、最复杂的物质，以这块物质为基础的心理潜能是巨大的。心理学家奥托认为："所谓心理潜能就是人在特定情境中无数可能行为的表现。"基于奥托的看法，心理潜能本质上指一定情境中，个体心理所具有的潜在能力的总和。它不仅包括受遗传影响较大的智力潜能，也包括人的一生发展中形成的各种非智力潜能和创造潜能。

人的心理潜能发展于结构复杂、功能多样的大脑，绝大部分潜质尚未被开发，值得教育改革重点关注。科学研究发现，人只发挥了大脑的一小部分功能。蕴藏着巨大潜能的人脑是心理活动的物质器官，充分开发心理潜能，既满足了职校生全面发展的需要，又为职业教育改革的深入提供途径和方法。研究发现，人脑有 140 亿个神经细胞，与银河系的星数大致相等，可以贮存 10^{15} 比特的信息量❷。20 世纪初美国心理学家威廉·詹姆斯提出："我们只运用了我们头脑和身体资源中的极小部分。"后来，科学家和一般人普遍认同"人只发挥了一小部分潜能"，一般人只发挥了 10% 甚至更少的脑功能，绝大部分功能处于"失业状态"。

依据加德纳多元智能理论，人的大脑有八个区域，每个区域主管一种思维能力、一种智能。这八种智能是：逻辑分析智能、语言技巧智能、艺术智能、身体运动智能、空间位置智能、人际关系智能、自我认识智能和自然智能❸。加德纳认为，前两种智能在传统教育中受到了高度重视，而后六种智能则开发不足。已有脑科学研究表明，每一种"智力"或能力在人脑中都有相应的位置，职业学校教育教学应该全面开发每个学生脑内的八种智能，重点关注优势智能。已有心理学研究表明，青年期是心理潜能开发的重要时期。中职生年龄在 16 岁、17 岁至 19 岁、20 岁，正值其个性发展和人格成熟、由"自然人"向"社会人"发展、完成社会化任务最关键、最重要的青年初中期。运用积极职业教育策略，开发其心理潜能，提

---

❶ 蒋伟杰. 青少年心理教育应注重心理潜能开发 [J]. 湖南教育学院学报，1998，16（6）：66-69.

❷❸ 崔景贵. 开发心理潜能：21 世纪小学教育的新挑战 [J]. 教学与管理，2005（20）：3-6.

高学生心理素质，能够满足中职生自身的全面发展和社会发展的需求。

（二）开发心理潜能是现代职业教育的心理意蕴

1. 正确认识心理潜能对职校学生成长成才具有积极意义

中等职业学校学生因中考落榜，对于学习表现得更为敏感。中职生在九年义务教育阶段的文化学习方面，处于劣势，抽象思维未能较好发展，但不意味着他们一无所长。形象思维发展得较好的中职生，为现代职业教育培养高素质劳动者和技术技能人才提供了可能。人的潜能是客观存在的，每个青少年学生都是一座有待开发的矿藏，都拥有先天赋予和后天培养的巨大潜能，亟待开发。中职生要坚信"天生我材必有用"，坚信自身潜能开发的可能性，在职业学校中扬长避短，建立信心，正确认识自身拥有的心理潜能，合理开发利用。

2. 科学开发心理潜能是现代职业教育发展的重要目标

教育的出发点就是培养人，应以开发受教育者的潜能为天职。现代职业教育融合积极心理学理念，依据中职生心理发展特点，以服务人的全面发展为宗旨，达到开发学生心理潜能的重要目标。科学开发心理潜能，具体包括脑潜能、人格潜能和智力潜能三个方面：一是开发脑潜能。引导学生认识人脑是心理活动的器官，是智力发展的物质基础，学会用脑，精心健脑，掌握促进左右脑协同发展的方法；二是开发人格潜能。开展积极教育，以启迪学生的自我意识和主体意识，培养学生的自尊心、自信心、同情心、进取心、责任心等积极心理品质，增强他们控制情绪、承受挫折、适应环境和人际交往的心理功能❶；三是开发智力潜能。注重学生勤学、好学、会学、乐学等学习心理品质的培养，促进他们观察力、记忆力、思维力、想象力和创造力水平的提高。职业学校着重推行"开发心理潜能、促进学生自主发展"的教育，以培养各具特长、多元发展的现代劳动者。

3. 重视正视心理潜能是职校教育管理变革的应有之义

当前职业教育管理正处于转型期和快速发展期，全面倡导积极教育，

---

❶ 蒋伟杰. 青少年心理教育应注重心理潜能开发［J］. 湖南教育学院学报，1998，16（6）：66－69.

以促进学生心理潜能为出发点和落脚点,要求我们转变教育观念。中职教育不同于普通教育,其功能定位于注重培养学生的专业技能和社会实践能力。所以,中职校要全面推进积极教育,将育人和教书、开发智力和培养能力有机结合,将教育学生做事和做人统一发展❶,促进职校生发挥心理潜能的最大化,促进职校生进一步成长成人成才。现代职业教育就是要促进和引领学生"学会学习、学会做事、学会共处和学会发展",培养出具有待人接物的文明素养和做人做事的生活智慧的现代职业人❷。现代职业教育是人性化的积极职业教育,是人本化的优质教育,遵循着育人的根本要求。职校教育管理忘掉或丢掉了人,没有对人的尊重信任和正视珍视,难以成就真正的职业教育。职业教育管理变革应当以育人为本的教育理念为思想旗帜和行动指南,秉承为人成人和助人立人的宗旨,追寻最大化地发展人的潜能的最终目的,挖掘教育自身的潜在功能,实现职校生的多元化、个性化发展。

(三)职校生心理潜能开发现状与问题反思

心理潜能凭借其巨大的可开发潜力,成为加快现代职业教育改革与发展的新方向和新目标。着重开发心理潜能,是促进职业教育教学发展登上新台阶的一个重要手段。当前,职业教育越来越重视学生的个性发展与潜能开发,但在具体的教育教学探索与实践过程中,心理潜能开发面临着一些现实问题,困扰着教师和学生,引发了职业教育工作者的深刻思考。

1. 职校生心理潜能开发存在的问题

一是对职校生心理潜能发掘的认识不够充分。在现实的职校教学实践中,不乏忽视学生心理潜能开发的现象,挖掘心理潜能成为一句时髦的口号,名不副实。部分教师认为学生的潜能来自"天赋",是与生俱来的,不会消失,"顺其自然"地发展就会得到理想的结果。而有的学生就是"天生缺乏"潜能,无任何潜能可以挖掘,于是,一些看似平凡而无天赋的学生就成了不受关注的人。另外,一些职校生在中考中落败,而又个性

---

❶❷ 崔景贵. 培育技术技能人才:加快发展现代职业教育的理念与战略 [J]. 中国职业技术教育,2014(21):180-183.

张扬、特立独行，这一刻板印象更加误导教师，对学生心理潜能的认识产生偏差偏见。学生的潜能没有了正确的培养和引导，再次错失了发展的良机，被忽略甚至否定的潜能从此被埋没。还有些人将潜能理解为"非凡能力"，充满了"神秘感""不确定感"，教师望而却步，疏于指导。教师观念和行动中表现出的对学生潜能的忽视，无形中也影响了学生自身的观念和行为，学生自我期待受阻，自信心更是无从谈起，使得学生潜能开发在教育教学工作中难以实施。

二是对职校生心理潜能开发缺少有效策略。当前职校生心理潜能的开发较为片面化，缺乏相应的教育策略，学生许多其他方面的才能受到抑制，学生的特长被压制。相关研究发现，部分学生认为，对于一些诸如创造力和研究能力、人际交往能力等方面的潜能是教育所不能企及的，一定程度上说明这些潜能的教育培养工作未达到理想的效果，开发职校生的心理潜能缺乏有效的教育策略。另一方面，缺乏有效策略支撑的片面化心理潜能开发，也压制了其个性的发展。爱提"怪问题""没按规矩出牌"的学生，打破了职校教师既定的教学计划，有时就会受到批评或惩罚，致使师生关系紧张。久而久之，学生的自由思维和创造力发展受到阻碍，自主思考能力逐渐丧失，又谈何心理潜能开发？谈何职校生的成长成人成才？

三是对职校生心理潜能发展缺乏职业指向。《决定》和《规划》两个重要文件明确提出，职业教育要以促进就业、服务发展为导向，以职业能力培养为核心，建立健全职业教育课程衔接体系。职业教育发展要服务经济社会发展和人的全面发展，推动专业设置与产业需求对接，课程内容与职业标准对接，教学过程与生产过程对接，毕业证书与职业资格证书对接，职业教育与终身学习对接。将中等职校学生培养成适应社会要求的职业人。目前职业教育在专业建设、课程设置、顶岗实习等环节比较松散，学生的实践创新能力、专业能力未得到充分发展，心理潜能缺乏一定职业指向，阻碍了职业学校技术技能人才的培养。积极心理学家 Ericsson（1996）研究表明，创造力是源于普通认知过程的一种脑力活动，更多的是培养出的而不是生来的才能❶。改革职业教育办学模式，坚持职业导向、能力本位、校企结合的原则，加强职业学校和企业在人才培养全过程、全方位的合作，从而带动职校生心理潜能的发展，适应经济社会的发展。

2. 职校生心理潜能开发的问题反思

一是职校教育对引导职校生心理优势出现偏向。职校教育忽视学生的个性差异，采取统一的教学模式，实行统一的评价标准，又如何发现和培养学生的优势智能，建立自信，从而促进学生心理潜能的开发，追求学生的全面发展。加德纳多元智能理论认为，人类的智能是多元化的，与生俱来的八种基本智能，经过不同形式和程度的组合而形成每个人都拥有的优势智能。学生的优势智能为潜能开发指引了方向，是教师在教学中要考虑到的一个因素。然而，当前职校教师尚未意识到，每个学生都是有天赋的，都有独属于他们自己的兴趣和学习方式。教学要因人而异，职校教师应根据每个学生的特质、兴趣，因材施教，不以统一标准衡量发展优劣，从而帮助学生发挥优势，树立自信，开发自身的心理潜能。

二是职校教学实践在创造最近发展区方面存在偏差。维果茨基的最近发展区理论较好地诠释了心理潜能的要义。该理论认为，学生"现有的发展水平"与"可能的发展水平"或"潜在的发展水平"之间的差距即是最近发展区，教学要考虑学生的这两种发展水平，着眼于、落实于最近发展区。也就是说，教学不但要以学生已经达到的心理发展水平为依据，而且要预见到今后的心理发展，即教学要走在发展的前面。只有这样，教学才能带动和促进学生的发展。学校教育就是实现"最近发展区"的过程。最近发展区理论对教师根据学生的原有基础确定合适的发展目标具有直接的指导意义❷。如何把握学生的发展水平，确定最近发展区，成为职校教学实践迫切需要解决的问题。一方面，职校生的心理发展存在个体差异性，教师要根据班级学生的不同水平确定合适的最近发展区，难免顾此失彼，有失偏颇。另一方面，职校教师在教学实践中能够很好地把握学生最

❶ 马晓花. 基于积极心理学理论的职业教育课程观［J］. 科教文汇（下旬刊），2013（36）：35－36.

❷ 崔景贵. 职业教育心理学导论［M］. 北京：科学出版社，2008：3.

近发展区，将知识技能传授给学生，对教师自身的专业技能及教学能力有着较高要求。职校教师能力的参差不齐，也给创造最近发展区的教育教学实践带来压力。

三是家庭、社会教育对职校生的心理潜能抱有偏见。学生心理潜能的开发受到先天性和后天性因素的影响，包括先天性遗传形成的个体生理和个性特征及后天性环境和人的劳动因素。对于先天遗传，我们或许无能为力，开发心理潜能的一个重要方面就是给学生提供一个良好的成长环境。家庭、社会作为学生成长的两个重要环境，对学生成人成才的作用十分关键。学生在学校的所得有待在家庭和社会中得以延展，学生的社会交际能力、心理成长和主人翁意识等需要家庭、社会环境的配合，学生一些能力的开发和培养在校外环境中才有更大的发展空间。然而，在之前基础教育中，中职生处在劣势地位，父母没有理解支持反而认为丢脸，对孩子的教育表现出无力无奈感，社会对其有着中考的失利者、学习的无能者的刻板印象，对他们只是一味地以偏概全，持完全否定态度，却未曾想过拥有非学术能力的学生还存在其他尚未开发能力，他们同样拥有强大的心理潜能，只是在九年义务教育中尚未被开发出来。本应成为学生排解情绪、安抚心灵的港湾的家庭，本可以使学生获得一份自由快乐和更大发展平台的社会，本应提供学生生理、心理发展需求的环境和帮助的家庭和社会，因他们在之前学习的不良表现而持否定态度，对中职生的心理潜能抱有偏见，于中职生来说，又谈何较好适应职校新生活，发展优势潜能，迎来新人生？

面对实际教学情境中出现的问题，职业教育工作者要保持清醒认知，明确教育中学生心理潜能开发现状及发展趋势，从与职校生息息相关的学校、家庭、社会三大环境系统入手，理智而全面地分析，追根溯源，立足于当代职业教育，从而有效发挥现代职业教育促进学生潜能开发、培养职业专才的功能。

二、职校心理教育与脑科学相关研究

2014年9月9日，国家主席习近平参观考察北京师范大学，走进心理学院团队行为、学习困难评估、学习能力提升等实验室，了解脑的实验数据，并提出"要进一步探索青少年儿童学习和发展的科学规律，解决学生学习中的各种问题和障碍，促进学生全面健康发展"❶。2015 年 3 月 5 日，习近平向全国人大代表复旦大学脑科学研究院、脑科学协同创新中心马兰教授了解她所从事的脑科学研究进展情况，鼓励她继续创新❷。脑科学与心理学的积极联合联结是当今教育科学发展的重要趋势，也是促进学校心理教育改革创新的重要依据。脑科学的研究成果为心理教育提供新的理论支撑，必定对职校心理教育理念与实践的创新产生深刻且深远的影响。

　　脑科学是研究大脑结构和功能的科学❸。20 世纪 90 年代起，脑科学研究开始为许多国家所重视，脑科学注重吸收其他学科的理念及成果，并伴随各种新型脑成像技术的出现，实现了脑科学的快速发展，使之逐渐成为自然科学领域中最富生命力的领域之一❹。20 世纪的最后十年被称之为"脑的 10 年"，21 世纪更是被称之为"脑的世纪"。脑科学越来越受到关注，它与心理教育的关系也逐渐为人们所重视。我们完全可以这样说，将儿童、青少年的素质教育和心理健康的研究与脑科学的发展相结合，是 21 世纪最重要的教育研究课题之一。❺

（一）心理教育与脑科学的关系

　　随着社会的转型发展，心理教育受到多学科的关注，研究成果也与日俱增。但心理教育在快速发展的当下，依旧存在许多问题。一些学校高举心理教育旗号，却将心理教育停留在心理健康知识普及层面，忽视学生心理素质的教育及心理潜能的开发，存在简单化、表面化倾向。心理教育的开展与脑科学的自觉联系过少，脑科学的缺位空位，没有足够脑科学的理

---

❶　彭波. 习近平在北京师范大学考察 ［N］. 人民日报, 2014 – 09 – 10 (01 版).

❷　张宿堂, 秦杰, 霍小光, 李斌. 奏响"四个全面"的时代强音——习近平总书记出席全国两会人大代表、政协委员共商国是纪实 ［N］. 新华日报, 2015 – 03 – 14.

❸　脑科学概念有狭义与广义之分, 狭义的脑科学也称为神经科学。广义的脑科学还包括从行为学或心理学的角度对大脑的高级功能进行研究。在本章中, 基于脑的教育现象的透视运用的是广义的脑科学定义。

❹　杨雄里. 对脑科学发展态势和前景的思考 ［J］. 科学中国人, 2014 (23)：28 – 32.

❺　徐光兴. 学校心理健康教育与脑科学的发展 ［J］. 华东师范大学学报 (教育科学版), 2001 (1)：70 – 80.

论支撑。虽然部分心理教育研究应用过一些脑科学的研究材料及成果，但是这些应用往往是为了证明自己的观点，很少以脑科学作为研究的起始依据。一些学校心理教育课程的开设随心所欲，忽视学生大脑发育的规律，不仅难以发挥心理教育的作用，有时甚至还会产生相反效果。心理教育存在的问题决定了脑科学与心理教育联合的必然性和必要性，也表明将脑科学成果积极运用于心理教育的迫切性和适切性。

将脑科学作为心理教育的基础学科是实现心理教育科学化、成熟化的一个必要条件。目前，心理教育的基础学科主要是心理学和教育学，脑科学对心理教育的基础作用尚未得到正视。因为缺乏脑科学的理论支撑，心理教育只是停留在对一些日常心理现象和心理经验的概括与认识，使心理教育显得过于"软弱无力"，受人质疑，难以令人信服。心理是脑的机能，脑是心理的主要物质器官，归根结底，心理教育的过程其实就是对大脑潜能开发和塑造的过程❶。脑科学的研究成果为心理教育提供科学依据，根据脑各类机能的发展规律进行心理教育，开发大脑各类机能，实现心理素质的培养与心理潜能的挖掘，大大提升了心理教育的科学性与说服力。

心理教育与脑科学之间有着相互作用、相互促进的关系。心理教育的发展需要脑科学的研究成果作为理论支撑，使心理教育的过程符合脑的生理发展规律，更具科学性。而心理教育归根结底还是对大脑功能的开发与塑造，两者之间互为因果，共同发展。当今脑科学的最新研究成果为心理教育范式的建构提供了科学基础和理论框架，脑科学研究发展趋势对心理教育研究的方法论建构具有借鉴价值。反思脑科学与心理教育之间的实然与应然关系，我们可以得出三点基本结论：心理教育理论应该更充分地建立在脑科学研究成果基础之上，心理教育实践应该更充分地吸取脑科学研究的新成果，心理教育研究者与脑科学研究者应该保持经常性的平等对话和交流，自觉跨越脑科学与心理教育之间看似不可逾越的鸿沟❷。

---

❶ 崔景贵. 心理教育范式论纲 [M]. 北京：社会科学文献出版社，2006：143 - 146，149 - 150，165.

❷ 崔景贵. 脑科学研究与心理教育范式 [J]. 河北师范大学学报（教育科学版），2006（4）：65 - 71.

（二）与心理教育相关的脑科学成果

脑科学研究的成果为心理教育提供科学依据，将脑科学与心理教育联系起来，利用脑科学的理论指导心理教育，促进学生心理素质的提升、心理潜能的开发是心理教育发展的必然趋势。当然，并不是所有脑科学领域的研究都可以运用于心理教育，对职校心理教育有启示作用的脑科学成果，还需要我们去理性辨别与自主探寻。

1. 脑潜能无限理论

爱因斯坦说："人类最伟大的发现之一，就是对大脑无限潜能的认识。"20世纪90年代《美国心理学会年度报告》中指出："任何一个大脑健康的人与伟大的科学家之间并没有不可跨越的鸿沟，他们的差别只是用脑程度与方式的不同，这个鸿沟不但可以填平，甚至可以超越，因为从理论上讲，人脑的潜能几乎是无穷无尽的。"❶ 许多科学家都认为，大多数人只发挥了7%~10%的大脑潜能，还有90%的脑域等着我们去开发。脑的潜能的无限性表明，人的心理有着无限发展的可能性，职校心理教育工作者要树立积极发展的目标，以正确的眼光和心态看待每一个学生，关注学生的闪光点，开发他们的心理潜能，促进他们自身能力的发展。

2. 脑智力多元理论

智力多元理论是由美国心理学家加德纳（Howard Gardner）提出的一种智能理论，这种理论认为，智力的内涵是多元的，它由逻辑分析智能、语言技巧智能、艺术智能、身体运动智能、空间位置智能、人际关系智能、自我认识智能和自然智能8种相对独立又相互作用的智力组成。加德纳认为，在传统教育中语言技巧智能和逻辑分析智能得到了充分的开发，其余几种智力则被忽视。学校教育应该在继续关注言语智力及逻辑—数学智力的同时加大对学生其他智力的培养，促进学生的全面发展。当然每一个人的脑都是不同的，智力的优势也各不相同，职校心理教育工作者要正确认识每位学生的独特性，尊重学生之间的差异性，努力做到因材施教，引导学生扬长避短，开发出自己的优势智能。

---

❶ 崔景贵. 脑科学研究与学校心理教育 [J]. 教育理论与实践，2002，22（4）：58-61.

3. 脑执行功能理论

执行功能是人类的高级认知功能，是目前国际发展心理学的一个研究热点，不同的学者对此有着不同的看法。综合地说，执行功能就是完成复杂认知任务时，个体通过对任务解决的认知过程灵活地进行协调、优化、有意识地控制，以确保认知系统产生协调有序、具有目的性行为的监控机制❶。执行功能包含更多种高级认知能力，一般认为其包含工作记忆、抑制性控制、心理灵活性等多种成分，在人的一生中呈倒 U 型发展趋势❷。执行功能最早从 1 岁开始发展，12 岁时大部分指标达到成人水平，部分指标持续发展至成年期。职校心理教育中要注重对学生执行功能的培养，促进其认知功能的发展，树立积极理性的认知方式，提升其心理素质。

脑科学研究的诸多理论对心理教育都有指导作用，将脑科学作为心理教育的理论基础，根据脑科学研究成果指导心理教育，促进心理教育观念的转变，能够实现职校心理教育理念的创新。而要提高心理教育质量，最重要的问题是要全面认识人的大脑从微观到宏观发展变化过程中的系统规律，树立脑科学与心理教育互动和谐发展的新观念。

三、基于脑科学进展的职校积极心理教育策略

（一）基于脑科学理论的职校心理教育理念创新

中国科学院院士杨雄里教授说："自然科学认识的深化以及观念上的重大改变，不可能不影响到我们整体上的教育观念，这是由科学和教育学的本质所决定的。实际上，脑科学的新发现不断地粉碎陈旧的思维定式所设置的藩篱。我们对人的认识的观念上的变化，不可能不改变我们对以人作为对象的教育活动的看法，换言之，不可能不影响到我们的教育观念。问题的症结在于，我们是否愿意接受和推进教育观念的变化。"❸ 脑科学研

---

❶ 刘莉湘君 . 6～11 岁儿童执行功能的发展研究［D］. 硕士学位论文 . 桂林：广西师范大学，2007.

❷ 栾文双，王静梅，卢英俊 . 学前儿童执行功能研究综述［J］. 幼儿教育，2013（7，8）：81－85.

❸ 陈建华 . 现代脑科学研究与基础教育的"桥接"：西方学者的观点及其启示［J］. 外国中小学教育，2009（5）：5－8.

究成果的应用在改变人们教育观念的同时，可以避免心理教育的一些误解与误区，推进心理教育理念的创新，促进心理教育的科学发展。

1. 脑发育敏感期与心理教育最优化

敏感期是基于关键期理论基础上提出的。奥地利比较心理学家洛伦茨（Konrad Zacharias Lorenz）首先提出"关键期"一词，关键期理论认为，人的大脑功能发展具有关键期，一旦错过发展的关键期，相应的功能就会受到难以弥补的伤害。但近年许多脑科学的研究结果发现，在一定时间内人脑对某些刺激比较敏感，错过这个时期这些功能并不一定无法恢复，所以脑发育存在敏感期。错过敏感期的心理功能虽然可以恢复，但会比较困难。比如在学生言语发展的敏感期给予他们大量的言语刺激，可以促使学生言语能力的快速发展，在职校心理教育中要重视大脑发展的敏感期，在相应的敏感期内给予学生适宜的刺激，充分激发相应的能力，实现职校心理教育的最优化。

2. 脑功能可塑性与心理教育终身化

大脑是一个复杂、动态的系统，它的结构及功能组织是逐渐发展形成的，受学习、训练、经验等因素的影响，大脑皮层会出现结构的变化以及功能的重组，即大脑具有可塑性❶。大脑的可塑性并不仅仅存在人生的某一个或几个阶段中，而是伴随人的一生，即便大脑已发育成熟，也可以被塑造，只是在不同阶段大脑的可塑性各不相同。正是由于人脑一生都具有可塑性，所以心理教育不应该仅仅针对某一个或某几个年龄的群体，而应该面向所有年龄层的群体，让人的终身都可以接受心理教育，促进大脑可塑性的积极变化，充分挖掘人的心理潜能。

3. 脑机能分工与心理教育整合化

脑科学及生理学等学科研究发现，不同的人脑机能分布在不同的脑区，如人的视觉区位于顶枕裂后面的枕叶内，听觉区则位于颞叶的颞横回处。斯佩里（Roger W. Sperry）的"割裂脑"实验也发现人脑的左右半球具有不同的功能，左半脑主要负责言语、阅读、书写、数学运算和逻辑推

---

❶ 王亚鹏，董奇. 脑的可塑性研究及其对教育的启示［J］. 教育研究，2005（10）：35-38.

理等，而空间、情绪、艺术等则由右半球负责❶。尽管现在已经基本确定脑的功能区，但脑科学的研究成果在运用到教育实践的过程中，却往往被过度解读，形成教育领域的"神经神话"。许多人过分夸大大脑左右半球的差异性，认为传统应试教育只注重开发左脑，限制了学生创造力的发展，因而提出要增加学生的创造性就必须开发其右脑，甚至强迫学生变"右利手"为"左利手"。随着脑科学的不断发展，人们发现，虽然大脑的左右半球在功能和结构上有一定的区别，但在正常情况下大脑左右半球是协同工作的。脑的各类功能虽有一定的分区，但这并不是绝对的，许多功能的实现需要脑各部分相互协调、整体运行。大脑两侧半球的良好沟通、协调和相互关系，有助于促进学生的心理向着健康、良好的方向发展❷。职校心理教育要培养出拥有良好心理素质的学生，就要抛除旧有的"分裂"大脑的教学思想，树立大脑整体开发的理念，促进学生大脑的协调发展，充分发挥其大脑的整体功能，实现学生心理素质的提升及心理潜能的开发。

脑科学对心理教育有着重要的启示作用，它不仅推动了职校心理教育理念的创新发展，还加深了我们对心理教育价值的认识。从脑科学的角度看，心理教育的价值不仅在于心理健康知识的普及，更在于开发人的心理潜能，促进人的心理成长与发展。

（二）基于脑科学进展的职校心理教育实践策略

脑科学是心理教育的理论基础，在促进心理教育理念创新的同时，对心理教育实践也有着很强的推动作用，实现心理教育的科学发展。借鉴脑科学研究新成果，让职业学校心理教育变得更加具有积极性、发展性和多样性，在积极的情感体验过程中更加关注学生创新能力和实践能力的培养，同时根据学生的差异和需求，因人而异、因势利导、因材施教，进行个性化心理教育。

---

❶ 彭聃龄. 普通心理学（第三版）［M］. 北京：北京师范大学出版社，2004：64－65.

❷ 崔景贵. 心理教育范式论纲［M］. 北京：社会科学文献出版社，2006：143－146，149－150，165.

1. 积极型：坚持心理教育价值取向

传统的心理教育存在"问题化"取向，过分关注学生心理素质中的"缺陷"问题，以问题解决作为心理教育的主要目标。然而，从脑科学的角度来看，学生的大脑的发展是不同的，不同的学生所具有的心理优势也是不一样的。在心理教育中，我们要用积极的眼光看待每一位学生的优势与不足，积极发现学生的优点，挖掘并开发他们的心理潜能，同时用积极的方式对待学生的不足并对其进行积极解释、获得积极的意义。实行积极型心理教育，我们要以积极为主导和主线，更加关注学生的优秀品质，促进学生积极心理品质的形成与培养，为他们健康成长和幸福生活奠定基础。

2. 发展性：彰显心理教育育人功能

学校心理辅导一般可以分为适应性心理辅导和发展性心理辅导两种❶。然而，绝大多数人甚至一些专业工作者对心理教育功能的认识依旧存在误区，他们认为心理教育主要是为了矫正少部分人的心理问题，将心理教育局限在心理咨询室，从而忽视心理教育的发展性功能。教育部印发的《中小学心理健康教育指导纲要（2012 年修订）》（以下简称《纲要》）中指出，"心理教育要以学生发展为根本，坚持发展、预防和危机干预相结合"❷。职校心理教育应该以所有学生为服务对象，帮助他们发掘自己的潜能，学会面对成长中的挫折，最终实现自我发展。职校心理教育要积极关注学生的"最近发展区"和"敏感期"，根据学生现有的心理发展水平和特点给予适合的心理刺激，进行适合的心理教育，实现大脑的协调发展，培养健全的人格和良好的个性心理品质，促进他们的健康成长。

3. 活动式：优化心理教育教学方法

心理教育的方法多种多样，活动应该是学校心理教育的主要方法。教育部《纲要》提出："心理健康教育课应以活动为主，可以采取多种形式，包括团体辅导、心理训练、问题辨析、情境设计、角色扮演、游戏辅导、

---

❶ 崔景贵. 学校心理辅导新论［M］. 南京：南京大学出版社，2014：3.
❷ 教育部. 中小学心理健康教育指导纲要（2012 年修订）［Z］（教基一〔2012〕15 号）.
2012 － 12 － 07.

心理情景剧、专题讲座等。"此外，素质拓展训练、辩论赛和心理班会等也可以作为心理教育教学的方式。活动导向的心理教育方法能够在一定程度上刺激大脑，促进大脑兴奋，维持中枢神经系统较好的激活水平，因而活动式心理教育方法在锻炼学生心理素质、培养心理能力、促进学生人格积极健康发展的同时，还可以培养学生对心理教育的兴趣，激发学生参与的热情与积极性，使他们能够主动地接受心理教育，最大程度实现心理教育的"正能量"。

4. 情感化：重构心理教育过程体验

心理教育过程要为学生创设积极的情感体验情境，促进学生大脑的积极唤醒，进一步提升心理教育的效果。在心理教育课程中，教师要认真了解每一位学生的信息，使学生感到自己是被关注的，同时要积极发现学生的优点，并及时给予肯定与鼓励，提升学生的自信心。面对学生的缺点错误和问题行为，不能一味地批评与指责，应该与学生共同分析原因，并指导他们自主克服困难，完善积极阳光的个性。心理教育课程还要建构良好的人际关系，使学生在班集体中获得友情，并促使他们学会合作，互帮互助，共同进步。学生在心理教育过程中获得积极的情感体验，可以增加对心理教育的兴趣，积极主动地参与心理活动，进一步实现心理教育的良性循环。

5. 创造性：强化心理教育能力目标

培养学生的创新能力和实践能力是学校心理教育的目标。《纲要》提出，"培养身心健康、具有社会责任感、创新精神和实践能力的德智体美全面发展的社会主义建设者和接班人""培养高中学生的创新精神和创新能力"[1]。创造性是国家发展的重要影响因素，心理教育就是要培养有创造性的现代人。职校学习阶段是学生思维能力快速发展的"关键期"，在这一时期培养创造性思维可以取得事半功倍的效果。职校心理教育要突出培养学生的创造性和实践能力，就必须注重培养发散思维的流畅性、变通性

---

[1] 教育部. 中小学心理健康教育指导纲要（2012 年修订）[Z]（教基一〔2012〕15 号）. 2012 – 12 – 07.

和独特性，使学生思维流畅变通、能够举一反三，并善于从独特的视角去思考问题，表达和分享自己创造性的见解。

6. 个性化：注重心理教育多元设计

每个人的脑都有所差异，脑的功能的发展速度又各不相同，表现为不同的学生心理发展的水平各不相同。学校心理教育要面向所有的学生，但是由于学生各自特点的不同，采用统一的心理教育模式难以保证教育效果，只有根据学生的特点，施行个性化心理教育，促进学生大脑健康发展，才能让每一位学生都能有人生出彩的机会。《纲要》提出：心理教育要坚持面向全体学生和关注个别差异相结合。当然，一对一的心理教育过于浪费教育资源，也难以操作，职校可以根据学生年龄、个性品质等特点的不同，将其分成几个不同的群体"因材施教"、因势利导，保证所有的学生在心理上获得健全和谐的发展。

脑科学是心理教育的理论基础和实践依据，它们的联系联合联结是学科发展的必然结果。伴随着当下脑科学研究的新发展、新拓展，心理教育能与时俱进地积极吸纳新成果、树立新理念，必定会更加焕发出科学发展与实践创新的勃勃生机。可以预见，脑科学与心理教育的有机结合，不仅会引发人脑教育模式的改变，更能引导心理教育范式的新变革。树立脑科学研究与职业学校心理教育"一体化"发展理念，是我们必然的选择和应然的追求。

（三）开发职校生心理潜能的积极职业教育策略

积极职业教育以积极的理念和行动激发和引导师生积极主动获取从事职业或生产劳动所需要的知识和技能，增强师生的积极情感体验，培养师生良好的职业道德和积极的人格品质、人生态度。它帮助中考失利的中职学生重拾信心、调整目标，重新认识优势智能，重点关注和培养自身的心理潜能，树立积极阳光的生活和学习心态，走向人生的康庄大道。

1. 积极践行"全脑型"职业教育

每个人都是一个独特的个体，每个职校生都有自己的特点与潜在价值，都有心理潜力和大脑智慧可挖，对于这一点我们要深信不疑。我们要以脑科学、心理科学和神经生物学等为指导，有意识、有目的、有计划地科学开发心理潜能。科学开发职校生心理潜能，需要我们引导职校生正确认识自己的大脑优势和心理潜能，学会科学用脑，积极践行适应职校生心理特点的"全脑型"职业教育，激发、培养职校生学习知识、技能和发展自我的信心，使得心理机能达到最佳状态。多元智能理论认为，人的能力表现是多元的，不仅表现在认识、文学艺术等领域，而且也表现在管理、商务、组织等多方面。人们只有重视以往被忽略的隐藏在每个人身上的巨大潜力，并加以充分挖掘，才能从整体上提高人的智力素质。实施"全脑型"职业教育策略，要求我们学会用脑、全面塑脑、科学护脑、合理补脑、精心益脑。具体可以从以下五个方面着手：一是信息刺激，学会用脑。勤学习、多学习是对大脑最佳的信息刺激，有利于促进大脑的灵活运用。多练脑，勤动脑，会动脑是开发大脑潜能的关键；二是协同开发，全面塑脑。重视左右脑功能协同开发，全面锻炼脑力。学校多开展一些左侧活动和从事音乐美术活动，并鼓励学生积极参与活动，让学生在活动中主动调节大脑状态，全面锻炼脑力；三是劳逸结合，科学护脑。职校生在学习和生活中，应该有张有弛，科学休息，保证适量睡眠，防止过度疲劳，防止外伤和毒害，保证用脑健康；四是营养健身，合理补脑。由于脑消耗能量比重大，职校生应注意及时补充大脑消耗的营养能量，养成良好的生活习惯，强身健体；五是情绪乐观，精心益脑。保持心态乐观、心理健康，有利于提高大脑活动效能，开发大脑潜能。积极有效地践行"全脑型"职业教育，勤用脑，多健脑，充分开发脑潜能，为促进人的全面发展奠基。

2. 优化职校专业技能教学成效

习近平总书记指出，"职业教育肩负着培养多样化人才、传承技术技能、促进就业创业的重要职责"。《决定》进一步提出，现代职业教育的基本任务就是强化职业教育的技术技能积累作用，注重培养多样化、高素质的技术技能人才。职业教育区别于普通教育，就在于着重职业技能的培训，培养出具有较强就业能力和一定创业能力的现代职业人。要达到这一目标，优化职校专业技能教学是关键。具体可从几方面入手：一是帮助学生准确定位，明确技能学习的重要性。刚刚从初中毕业就直接进入中职学校学习，学生除了潜藏着未能进入高中学习的自卑心理，对自己职业生涯规划也不够清晰，需要教师的循循善诱，明确技能学习的重要性。通过介绍历届优秀中职生榜样，创造条件让学生多参加专业方面的岗位实践，来帮助学生明确职业需求，找准自我定位，激发学习、掌握知识技能的热情，并最终努力实现自己的目标。二是积极参与职业技能大赛，营造良好技能教学氛围❶。职业技能大赛是国家为进一步推进职业教育发展而形成的一项重要制度设计。中职学校教师应紧紧抓住职业技能竞赛的契机，鼓励学生积极参加职业技能竞赛，掌握专业技能，营造良好的技能教学氛围，从而进一步激发学生的学习热情，促进学生能力的发展和提高。三是加强校内外实训基地建设，改善实训教学管理❷。中职学校应建立适应企业需要的、满足专业设备要求的、永久性的、具有一定规模的实训基地，为专业教学提高教学质量提供可靠的保证。作为中职生实训的主要场所，实训基地要按照职业工作任务的程序进行设计，实训基地的工位设计和环境营造按照企业的需要设计，从而实现理论教学和实践教学一体化的要求。职校应充分利用校企合作这一教学资源，为所设专业的全体学生提供多样化的实习形式，包括新生认识实习，毕业前岗位实习，专业课程实习，综合课程实习。四是完善技能教学管理，提高技能教学水平。职业学校可以在实训基地组建管理领导小组，负责基地的管理工作；建立实训教学管理制度，制订专业课程的实训计划、实训大纲，编写专业实训指导书、实训任务书和规范的实训教材，制定合理的评价考核机制，将实训成绩与相关职业资格证书挂钩。五是构建"双师型"教师队伍，加强专业核心技能的培养。一支具有较高专业素养的师资队伍是中等职业教育发展内涵，提升质量的重要保障。中职学校的专业课教师专业核心技能包括学科教学技能、教学管理技能及与学科相关的职业操作技能。实施"名师工程"，认定在教育方面、在技能训练方面有先进经验的教师为"双师型"教师，并给予一定奖励。学校组织开展教师技能竞赛活动，互相切磋技

---

❶ 黄敏. 浅谈中职学校如何加强技能教育［J］. 广西教育，2010（9）：54－55.

❷ 邓颖莹. 中职专业技能教学中存在的普遍问题及对策探讨［J］. 职业教育，2008（3）：96－97.

艺，带动教师提高专业技能。

3. 实施科学系统的实践创新教育

2014年3月教育部印发的《关于全面深化课程改革落实立德树人根本任务的意见》（以下简称《意见》），指出要强化职业教育教学的实践育人功能，职业院校要不断创新技能人才培养模式，进一步深化产教融合、校企合作，推进协同育人。实施科学系统的实践创新教育，践行《意见》关于职业教育实践育人的理念，有助于培养学习兴趣，加强技术技能训练，促进心理潜能开发，将培养技术创新人才与投身实现中华民族伟大复兴中国梦的实践紧密相连。实施实践创新教育，挖掘职校生心理潜能，培养创新性技术技能人才，要从以下几方面入手：一是调节师生关系，营造宽松的课堂氛围。民主、平等的师生关系有助于培养学生的主动性、主体性、创新性，营造出轻松、和谐、温馨、愉悦活泼的课堂教学氛围，满足创新教育的要求；二是改革教学模式，践行学生为主体的教育。课堂教学不是教师的独角戏，它是学生创新思维发展的平台，应当满足学生个性化发展的需求，引导学生主动参与，全员全程参与，成为学习的主体；三是变革教学形式，促进左右脑协同发展。职业教育应重视左脑思维训练与右脑功能开发齐头共进，组织形式多样的教学活动，如现场教学、实践教学、微观教学、多媒体辅助教学等，使教学内容更加直观、形象，从而开发学生右脑潜能，培养学生的创新思维和想象能力；四是加强技能训练，培养实践创新能力。职业院校应当积极举办技能对抗赛，组织校内外实训，鼓励参与职业技能竞赛，锻炼学生动手操作能力、实践能力，培养出适应经济社会发展需求的技术技能人才；五是深化社会实践活动，提升心理素质水平。社会实践是人心理发展的主要途径，心理素质是在社会实践活动中逐渐发育和成熟起来的。职业学校根据职校生心理问题的类型和成因创设有针对性的活动情境，组织志愿者服务、企业实习等社会实践活动。

4. 开展积极心理素质教育

21世纪是全面推进素质教育的时代，研究素质教育如何促进学生潜能开发显得尤为重要。所谓素质教育就是人的发展问题，就是人的潜能得以充分发展的问题❶。积极心理素质教育，秉承着积极心理学理念，培养学生自尊心、自信心、同情心、责任心、进取心等积极心理品质，有助于充分开发职校生的心理潜能，从而促进学生的全面发展。如何实施积极心理素质教育，主要从以下几方面着手：一是提高职校教师的教育水平❷。教育部门定期对职校教师进行系统有计划地培训心理健康教育方面的知识，使他们了解如何及时发现学生的心理障碍、如何关心爱护学生、合理教育引导学生，从而使学生的个性心理、学习心理、生活心理等都能健康发展；二是营造积极的心理素质教育氛围。定期举办心理健康方面的讲座，普及心理健康方面的知识；利用学校的板报、广播、校园网络等各种手段宣传心理素质教育，促进学生形成良好的心理健康意识；学校成立专门的心理咨询机构，配备专业的心理教师，开通心理热线，及时解决职校生心理问题等。通过一系列举措，促进职校生自觉、主动地提高心理健康水平；三是实行全面和个别相结合的心理素质教育。对处于不同学习阶段的职校生要实施不同的心理素质教育。新生教育重点关注心理适应和心理过渡问题，二、三年级学生侧重交际、学习方面的心理问题，毕业班学生教育要侧重就业和创业心理方面的指导，使其面对激烈的社会竞争时保持良好心态。面对出现心理障碍的学生，要施行个别辅导，帮助学生走出心理阴影，排解心理障碍；四是充分发挥班主任在职校生心理素质教育中的作用❸。班主任要注重提高自身各方面的素质，要有爱心、责任心，品行端庄，待人真诚，做一个可爱、可敬、可亲的人民教师；五是将心理素质教育渗透到职校课程教学中。任课教师不仅要结合课程特点对学生进行心理素质教育，还要及时发现并积极解决学生的心理问题，主动关注学生的心理动态并积极引导。

5. 引导职校生自主开发心理潜能

积极职业教育从多方面开发职校生心理潜能，但最根本的是"助人自

❶ 邱熙彩. 21 世纪的教育——开发人的潜能 [J]. 教书育人，2002（17）：5 - 6.
❷ 倪立清. 浅谈当代职校生的心理素质教育 [J]. 新课程学习（上），2012（12）：145.
❸ 巨生花. 试论积极的心理暗示对学生教育的影响 [J]. 中国教育技术装备，2009（19）：14 - 19.

助"。引导职校生自主开发心理潜能，实施积极职教策略，主要包括三个方面：一是积极心理暗示，提升自信心。心理暗示是用含蓄、间接的方式，对别人的心理和行为产生影响。教师要学会运用含蓄、间接的方式，结合真挚的爱和感情暗示学生，对于促进学生自主发展成效显著。积极心理暗示不仅有他暗示，还包括自暗示。积极自我暗示，将积极正面的思想反复灌输给大脑中的潜意识，潜意识便会调动所有的潜能帮助个体弃旧从新，使得在某些方面感到自卑的学生重整旗鼓，重拾信心；二是保持良好情绪，发展心理潜能。心理潜能的开发不是一蹴而就的，需要循序渐进。职校生应学会调节情绪，保持乐观的心态，逐步实现心理潜能的发展；三是积极教育期待，合理激励学生。著名的罗森塔尔效应告诉我们，一个人对另一个人行为的期望本身将导致该期望的实现。一个教师，相信学生是有潜能的，对学生给予认同，是积极教育期待策略的前提。职业学校应组织教师进行积极职业教育培训，转变教师原有的消极学生观，提倡从积极的视角看学生，被教师积极关注和期待的学生，容易受到激励，树立学习、生活的自信，从而引导学生自主开发心理潜能，形成心理优势❶。

科学开发心理潜能，是现代职业教育实现高素质技术技能人才培养目标的重要渠道。积极职业教育教学，将外部教育开发引导与内部自主发展相结合，积极关注学生的共性与个性全方位发展，从而促进每一位职校生心理潜能的开发，让每一位职校生都能够真正拥有专业出彩、人生精彩的机会。

本章小结

促进职校生的全面发展，最优化开发职校生的心理潜能是现代职业教育的重要目标。立足现代职教视域，要正确认识心理潜能对职校生成长成人成才的积极意义，重视正视心理潜能开发是职业教育管理变革的应有之义。心理潜能开发与积极职业教育两者相辅相成，共同促进职校生的成长成人成才。脑科学是心理教育的理论基础和实践依据。基于脑科学的视角

---

❶ 曹荣. 试论中职教师的积极期待［J］. 交通职业教育, 2014（5）: 22 – 24.

透视职业学校心理教育存在的问题，积极关注与心理教育紧密联系的脑科学成果。以脑科学研究新理论为引领，建构心理教育最优化、终身化和整合化的新理念。以脑科学研究新进展为依据，创新职校心理教育实践，以积极为价值取向、以发展为主要功能、以活动为基本方法、以创新为重要目标，注重情感过程体验，促进学生个性化发展。开发职校生心理潜能，积极职业教育的基本策略是：积极践行"全脑型"职业教育，优化职校专业技能教学成效，实施科学系统的实践创新教育，开展积极心理素质教育，引导职校生自主开发心理潜能。

职校生心理资本与职校积极人格教育

国务院《关于加快发展现代职业教育的决定》（国发〔2014〕19 号）中提出要"加快发展现代职业教育体系建设，深化产教融合、校企合作，培养数以亿计的高素质劳动者和技术技能人才"。当下，职业学校教育不仅要加强专业内涵建设，更为重要的是开发职校生心理资本，提升心理素质，挖掘心理潜能，促进职校生积极健康成长，为我国经济社会发展提供高素质技术技能人才保障。从积极职业教育的实践立场出发，心理资本强调积极心理素质对技术技能人才培养的重要性，为现代职业教育改革创新提供了全新的视角。

一、现代职教视域中的职校生心理资本

（一）开发心理资本是现代职业教育的重要使命

心理资本概念是积极心理学之父 Seligman 教授在积极心理学和组织行为学基础上提出的，他认为可以将那些导致人积极行为的心理因素纳入心理资本范畴。综合的心理资本观认为，心理资本既具有相对稳定性又有可开发的开放性，是一种类状态的心理素质。基于综合论的观点，Luthans 等人认为，心理资本是指个体在成长和发展过程中所表现出来的一种积极的类状态的心理力量，具体表现在：①在面对有挑战性的工作时，对自己有

信心并且能付出必要的努力来获得成功（自我效能）；②对当前和将来的成功做积极乐观的归因（乐观）；③对自己所定的目标锲而不舍，为了获取成功，在必要时能够进行调整，重新选择实现目标的途径和路线（希望）；④当身处困境或被问题困扰时，能够持之以恒，在挫折中迅速复原，并采取迂回的途径来取得成功（韧性）❶。研究发现，心理资本及其几个维度与绩效、满意度、工作态度和组织承诺之间呈显著的正相关，与工作倦怠、旷工等消极行为之间呈现了显著的负相关，是一种非常重要的个体积极心理能力❷。

心理资本是职校生幸福生活的前提。心理资本富足的学生拥有积极的自我意识，能够正确自我认知，不会自卑自贱、自怨自艾；拥有积极乐观的心态，以积极的眼光看世界，善于发现生活中的美好，感知自己的幸福，让快乐常伴身边；心怀希望，敢于追求希望和实现希望，即使身处逆境也能发现生活中的精彩与希望；拥有坚韧不拔的精神，不会轻易向困难低头，能够直面困难，在挫折中迅速恢复，持之以恒地与之斗争。开发心理资本，可以引导职校生成为心理资本富足的现代人，使其健康快乐地幸福生活成为可能。

积极心理资本是职校生成长成人成才的基础。开发职校生的心理资本，能够增加他们的心理优势，挖掘心理潜能，使其拥有面对职校生活、职业生涯的心理基础。心理资本富足的职校生在学习和生活中，能够准确自我认知，相信自己的能力，正确选择实现目标的途径，以积极乐观的心态去面对困难与挫折，以坚韧不拔、百折不挠的精神迎接挑战，在困难与挫折中发现机遇，实现知、情、意、行和谐发展。同时，心理资本富足的学生能够更好地适应学校情境，获得优良的学习成绩和专业技能，与老师、同学和谐相处，建立良好的师生关系和同学关系，促进他们人格的不断完善。

开发心理资本是加快发展现代职业教育的重要使命。开发职校生心理资本，促进职校生心理健康和谐发展，有利于培养高素质的劳动者和技术

---

❶❷　仲理峰．心理资本研究评述与展望［J］．心理科学进展，2007，15（3）：482－487．

技能人才，对于加快发展现代职业教育发挥着不可替代的重要作用。职业教育对职校生心理资本的科学系统开发势在必行，这也是现代职业教育不容忽视的职责和使命。积极职业教育可以有效促进职校生心理资本的科学开发，而消极的职业教育则会影响职校生心理资本的健康发展。

（二）职校生心理资本发展现状与问题反思

全面了解职校生心理资本的发展现状及存在问题，可以有针对性地提出心理资本开发的积极策略，促进职校生心理资本的和谐发展。

1. 职校生心理资本发展现状

现有研究中对职校生心理资本的研究较少，且大多从理论角度分析心理资本在教育中的重要性和开发策略，对职校生心理资本现状描述较少。但是，从职校生的相关群体心理资本的研究中可以发现职校生心理资本的一些特点。

一是职校生心理资本水平偏低。已有的职校生相关群体心理资本研究表明，中职生相关群体的心理资本总体水平一般处于中等偏上，但较其他群体要低。方必基（2012）对1819名青少年研究发现青少年学生整体的心理资本状况较为积极，但中学生的心理资本水平显著低于大学生❶。张阿敏（2013）在对中职生问题行为的研究中发现，中职生普遍存在问题行为，且中职生心理资本对问题行为有负向预测作用，从侧面也反映了目前职校生心理资本水平还偏低❷。职校生正值青春期，这一时期是人的心理变化最激烈的时期，也是最容易产生心理困惑和心理冲突的时期；当今社会职业学校的社会地位较普通学校低，进入职业学校的学生大多是在基础教育中常被忽视的弱势群体，使得他们更加易发心理问题；初入职校职校生的学习从普通教育转为职业教育，发展方向从升学转为就业，面临着巨大的择业就业压力❸。处在这一特殊时期和状况中的职校生，心理资本水

---

❶ 方必基. 青少年学生心理资本结构、特点、相关因素及团体干预研究［D］. 博士学位论文. 福州：福建师范大学，2012.

❷ 张阿敏. 中职生生活事件与问题行为的关系：心理资本的调节效应与检验［D］. 硕士学位论文. 天津：天津职业技术师范大学，2013.

❸ 崔景贵. 职校生心理教育论纲［M］. 北京：科学出版社，2013：71－72.

平偏低不难理解。

二是职校生心理资本各维度发展不均衡。理想的心理资本发展状态，不仅要求心理资本的总体得分高，还要求心理资本各维度水平均衡。目前对职校生及其相关群体的研究发现，心理资本的各维度发展并不均衡。方必基的研究表明青少年的希望水平最高，自信和韧性水平较低❶。辛长燕（2013）的研究表明高中生希望水平最高，自我效能感和韧性水平较低❷。郝利敏（2011）对高职生心理资本研究也发现希望水平最高，乐观水平其次，韧性水平最差❸。据此我们可以推断，职校生拥有较高的希望感，但是做事难以坚持、韧性较差。身处青春期的职校生自我意识高涨，认为自己与众不同，对自己充满希望；职校生大多数在初中时期成绩偏低，不受教师重视，且在学业上常常面临失败，久而久之对自己丧失信心，进入职校后他们又面临择业就业的压力，在职场竞争日益激烈的当下，他们对自己的能力也会产生怀疑，自信心水平不高不难理解；当代职校生的韧性水平偏低也有其原因，职校生绝大多数都是独生子女，是家中的"小皇帝""小公主"，使得他们习惯于以自我为中心，依赖性比较强，抗挫折能力较弱，做事情不能持之以恒，尤其是处在青春期，心理发展还没有稳定，容易被生活和学习中的挫折困扰。

2. 职校生心理资本教育的问题反思

职校生心理资本的问题固然受到许多现实原因的影响，但心理资本作为一种可以开发的"类状态"的心理特质，学校教育会产生非常重要的影响。目前，职业学校教育还存在影响职校生心理资本发展的一些问题，主要表现在以下几个方面。

（1）职校教育存在功利化取向，重知识技能，轻心理素质。职业教育是我国教育体系中的重要组成部分，为我国经济发展培养了大量高素质劳

❶ 方必基. 青少年学生心理资本结构、特点、相关因素及团体干预研究［D］. 福州：福建师范大学，2012.

❷ 辛长燕. 中学生积极心理资本与情绪调节策略的研究及教育启示［D］. 天津：天津师范大学，2013.

❸ 郝利敏."90后"高职生心理资本调查分析及开发策略［D］. 杭州：浙江工业大学，2011.

动者和技术技能人才。职业学校教育将重心和资源偏向了对职校生知识技能的培养，希望在最短的时间内能够培养出最多的高技能人才，大力建设教学设施，招聘高水平专业课教师，却忽视心理素质对职校生发展的重要性。许多职校心理健康中心条件简陋，只是为了应付上级检查而设，甚至没有专职或兼职的心理教师。如此急功近利培养出来的职业人才只是高技术人才而非高素质人才，他们往往拥有较高的职业素养，心理素质却不尽如人意。他们可能拥有精湛的技术，却没有良好的心理素质，他们可能会因不自信而犹豫不决，也可能因挫折而一蹶不振，难以担当重任。

（2）职校生心理教育存在问题化取向，重视障碍，轻视发展。职业学校心理教育应该是一种发展性教育，主要对象是普通学生、教师和家长，主要任务是促进学生的成长，发掘自己的心理潜能。但不少职校心理教育陷入了问题化误区，认为心理服务工作主要针对那些心理出现障碍和问题的学生，普通的学生和教师不需要接受心理教育，将心理教育局限在咨询室内，形式固定为个体心理咨询，过分夸大了学校心理教育的治疗力量，忽视了心理教育更为重要的发展性功能，更忽视对全体学生心理素质的培养。

（3）职校教育管理存在简单化取向，看重当下，忽视未来。为了能够加快培养人才的速度，许多职校在教育管理中简单地将人才的培养局限于技能培养，教育资源过度倾斜，忽视了职校生心理资本的开发。如此简单化的教育管理模式在短时间内或许能够培养大量的技术技能人才，但从长久角度来看，这些技术技能人才缺乏过硬的心理素质，在实践中遇到挫折或困难，易对自己丧失信心、自暴自弃。职校教育管理要重视心理教育对学生发展的重要作用，不仅要立足当下，还要放眼未来，真正为社会经济发展培养心理健康、技术过硬的高素质技术技能人才。

职校对职校生的教育管理陷入了功利化、问题化和简单化的消极误区，忽视了职校生心理素质的积极培养，导致许多职校生缺乏足够的积极心理能量，出现心理资本水平偏低，且发展不均衡的状况，不利于促进职校生健康和谐发展。

二、积极促进职校生心理资本的系统开发

要培养真正的高素质技术技能人才，职业学校教育必须改变原有的消极取向，开展积极职业教育，开发职校生心理资本，挖掘职校生心理潜能，促进职校生专业技能和心理素质协调发展。

(一) 开展积极型职校学生心理教育

职业学校应该改变原有的消极的心理教育模式，从优化目标、丰富形式和拓展内容三方面开展积极心理教育，开发职校生心理资本。

优化职校生心理教育目标。职业学校开发职校生心理资本首先要改变原有被动的心理教育，主动对学生的心理进行干预。将被动式的消极心理教育目标变为发展性的积极目标。心理教育的功能绝不仅是矫正少部分学生的心理问题，更为重要的是培养学生的积极心理素质，开发其心理资本，挖掘他们的心理潜能，从而促进学生积极、健康的发展。各类实践性心理教育活动在开设前要设立合适的教育目标，根据目标选择适当的形式，这样才能够达到更好的效果。

丰富职校生心理教育形式。职业学校心理教育除了要继续开展面向全体学生的心理公共课，还可以通过广播、网络、校刊、校报、宣传栏等形式宣传、普及心理科学知识，营造积极的心理教育氛围，培养学生的心理健康意识，促进学生积极主动开发心理资本。开展团体辅导、素质拓展训练、朋辈心理辅导等多种形式的心理活动，可以锻炼学生的心理品质，培养他们的心理能力，开发他们的心理资本，同时还可以激发他们的参与兴趣，使其更加投入地参与活动，增加活动的效果。在心理咨询和辅导活动中，职业学校不仅要对学生在学习生活中的心理行为问题进行辅导，还可通过书信咨询、网络咨询、咨询热线等多种辅导形式帮助学生排忧解难。

拓展职校生心理教育内容。职业学校开展心理教育不仅要帮助职校生预防和应对多种心理问题，更要根据职校生在不同年龄阶段的发展特点和职业需求，设置心理教育的具体内容。一年级学生刚刚进入职校，心理教育的重要内容是帮助学生尽快适应职校的生活和学习环境，同时帮助他们培养良好的学习习惯与方法，增加他们的成功体验，激发学习的兴趣；帮

助他们尽快了解自己所学的专业，培养职业兴趣；帮助学生尽快融入班集体，在班级建设中培养他们的责任感与荣誉感。对二年级的学生，首先要帮助他们掌握有效的学习策略，加强他们对专业知识的掌握，增加实践操作能力；培养他们的自我意识，树立良好的职业意识，进行职业规划，树立正确的职业理想；帮助学生发展人际交往能力，建立良好的师生和同学关系。三年级的学生面临就业问题，要帮助他们做好就业心理准备，通过各种实践机会帮助学生了解社会、体验就业，树立正确的择业观和就业观；在平时的教学活动中还要注意培养学生的合作和竞争意识，提高应对挫折和压力的能力，以良好的心态迎接就业。

（二）注重职业心理资本开发与建设

进入职业学校后，职校生的任务从升学转变为就业，择业和就业成为职校生学习和生活的一个重要目标。开发职校生的职业心理资本的最终目标是促进职校生职业心理的成熟。除了采用常见的心理干预手段外，我们还需要建设健康积极的班级和校园文化、专业心理文化，让职校生在和谐的氛围中受到潜移默化的影响，促进自身的心理适应，培养良好的职业习惯和职业精神，最终达到职业心理素养的提升。

建设富有职业特色的班级文化和校园文化，需要职校各部门的共同努力。可以在班级和校园内张贴与职业习惯及职业精神相关的名人名言，让学生正确理解职业习惯与职业精神。可以定期开展职业主题班会，让学生自主探讨怎样的职业习惯与精神是适合自己的，应该怎么做。也可以邀请优秀企业代表负责人、员工代表开设讲座，让学生了解现代企业需要什么类型的员工，最欣赏的职员一般具有哪些品质，帮助学生提前做好职业心理准备。职业心理资本的开发还需要建设良好的专业心理文化氛围。班级和学校可以定期开展学生作品展，在锻炼学生专业技能的同时，可以培养学生的创造性与合作竞争意识。可以建立"模拟公司"，学生竞争上岗，在锻炼学生专业技能的同时，帮助学生提前感受职场氛围，使学生正式入职后能够迅速适应职场。

（三）提升职校教师心理资本水平

要开发职校生心理资本，提升职校教师心理资本必不可少。教师是学生模仿的对象，他们的一言一行对学生有着榜样示范作用，引领着学生的发展方向。心理资本水平较低的教师很可能对学生产生消极影响，不利于学生心理资本水平的提高。有着积极心理资本的教师自信乐观，心怀希望，做事能够持之以恒，可以营造良好的班级人际环境，促进班级积极心理文化的建设，促进学生心理资本的发展。

提升职校教师的心理资本首先要加大对教师的培训，让教师能够持续更新自己的知识储备，改善自己的教学方式，紧跟时代的脚步，从而提升对教学能力的自信心；其次，要优化校园工作环境，培养和谐人际关系。职校可以为教师创造现代化的工作环境，通过多种方式了解教师的需求和心声，为他们排忧解难❶。学校还可以经常组织教师参与集体活动，在活动中促进教师们的人际和谐；最后，优化职校奖励政策，提高教师的积极性。职校教师面临着各种心理压力，学校对教师表示关怀、鼓励和支持可以帮助教师缓解心理压力，增强心理韧性，除了精神奖励，学校对工作上有突出表现的教师还可以给予适当的物质奖励，调动教师积极性，让教师快乐教学。

（四）引导职校生心理资本自我开发

1. 增加成功体验，培养自信心

自信是一个重要的积极心理资本，具有自信心的人能够自主地选择具有挑战性的任务，自我激励并努力实现目标。职校生培养自信心需要增加自己的成功体验。首先，要学会合理设置目标。简单目标的实现难以带来自信感，过难的目标容易使人受挫，丧失信心，合适的目标能够激发人的行为，使人集中注意力，提升任务的绩效。其次，学会分步完成任务。困难的、长期的目标很难在短时间内实现，职校生要学会将大目标分解为较小的、更易实现的子目标，在自主实现目标过程中体验成功，增加自己的自信心。最后，还可以积极参加团体心理辅导和素质拓展活动，在活动中充分了解自己的能力，增强自我效能感。

---

❶ 邓青. 浅析中职院校教师心理资本 ［J］. 职教论坛，2012，8（10）：33－34，37.

2. 做好职业规划，培育希望感

职校生希望感的培育，首先要打破自身的习得性无助感，全面客观地认识自我。有习得性无助感的个体对工作和学习任务的反应消极，遇到任务往往不经努力便轻易放弃。其次，可以从制订职业规划出发。学生根据自身特点制订可实现的职业规划，了解自己的发展目标，确定自己能否完成规划的目标，距离目标的实现还有多远，这些都可以使自己充满希望。

3. 学会积极归因，培养乐观心态

归因是对自己或他人的行为进行分析，从而推断其形成原因的心理思考过程。归因方式一般可以分为积极归因和消极归因两种，积极归因的人倾向于将成功的结果归因于自身的能力等稳定因素，将失败归因于粗心、运气等不稳定、不可控的外因，心态比较乐观，消极归因的人则正好相反，将失败归因于稳定的内因，成功归因于不稳定、不可控的外因，心态消极，自怨自艾。职校生要学会积极的认知和思维方式，可以减少消极归因的影响，以积极、乐观的心态面对未来。

4. 理性面对逆境，提升心理韧性

首先，要建立广泛的社会支持系统。良好的社会支持系统可以在职校生遇到困难时给予他们支持与鼓励，增强他们的心理力量。其次，职校生要理性面对逆境，正视自己所面临的困难，积极主动地寻求支持，努力应对发展过程中的挫折，增强自己的心理韧性。

培养适应社会需求的高素质劳动者是现代职业教育的历史使命。职业学校要以改革创新为动力，深入推进积极职业教育，注重培养职校生的专业技能和实践能力，同时加强心理资本的系统开发和积极引导，着力培养职业人格健全、心理资本厚实的高素质技术技能人才。

三、职校实施积极人格教育的基本策略

人是职业教育的主题和主体。职业教育以培育准专业人才为根本任务，而育人是一项相当复杂的系统工程和创新工程。当今世界职业教育以人为本的理念已经耳熟能详、深入人心，人性化、人文化、个性化、全人化、主体化和人格化的发展趋势日益凸现。立足于当今世界职业教育发展

的新走向，着眼于当代职校生心理发展的新目标，职业院校教育教学必须积极寻求创新变革之路，树立新理念，理清新思路，建构新策略。职业教育工作者要解放思想，更新观念，深化认识，理清思路，围绕育人这一工程的"点""线""层""面""体"和"艺"，扎实做好职业教育管理改革的各项工作。

（一）坚持职业教育人性化，把握教育目标的"支点"抓手

理想的职业教育是人性化的成人教育。促进职校生的成人成才，职校教育工作者要以积极的人性观为指导，树立以人为本的人性化教育理念，做到"目中有人""心中有数"与"胸有成竹"，把握"点到为止""点石成金"与"点面结合"的教育策略。职校教育工作者要把握当代职校生发展的个性特点和时代脉搏，既要消除"盲点"、破解"难点"和填补"空白点"，更要突出"重点"、放大"亮点"和抓好"着力点"。

1. 发掘职校生自主成长的"闪光点"

职校教师要尊重和理解职校生渴求自立自主的意愿，从积极的角度，用发展的眼光和宽容的心态面对职校生在成长过程中出现的问题，用"放大镜"去发现当代职校生存在的潜在优势。要对职校生多一些信任和赏识，对职校生取得的些许进步也应给予充分肯定和鼓励支持。要引导职校生自主参与建设温馨宿舍，建设文明班级，建设和谐校园。要注重引领职校生获取生活的知识，掌握生存的技能，知晓生长的意义，理解生态的价值，领悟生命的智慧。

2. 发现职校生追求成功的"兴奋点"

要关注和了解职校生学习生活的"热点"和"焦点"，增强职校生追求成功的自信心和责任心，充分激发职校生的主体发展性、社会实践性和创新创造性。要引导职校生走近人民群众，走进社会生活，走向世界，要鼓励职校生积极把握挑战自我的成功机遇，内强现代综合素质，外塑青春自我形象，充分展示当代职校生特有的青年朝气和昂扬风采。

3. 发扬职校生奋发成才的"生长点"

要注重培养职校生的"一技之长"，充分开发职校生的发展潜能，循序渐进地引导职校生学会创业，创造条件为职校生提供自主发展的机会和发挥才能的平台。既要能够为多数职校生的成才"锦上添花",更要为一些特殊职校生的发展"雪中送炭"。要支持职校生学习网络操作技术和现代生活技能、参与社会实践活动与科技创新竞赛、开展文明生活自律和社区文化服务等,在成才活动中"受教育、长才干、做贡献"。

4. 发展职校生成就人生的"制高点"

从职校一年级开始,就要指导职校生合理设计职校生活和职业生涯发展规划,建构积极的职校生活目标序列,使得职校生活丰富多彩有宽度,健康充实有厚度,更富含智慧有高度,努力做未来命运的主人,把握成就人生发展的主动权和"制高点",不断追求更新更高的理想目标,实现自我超越和人生价值,追寻美好幸福的辉煌人生。

(二)坚持职业教育人文化,促进教育实践的"在线"运作

理想的职业教育是人文化的成才教育。当前,我国大陆不少职校对科学教育是"顶礼膜拜",普遍存在"科学教育缺乏人文精神,人文教育过于追求科学化,科学教育与人文教育不相干、两分离"的状况。职业教育要以正确把握科学教育与人文教育关系为生命线,突出现代人文精神的陶冶,处理好职业教育实践的"明线"(显性目标)与"暗线"(隐性目标)、"外线"(校外目标)与"内线"(校内目标)、"长线"(远期目标)与"短线"(近期目标)、"实线"(量化目标)与"虚线"(质化目标)的复杂关系,实现多层面的有机结合。

1. 设计职业教育活动的"主线"

要以促进职校生学会做人和学会做事为基本目标,以建设职校生优良学风为主线,整体规划职校教育教学改革的全过程,突出学会学习、学会创新、学会选择、学会负责任、学会择业等教育,设计主题鲜明、内容丰富、形式多样的教育系列活动,全面推进职校特色的学风建设。

2. 凸现职业教育计划的"专线"

职业教育是专业化的成才教育。职校生教育管理工作要着眼于、有利于加强专业建设和学科建设,围绕专业培养目标,设计专业人才的素质结构,培养学以致用、善学会用的应用型专业人才。要引导职校生热爱所学专业,学会学习专业,以培养职校生的专业实践能力和专业精神为突破口，强化现代专业或职业基本技能学习，全面提升职校生的专业素养。要鼓励职校生树立专业理想信念，挖掘自身专业心理潜能，努力培养自己的一技之长和专业优势，为今后的就业创业和专业发展早做准备。

3. 夯实职业教育工作的"底线"

要坚持职业教育正确的育人方向、基本原则和管理规则不动摇，不能随意放松和降低育人的专业标准和伦理规范，不能放弃法定的职业教育责任和义务。对职校生的教育管理既要合情合理，更要在法制化的轨道上运行和前行。职校教育工作者要自觉学习和遵守职业教育法规，增强教育法治意识，完善教育管理法制，坚持依法办事，保障职校生人身财产安全等合法权益不受侵犯，在合法守法的基础上使得教育管理工作更加人文化，更具有"人情味"。

4. 畅通职业教育服务的"热线"

要进一步增强"以人为本"的教育管理服务意识，"一切为了职校生的发展，为了一切职校生的发展"，始终与职校生保持密切联系，为职校生的学习生活、法律维权、职业生涯规划、就业指导等提供及时到位的专业服务。要把握职校生关注的"热点"问题，善于倾听职校生的心声与呼声，加强专业化的职校生心理辅导工作，充分尊重和维护职校生的恋爱、自我、交友等心理权益，提高工作方式的科学人文性、针对性和实效性。

（三）坚持职业教育个性化，推进教育对象的"分层"培养

理想的职业教育是个性化的成功教育。从不同的层面和视角，如性别、专业、学习基础、来源学校、生活地区和家庭经济状况等，我们可以将职校生分为不同的层次类型。"人心不同，各如其面"。我们必须承认，职校生在心理发展水平和个性特征上的差异客观存在，但他们在人格尊严上是完全平等的，没有高低贵贱之分。成功的职业教育，就要从职校生的个性发展实际出发，尊重和理解职校生的独特个性，科学引导每一个职校生完善积极向上的个性，合理张扬健康自如的个性。

1. 学生分层引导

职校生分层培养管理，就是做到因材施教，因人施教，确立适合的管理目标。在管理制度和工作方式上不宜搞"一刀切""一锅煮"。对不同性别、年龄、性格与气质类型的职校生，教育方式和管理策略要有所区别，做到扬长避短，扬优弃劣。要把解决职校生的思想问题与解决实际问题相结合，做到晓之以理，动之以情，导之以行，重点关心单亲家庭和特困家庭的职校生，重点帮助"问题"多发的职校生和学习困难落后的职校生，重点引导恋爱偏差、网络沉迷和夜不归宿的职校生。

2. 学业分层教学

要尊重职校生智能发展类型和水平方面存在的客观差异，认识和肯定职校生个体在智能发展上的潜在优势，科学指导职校生选择确定适合自己的学科发展与专业成才方向，允许职校生个体存在某一或者某些智能领域的弱项，甚至要保护"落后"。要顺应职校生成材发展规律，遵循因材施教的原则，统筹兼顾不同层次职校生的学习需求，全面实行弹性学制，从而让职校生在适合自身层次的学习过程中得到不断提高。不宜过多强调学习目标和方法上的整齐划一、学习进程上的统一要求。

3. 学力分层评价

评价的最终目的是促进职校生的和谐发展。在某一学科专业领域的学习能力上，职校生必然存在"上层""中层"和"下层"之分。对于学习能力存在强弱之分的职校生，要确定适合的教育教学考核和评价目标，通过采取适合职校生特点的个性化、多样化的分层评价等方法与形式，创造条件让职校生在不同的层面上接受学业水平测试，鼓励每个职校生在原有基础上得到充分发展、获得最大成功。

4. 学段分层管理

对低、中高年级职校生的教育要科学沟通和有机衔接，更要区别对待，在职校生活不同阶段能够有所侧重，突出抓好特定阶段的特别教育，促进职校生健康成才。在处于职校生活初始阶段的一年级，要重点抓好职校新生适应心理教育（包括自我意识、人际交往、情绪情感等）、专业思想教育和职业生涯规划教育以及学校规章纪律制度教育；在处于全面发展阶段的二年级，重点抓好职校生的专业学习教育、科技创新教育和社会实践教育；在从校园生活走向现实社会过渡阶段的三年级，重点抓好职校毕业生的就业指导工作、社会适应教育和自我实现教育等。

（四）坚持职业教育全人化，实现教育内容的全面优化

理想的职业教育是全人化的和谐教育。今天，我国职业学校正在全面推进素质教育，职业教育重点和重心的时代变革引领着专业人才培养目标和教育内容的创新。职校素质教育的实质目标，就是要使职校生既学习知识学习技能，又学会做事学会做人，成为全面发展，具有高体能、高智能和高技能的优秀专业人才。但职校生素质的全面发展，并不是指所有职校生的均衡发展和同步发展。职业教育不应当追求平均用力，也根本不可能面面俱到，而要以"特"为基本抓手，就是抓好富有特色的教育工作，注重培养职校生特长，积极引导特殊群体职校生，凸现特定主题的教育重点等，不断优化职业教育的内容。

1. 突出创新与实践教育

以培养职校生创新意识和实践能力为重点，推进专业教学计划和课程建设改革，推动素质教育水平的提升，重构职校生实践教育体系和创新教育体系，引导职校生完善流畅性、变通性、独特性和前瞻性等现代创新思维品质，引导职校生掌握人际交往技能、语言交流技能和实践操作技能，具备现代人生存和发展的基本技能，促进职校生的社会文化素质全面发展。

2. 优化健康与习惯教育

围绕促进职校生道德与心理人格的现代化，身心素质自主和谐发展，职校教师要引导职校生自觉增强体育锻炼和心理健康意识，学会强健体魄和心理自助，全面提升职校生活的质量，使得维护身心健康成为职校生最为自然的一种习惯，为职校生一生的可持续发展奠定坚实的健康基础。叶圣陶先生说，"教育就是培养习惯"。职业教育就是要致力于促进职校生养成高层次、自动化的习惯，养成积极的科学学习习惯、文明行为习惯和现代生活习惯。

3. 强化精神与价值教育

苏霍姆林斯基说："人是一种精神力量。"雅斯贝尔斯则说："教育过程首先是一个精神成长过程，然后才成为科学获知的一部分。"正是从这个意义上说，职校生发展的本质，是精神的、心理的发展。精神信仰能够

支撑并支持职校生的可持续发展，精神资源才是取之不尽、用之不竭的教育财富和发展源泉。在当今时代，要加强社会主义荣辱观教育，重视核心价值观教育，包括理想信念、责任诚信、生态和谐、民主平等、公平正义等价值观念，促进职校生向着"道德人"的目标发展。倡导并真正实施以价值观为核心的精神教育，既可补救现代职业教育的精神缺失，又可矫正部分职校生扭曲的人格特征，是引导当代职校生朝向高层次发展应然的价值追求。

4. 关注网络与文化教育

当今社会步入了网络时代，"无网而不胜"已经成为教育事实。教育游离于网络世界之外，教育就会被网络时代所抛弃。职校教育工作者要主动切入和进入网络世界，抢占网络社会职业教育的"主动权"，探究"网络新生代"职校生的基本心理特征，建设高水准的网络教育资源库，构建现代化的网络教育管理新范式。尤其要引导职校生正确认识现代文化与传统文化的关系，提高对网络文化信息的价值判断力，利用网络文化与技术发展完善自我，实现自我价值，消解网络文化对职校生个性与人格发展的负面影响，让职校生真正能够"赢"在网络时代。

（五）坚持职业教育主体化，构建教育力量的"立体"格局

理想的职业教育是主体化的现代大教育。职校生是一个多维存在的主体。职业学校要着眼于职校生主体发展性的培养，把握整体教育思潮的发展趋向，树立全员全过程全方位育人的意识，从显性到隐性，从精神到物质，从教学到环境，从管理到科研，实现多层次、全方位、大视角的教育力量整合，构建协调一致、立体化的育人新格局。

1. 协同教育"类主体"

当前，职校要把教学育人、科研育人、管理育人、服务育人和环境育人相结合，着力加强教师、学生工作管理人员、辅导员、班主任和职校生党员、干部等几支队伍建设。要发挥职校生家长的教育资源和力量，使得职校、家庭和社会真正形成育人的合力。同时，职校生是自我教育与发展的主体，学习和认识活动、实践活动的主体，要注重引导职校生自我教育、自我管理和自我服务。要注重校内外教育阵地建设，如校园文化场所

和环境建设、爱国主义教育基地、社会实践活动基地、网络文化阵地建设和专业实习实践基地建设，做到内外结合、虚实相应，形成网络化的职业教育资源整合。

2. 建设现代"班集体"

班集体既是教育的对象，也是教育的主体。班集体的教育力量是其他许多教育影响所无法替代的。职校教育工作者要通过制定积极可行的班级教育目标、营造特色浓郁的班级文化、开展实践体验性班级活动、实施人性化班级管理、推行发展性班级评价、形成协调一致的班级教育合力等，寻求新的职校班级教育新载体，建设有利于职校生个性发展和人格现代化的现代班集体。

3. 打造学习"共同体"

学习共同体是职校生基于共同的理想追求和奋斗目标，有着积极发展的共同语言而建立的群体。要鼓励职校生自主成立团结合作、健康有益的学习联盟或专业发展组织，比如职校生升学与自考协会，职校生英语与计算机学习俱乐部，职校生健身健美健心社团以及职校生宿舍自律组织，推动学习型、技能型、实践型和科技型职校生社团在职校的健康快速发展，给予充分的政策倾斜、精神鼓舞和物质扶持。

4. 引导交往"小群体"

无论是班级管理还是学校生活，职校生人际交往中的"小群体"普遍存在。教育引导好"小群体"或非正式群体，把握"小群体"的发展方向，对于职校生的成才发展至关重要。职校教师要善于疏导职校生人际交往过程中的问题、矛盾与障碍，及时化解冲突和隔阂，劝导职校生从狭隘封闭的人际交往圈中走出来，从世俗低俗的人情往来中走出来，从消极沉迷的网络世界里走出来，从"象牙塔"般的宿舍校园里走出来，积极投身现实生活实践，融入社会发展进步的主流。

（六）坚持职业教育人格化，追求教育过程的"艺术"智慧

理想的职业教育是人格化的"艺术"教育。教育是一项神圣而崇高的伟大事业，事业的意义在于献身；它是一门育人的科学，科学的价值在于求真；它是一种复杂的艺术，艺术的生命在于创新。现代职业教育是职校师生互动、教学相长、创新发展的艺术过程，是以心育心、以德育德、以个性影响个性、以精神塑造精神、以人格培养人格的艺术过程。

1. 职业教育是爱的艺术

爱是教育的生命线，贯穿与融合于教育的整个过程中。教育不能没有爱，没有爱就没有真正的教育。但只有爱也不是真正意义上的教育，对职校生的教育关爱必定区别于亲情之爱，教育过程中的师爱必然不同于家庭生活中的母爱父爱。苏霍姆林斯基说："热爱儿童是我们生活中最主要的东西。"他认为教育技巧的全部奥秘在于热爱儿童，他终生的座右铭就是"把整个心灵献给孩子们"。从积极情感与人格培养的视角，我们更要对职校生无条件积极关注，无微不至关心，无私奉献教育关爱，让职业教育教学管理过程的每一个环节和细节都洋溢着人性化的教育关怀。

2. 职业教育是心灵的沟通艺术

教育心智而不教育心灵就是没有进行教育（亚里士多德语）。教育首先是人学，不了解职校生心灵就谈不上科学教育。教育是心灵对心灵的理解与沟通，心灵对心灵的耕耘与创造。教育是"知心"和"贴心"的教育，是以心"换"心、以心"唤"心、以心"焕"心的工作艺术，更需要职校教育工作者学会做有心人，用"心"去做，而不只是简单地用力、用劲和用时间。职校教师要"将心比心"地去了解和理解职校生，使自己融入职校生活当中，浸入职校生的心灵之中，那么师生之间必然会架起一座沟通彼此的"心桥"。职校教师要善于走近职校生，真正走进职校生的心理世界，做职校生的"精神关怀者"和"重要他人"，才可能让职校生的心灵之门自主敞开，职校生心灵之旅和发展之路才能充满阳光。

3. 职业教育是"根雕"的复杂艺术

人是世界上最为复杂的动物，而培养与提升人的教育过程更为复杂。从这个意义上说，教育不是简单操作的"木雕"技术，而是相当复杂的"根雕"艺术。职校教师要善于从复杂性的视角来理性审视和反思教育教学过程，摒弃简单化的直线式思维，放弃"种瓜得瓜、种豆得豆"式的思考。职校教师应当用自己的人格、智慧和艺术去做好职校生的教育管理工作，而不是机械搬用教育的方法、技术、程式、原则和规章制度。顺应时代发展，尊重客观差异，鼓励多元发展，呵护个性优化，应当是职校教育工作者的必然选择。

4. 职业教育是专业化的创新艺术

教师专业化发展追求的不仅仅是教育方法与技术，更应注重教育教学思想、智慧与艺术。职校教师毕生学习和掌握育人的艺术，教育事业就会得到更为智慧的发展引导，获得更为强劲的精神支持。职校教师应该做有思想的"教育家"而不是"教书匠"，做能创新的研究者而不是"传道者"，做专家型的"导师"而不是"工程师"，做务实际的"多面手"而不是"单面人"。职校教师自身要有过得硬的教育教学艺术，自觉思考教育教学的艺术，善于运用教育机智，善于讲究教育艺术，善于存储教育智慧。教育艺术化是教育创新的最高境界，而教育艺术的创新追求是永无止境的。探索并实践职业教育生活化的艺术，锤炼高超的职业教育教学管理艺术，这是每一个职校教育工作者追求专业化发展智慧的永恒课题。

育人为本是现代职业教育应然的价值目标追求。我们唯有积极实践"以职校生和谐发展为本，以全面科学育人为根本"的理念，形成系统科学、先进成熟的积极职业教育新思想，"以点连线，以线结层，以层联面，以面合体，艺术贯通"，建构理想务实的教育变革新策略，不断探寻职业教育发展的新境界、新高度，才能真正把握高素质技术技能人才培养的主动权和发言权。可以相信，未来积极职业教育创新发展之路，必将更加自主和谐科学，必将富有鲜明的职教特色，必将充满无限生机与希望！

本章小结

心理资本是职校生幸福生活的前提，开发心理资本促进职校生成长成人成才，是加快发展现代职业教育的重要使命。当今职校生心理资本现状不容乐观，存在水平偏低、各维度发展不均衡等问题，主要原因是职校教育功利化、心理教育问题化、教育管理简单化。职业学校要实施积极职业教育，优化心理教育目标，丰富心理教育形式，拓展心理教育内容，注重职校生职业心理资本与教师心理资本的开发，引导职校生自主开发心理资本，为培养高素质劳动者和技术技能人才奠定坚实的心理基础。职校实施积极人格教育是复杂的系统工程，应树立育人为本的理念，围绕育人的"点""线""层""面"和"体"，创新变革基本策略：把握职业教育目标的"支点"抓手，促进职业教育实践的"在线"运作，推进职业教育对象的"分层"培养，引导职业教育内容的"全面"优化，构建职业教育力量的"立体"格局，追求职业教育过程的"艺术"智慧。

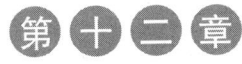

职校生心理优势与职校积极个性教育

随着00后进入职业学校，逐渐展现出自己特有的个性特征，人们又开始了对00后职校生的关注。伴随着00后的长大，一些主流媒体、报刊杂志或网站上，违法犯罪、懒惰懒散、装阔炫富、脑残、依赖、败家、非主流……职校生的负面评价接连而来。校园暴力、性过错、网络成瘾……00后职校生的健康危险行为令人忧心，引起了社会各界的强烈反响。成天捧在手心的00后，真的成为与职业学校教育背道而驰、不可救药的异类？真的已经成为可能贻害社会、一无是处的洪水猛兽？答案显然是否定的。00后职校生的心理发展有着怎样的独特之处？如何科学认识00后职校生的时代特征？职校教师怎样才能促进和引导他们心理自主和谐发展，让他们健康阳光成长？如何进行正确的引导和教育，保护00后职校生避免消极情绪、不良习惯和危险行为带来的身心伤害？我们需要树立积极的认知观和积极的学生观，采取有利于引导职校生个性发展的积极职业教育策略。

一、现代职教视域中的职校生心理发展优势

目前对待00后职校生，舆论评价大多以批评指责为主，诸如毫无责任心，妄自尊大，个性张狂，审美变态和行为怪异等。对于00后职校生的认识，职校许多教师存在着一些偏见，看到他们个性比较张扬便扣上"张狂

派"的帽子，发现他们体质较弱、吃苦精神差就视他们为"懦弱群体"，见到他们花钱大手大脚便把他们归纳为"啃老族"，觉得思想方式不成熟就觉得是"精神侏儒"。事实上，他们有困惑迷惘，但并不是"迷惘的一代"；他们表象上有点玩世不恭，甚至不思进取，但绝不是"垮掉的一代"；他们的言行自然真实，虽然问题不少但优点优势更多。主流的00后职校生可以说是进步的一代，他们的身上有很多看得到和看不到的闪光点。和他们的父辈70后，乃至80后、90后职校生相比，00后职校生有着无与伦比的发展优势，这些显性或潜在的优势也正是当今或未来中国社会所需要的。00后职校生心理发展的优势具体体现在哪些方面？

00后职校生是乐于学习的一代。在快速发展的信息时代，00后职校生在新技术的应用程度上、对新生事物的敏锐性等方面，比成年人有更积极的学习态度。思维活跃、接受新事物快，可塑性和领会意识都较强，从他们的言行中可以感受到他们中的不少人是怀揣着美好的梦想来到职业学校的。

00后职校生是更为务实的一代。00后职校生没有了80后的"黎明前的黑暗"，少了90后的"我到底爱谁"的惶惑，他们有明确的生活目标且重视实际。调查比较，发现00后一代的青少年，其价值观念明显要比90后青少年更为务实，注重物质生活的质量，同时他们的生活方式也有自己的明显特征。相对来说，00后职校生在确立目标的时候更注重与现实联系，不会好高骛远。他们知道自己活着是为了什么：为了精彩的人生，为了自我实现，为了将来的幸福生活。和80后、90后职校生比起来，00后职校生自我意识更为强烈，更关心个人的需求，观念将更趋向人性化。

00后职校生是追求平等的一代。因为60后具有强烈责任意识却生活乏味，70后具有追求财富的坚定信念却又过于拜金，80后具有现实主义生活观却又胸无大志，这三代人都具有明显的时代特色，00后毫无疑问进行了综合，目前正日益彰显出自己的个性。很少像前几代人那样畏畏缩缩、羞羞答答，大多能放得开敢于展现自己，有强烈的表现欲望等。任别人如何褒贬，就是喜欢"乞丐装"，喜欢"火星文"（也称"脑残体"），喜欢QQ宠物，喜欢"宠物森林"。前几代人喊了几十年的"走自己的路，让别人说去吧"的境界,可能在00后职校生才能真正实现。00后职校生追求平等。一位教育专家曾问过一些00后学生的父母,你认为一个人最重要的品质是什么?父母回答:责任。这就是父辈们的价值观。而00后职校学生的回答很明显,第一位:平等。他们首先看你是不是尊重我,是不是平等对待每一个人。

00后职校生是思想独立的一代。00后职校生不再迷信权威,更敢于向世俗挑战,不再为人情和虚幻责任所累,思想将更崇尚独立,对传统规则的无视且具有独特的世界观。比起前几代来,00后更具有环保意识和"全球一体化"观念。从表面上看,他们窝在家里"宅"着,似乎不知白天黑夜,但在互联网上成长起来的这一代人早已学会了用指尖去观察世界。他们的认知方式和思维方式,早已超出了"主流人群"的设想。

00后职校生是自信张扬的一代。从小得到长辈的过多关爱,00后最不缺乏的就是自信。他们以为自己就是天下第一,或者将来能够成为天下第一。和80后狂热的"追星"现象相比,00后更愿意相信自己就是星,或者可能成为星。表现出来就是热衷于把自己打扮成"星",衣服总是东缺口,西挂袋,发型总是花样翻新。他们并不像80后当年那样狂热地穿名牌,但他们一定讲究与众不同。无论如何,这种从容的自信、这种张扬的个性、这种潜伏着创造的标新立异,对打破几千年来以中庸为标志的"儒统",形成有生命力、创造力的中华民族文化来说都是十分可贵的。

我们不应该对00后职校生的心理优势视而不见,不要给00后职校生乱贴消极"标签",而要调整认知视角,充分了解他们心理发展的优势,全面掌握他们身心发展的时代特点,更要学会以欣赏的眼光去认识和接纳他们,重视发挥人文关怀和心理疏导的作用,因人施教,积极引导00后职校生健康成长。

二、职业倾向测试:职校生职业生涯发展的"助推器"

职业倾向作为影响职业选择的重要因素,在职校学生的择业过程中起着重要作用。选择专业与职业是一个很重要的决策过程,这看似简单的一个决定往往影响到职校生今后的人生发展轨迹。作为一项新兴、科学、实用的辅助手段，职业倾向测试可以帮助职校生自觉理性地认识自我，满足自我了解的渴望，选择自己更喜欢的或者更适合自己的职业，引导职校生找寻到相对满意的工作岗位，为实现人生出彩提供机会，为获得职场幸福感助力。

（一）指导职校生正确认识职业倾向测试

职业不分好坏，适合自己的才是最重要的。个人在选择就业或做出择业决定时，一般会在职业兴趣和适合的工作领域等方面表现出一定的倾向性。职业倾向能够决定职业生涯发展的方向和路径，然而，大多数职校生并不了解或者不是真正清楚自己最感兴趣和最适合的工作领域。同时，在现代社会中，职校生往往很难在数以千计的职业中，来确定哪种职业最适合自己。因此，一个比较可行的方法，是首先将众多庞杂的职业归为数量有限、划分合理的职业群，然后从这几个职业群中去发现职校生最感兴趣的职业群，并从中寻找比较适合的职业领域。

职业倾向测试是现代职业心理学研究人的心理与行为的一种常用手段，它是根据人们在社会生活中所表现出来的心理过程和个性特征，通过问卷、量表等鉴别工具，来测量个体或群体的职业心理类型。通过科学严密的测试过程和客观的评分标准，对人的兴趣爱好、能力结构、性格特征、潜能优势等职业素质进行综合测评，从而为单位招聘、选拔和培养各类人才提供参考依据，同时也为个人的生涯发展规划提供咨询与指导。也就是说，职业倾向测试能够实现合理的"人—职"匹配，即帮助接受测试者更加精确地分析自己的个性特征和职业特点之间的匹配关系，清晰认识最适合自己的工作环境，同时为测试者选择专业和职业，提供客观的参考依据和积极的发展建议。

一般而言，职校生在选择专业、职业或择业决策时主要受到三个心理因素的影响：兴趣（愿意做什么——兴趣倾向）、能力（能够做什么——能力倾向）和人格（适合做什么——人格倾向）。通过对职业倾向测试结果的综合分析和专业解释，可以帮助职校生发现和确定自己的职业兴趣和能力特长，使接受测试者对与自身性格匹配的职业类别、岗位特点有更为明晰清楚的认识，从而在选择专业、就业创业、择业进修或职业转向时，做出适合自己的理性判断和最佳选择。对职校生而言，能够将个人兴趣、能力与人格有机结合的职业是最令人向往、满意度较高的职业。

职业倾向测试研究的是人的不同性格特征与不同职业相匹配的对应关系，结合一个人的个性、知识、技能等因素，寻找到符合个人潜在个性以及能力得以充分发挥、与个性特质最适合、与职业或岗位最匹配、最容易获得更高层次成功的职业方向❶。个人兴趣与能力的测试、分类是职业倾向测试中最为关注的两个方面，是职业生涯规划辅导与咨询中的必要参考要素。职业倾向测试将帮助测试者发现和确定自己的职业兴趣和能力特长，从而更好地做出求职择业的决策。如果测试者已经考虑好或选择好了自己的职业，职业倾向测试将使这种考虑或选择具有理论基础，或向测试者展示其他合适的职业；如果测试者至今尚未确定职业方向，职业倾向测试将帮助测试者根据自己的情况选择一个恰当的职业目标。职业兴趣测试和职业能力测试的充分结合，在职业指导与咨询的实际操作中能够发挥积极的促进作用。

现代人力资源管理的基本原则是将合适的人放在合适的岗位上。人与职位的积极匹配应该包括两个方面的内容：一是人的知识、能力、技能与岗位要求相匹配；二是人的性格、兴趣与岗位需求相适应。当然，不同职业的社会责任、满意度、工作特点、伦理规范和考评机制各不相同。同时，这种差异决定着不同职业对于员工的职业兴趣有着特殊的要求。因此，现代企业在招录新员工时，就有必要对意向在本企业工作的人员进行职业兴趣的测评，了解求职者的职业兴趣和人格类型。通过职业倾向测试，企业可以获知它所能提供的职业环境是否与申请者的职业兴趣类型相匹配。换句话说，企业可以考察了解到申请者是否适合在本企业的职业环境中工作。通过职业倾向测试，企业不仅可以招聘到适合本企业的人才，还可以增强针对性、减少盲目性，给予新员工最适合的工作环境，以期最充分地发挥每一个员工的聪明才智，为每一个员工提供人生出彩的机会。

---

❶ 杜树靖. 高职院校学生职业性向测试调查分析［J］. 烟台职业学院学报，2014（3）：43－46.

职业倾向测试与分析是影响职校学生职业生涯规划的重要因素。在职校生升学、专业选择和职业指导中应用职业倾向测试，其目的是了解学生的个性心理，发现学生在专业学习和职业实践中的优势与不足，以便有针对性地实施积极教育引导，使得学生在将来的择业过程中，更好地做到人职匹配、爱业乐业。职业倾向测试对于培养职校学生良好的兴趣爱好，挖掘其职业潜能，完善其职业人格，更全面地认识、超越自我，无疑具有积极的促进作用。对职校学生来说，入学和毕业面临着人生中比较重要的专业选择和分流，就要学会正确认识升学与择业，在广泛了解职业学校专业人才培养信息的基础上，借助职业倾向测试，兼听老师、家长和职业指导专业人员的意见，做出适合自己的理性判断与理智选择。

（二）辅导职校生积极参加职业倾向测试

就职业选择来说，兴趣是个体和职业匹配过程中最重要的因素。兴趣是人们活动的重要动力之一，是职业行动成功的重要条件。俗话说，三百六十行，行行出状元。无论什么职业，只要是自己喜爱的，只要能够倾心付出，总会有所作为、大有作为的。因为，"兴趣是最好的老师"。当职校生个人对某事物有兴趣时，会对它产生特别的注意力，对该事物感知敏锐、记忆牢固、思维活跃、情感深厚、意志坚强。职校学生兴趣的发展一般经历有趣、乐趣和志趣三个阶段。对于职业活动，往往从有趣的选择，逐渐产生工作乐趣，进而与奋斗目标和工作志向相结合，发展成为志趣，表现出方向性和意志性的特点，使人坚定不移地追求卓越的职业成就，并为之用心用力、尽心尽力。

职业兴趣对职校生职业选择、职业发展都有一定的影响。职业兴趣是指人们对某种职业活动具有的比较稳定而持久的心理倾向。它是一个人探究某种职业或从事某种职业活动所表现出来的特殊个性倾向，使个人对某种职业给予优先的注意，并具有向往的情感。职业兴趣作为一种特殊的心理特点，由职业的多样性和复杂性反映出来。职业兴趣的个体差异是相当大的，也是十分明显的。有的职校生喜欢具体工作，例如，室内装饰、园林和机械维修等；有的职校生喜欢抽象和创造性的工作，例如，经济分析、新产品开发和研究等。但职业兴趣类型并无好坏之分，每种类型都有积极和消极的两方面，这就要求从业者在选择职业过程中要尽可能选择适合自己职业兴趣特点的专业或工作，同时也必须明确，职业兴趣并不是天生的，可以通过后天的职业教育训练与实践逐步培养。

著名职业指导专家约翰·霍兰德（John Holland）是美国约翰·霍普金斯大学的心理学教授，他于 1959 年提出了广为人知的职业兴趣六边形理论，是最具影响力的职业发展理论和职业分类体系。霍兰德的职业选择模型理论，实质在于劳动者与职业的相互适应。霍兰德认为，同一类型的劳动者与职业互相结合，便是达到适应状态，结果是，劳动者找到适宜的职业岗位，其才能与积极性会得以很好发挥。霍兰德认为，人的人格类型、兴趣与职业密切相关，兴趣是人们活动的巨大动力，凡是具有职业兴趣的职业，都可以提高人们的积极主动性，促使人们自主愉快地从事该职业。兴趣与职业的匹配是形成职业满意度、职场成就感的基础，且职业兴趣与人格之间存在很高的相关性。其职业理论的核心假设是人格可以分为六大类，即现实型、研究型、艺术型、社会型、企业型和常规型，职业也可以分成相应的同样名称的六大类❶。

1. 现实型（Realistic，简称 R 型）

喜欢动手及操作类的工作，愿意使用工具或机械从事操作性质的工作，实践动手能力强。通常喜欢独立做事，手脚灵活，动作协调。偏好于具体任务，偏重物质、追求实际效果，不善言辞，做事保守，较为谦虚，个性平和稳重。一般不具有出众的社会交际能力。喜欢亲自体验或实践理论和方法甚于与其他人讨论，喜欢从事户外工作。

2. 研究型（Investigative，简称 I 型）

喜欢智力活动，偏重分析与内省，自主独立、好奇心强烈、行事慎重。思想家而非实干家，抽象思维能力强，求知欲强，肯动脑，善思考，不喜欢动手操作。喜欢独立的和富有创造性的工作。知识渊博，有学识才能。考虑问题理性，做事喜欢精确。喜欢理论研究，潜心于专业领域的创新和应用；喜欢探索未知领域，擅长使用逻辑分析和推理解决难题。不喜

---

❶ 崔景贵. 学校心理辅导新论［M］. 南京：南京大学出版社，2014：248－251.

欢官僚式的管理行为过多地影响研究工作，不善于领导他人。

3. 艺术型（Artistic，简称 A 型）

热爱艺术，富于想象力，具有一定的艺术才能和创造力，乐于创造新颖独特、与众不同的成果，渴望表现自己的个性，实现自身的价值。独创的思维方式、直觉强烈、感情丰富。做事理想化，追求完美，不重实际。善于表达、怀旧，心态较为复杂。擅长用艺术形式来表现自己和表现社会。进行艺术创作或创新时，不喜欢受到约束和限制。

4. 社会型（Social，简称 S 型）

通常他们有强烈的社会责任感，关心社会问题，渴望发挥自己的社会作用。关心自己的工作能对他人对社会做出多大的贡献，比较看重社会义务和社会道德。重视友谊与合作，洞察力强，热情善良，乐于助人，有耐心。喜欢与人交往，不断寻求结交新的朋友，建立广泛的人际关系，善于处理人际关系。喜欢言谈交流，喜欢从事对他人进行传授、培训、帮助等方面的服务工作，愿意发挥自己的感染力和说服力教导引导别人。

5. 企业型（Enterprising，简称 E 型）

为人乐观、喜欢冒险、行事主动，对自己充满自信、精力旺盛，好发表意见和见解。追求社会声望、权力权威、经济成就和物质财富。喜欢竞争、敢于挑战、有胆略、有抱负。为人务实，习惯以利益得失，或权利、地位、金钱等来衡量做事的价值，做事有较强的目的性。对其所能支配的各种资源能够进行有效的计划、组织、领导和控制。喜欢影响别人，沟通能力出色，擅长说服他人，具有领导才能。

6. 常规型（Conventional，简称 C 型）

追求秩序感、自我抑制、服从顺从，防卫心理强。喜欢关注实际和细节情况，通常较为谨慎和保守，缺乏创造性，富有自我牺牲精神。尊重权威和规章制度，喜欢有秩序的、安稳的生活，不喜欢冒险和竞争。惯于按照计划和指导做事，按部就班，细心有条理。不习惯自己对事情作判断和决策，较少发挥想象力。习惯接受他人的指挥和领导，自己不谋求领导职务。

霍兰德职业倾向测试由两个部分组成：评价手册和职业分类表。其基本思想是先测定学生的兴趣特性，然后对应职业分类表，查找出相对应的职业。要求测试者根据对每一题目的第一印象作答，不必仔细推敲，答案没有好坏、对错之分。该测试可以表明，一个人最感兴趣的并最可能从中得到满足的工作是什么，测试者在某种职业类型中的总分越高，表明越适合从事该职业环境的相关工作，得分最高的项就是最适合测试者的职业类型；反之，在某个类型的得分越低，表明接受测试者越不适合从事该类型的职业。因此，在择业时应尽量避免选择得分最低的职业类型，因为该类型的工作与个人的自我兴趣相差很远，可能会不利于在工作中获得快乐和满足感并做出相应的成绩；如果测试者有两种（或以上）的职业类型的得分相同，表明那两种（或以上）职业类型都比较符合接受测试者。

（三）引导职校生科学对待职业倾向测试

霍兰德职业兴趣理论及其测试，为理解和识别职校生的职业兴趣提供了一项非常实用的心理量表与技术，让测试者能够从自身实际出发，同时也与社会文化及职业环境联系起来综合考虑自己的职业发展。加强职业倾向测试工作的科学化、规范化和法制化建设，既要纠正夸大职业倾向测试功效的"万能论"，又要防止将职业倾向测试打入"伪科学"的"无用论"倾向❶。需要说明的是，职业倾向测试只是帮助测试者了解自己、认识自己的一个辅助手段，而不能作为指导学生选择专业或职业的唯一依据。在对待职业倾向测试结果的解释上，我们要着力引导职校生科学把握专业标准，以免产生误解、走入误区。

1. 辩证认识兴趣与职业的关系

一方面很少有职校生的兴趣仅限于某一类型，大多是六种类型的综合；另一方面，任何活动或职业也很少属于单一类型的，不同类型的人干同一样工作能形成不同的特色。所以，兴趣与职业类型的结合，只是一种偏好或倾向，而非一种限制或标签。如现实型的人只是从事现实型的工作会更顺畅，但并不表示他只能从事现实型工作，也不能排斥工作中与他人

---

❶ 袁良栋，咸桂彩.职业性向测试在职业选择、甄选及安置中的效用研究［J］.职教论坛，2012（36）：76－79.

交往与合作。只是与他人交往相比，他（她）更喜欢和机器物件打交道而已。

2. 通过多种途径综合评估职业兴趣

由于职业倾向测试是依赖人为开发的软件系统，因而不可能做到完全准确、客观真实。测评学生职业兴趣的途径和方法除问卷测试外，还可以通过活动观察、他人评价、活动结果考量和自我评价等方法综合评估。所以，对于职业倾向测试结果要联系实际反复思考，尤其是当测试结果与职校生个人实际情况不相符时，更要通盘考虑分析，做出专业合理解释，不可盲目轻信或完全否定职业心理测试。

3. 测试的目标是促进学生职业兴趣的发展

职业倾向测试结果只能为测试者的潜能发展提供参考依据，而不能神秘化、绝对化。尤其要防止学生、家长和教师片面理解或误解职业倾向测试结果而产生副作用。职业倾向测试可以验证、挖掘职校生的职业兴趣，拓展兴趣范围，而不是用来贴标签、下定论，束缚阻止职校生的职业选择与生涯发展。职业兴趣一般会随着积极投入和持续努力的程度而发展。

职业学校要坚持以职业兴趣等心理科学理论为指导，充分了解职校学生的职业心理发展现状，把握学生的职业心理倾向，有的放矢地进行专业建设和课程开发设计，促进职业教育教学改革创新。职校教育阶段是职校生的职业兴趣从幻想走向真实，从有趣、乐趣走向志趣的关键时期。激发和培养职业兴趣，是促进职校生职业生涯发展的最佳切入点之一。教育部颁发的《中小学心理健康教育指导纲要（2012 年修订）》指出，在职业心理辅导方面，就是帮助学生"在充分了解自己的兴趣、能力、性格、特长和社会需要的基础上，确立自己的职业志向，培养职业道德意识，进行升学、择业和就业的选择和准备，培养职业规划意识、担当意识和社会责任感"❶。职业学校对职校生开展职业心理辅导，就是要普及职业心理知识的教育，唤醒学生的职业成长意识和职业敏感性，激励职业自我探索，树立职业理想，培养职业兴趣，学会初步的职业生涯发展规划。职业学校教师

---

❶ 教育部. 中小学心理健康教育指导纲要（2012 年修订）［Z］. 教基 2012 年 15 号文件.

要指导学生建立专业学习的自信心，鼓励学生扬长避短、扬优弃劣、扬帆起航，充分发挥自身潜能优势，做好积极职业心理准备，为将来理性选择职业、成功就业创业奠定坚实基础。

三、引导职校生心理优势发展的积极职业教育策略

00后学生这一特殊青年群体走进职业学校，挑战着当今职校教育管理理念与模式，也对职校教师专业化发展提出了新要求。面对职校生的心理发展现状，许多职校教师发出共同的感叹：今天，我们究竟该怎样做才能成为00后学生衷心爱戴的教师？怎样的职业学校教育才能让00后职校生的心理世界充满阳光？其实，职校教育教学没有固定不变的终极标准答案可寻，一切探索创新都是需要教师"用心"实践、坚持积累的。建构科学的职业教育理念，走积极职业教育之路，为职校生心理优势健康发展导航，是职校教师实现专业化发展应当把握的基本策略。

第一，坚持平等相待，积极思维，做人格和谐的"麻辣"型教师。00后职校生倡导平等，无视等级观念。他们尊重或尊敬一位老师，那是出于喜欢、喜爱这位老师，接受或者悦纳这位老师，而不是惧怕或者敬畏这位老师。作为教育管理者的职校教师，要引领00后职校生发展，必须有积极的00后思维，善于换位思考，将心比心。00后思维的核心词不是居高临下，不是盛气凌人，不是强制执行，不是绝对服从，而是平等互敬，是尊重理解，是肯定信任，是激励鞭策。即便对待犯了严重错误的00后职校生，如果职校教师开始就劈头盖脸地予以呵斥指责，粗暴体罚甚至拳脚相加，也只会让学生更加叛逆、对抗甚至敌对。有调查显示，00后职校生最喜爱的是善解人意、富有个性、幽默风趣、和蔼可亲、知识丰富、多才多艺、兴趣广泛、穿着优雅、装扮时尚、热爱生活、懂得网语、QQ感动学生的"麻辣"型教师。所谓"麻辣"型的个性，不就是已经具备了积极的00后思维特征、人格和谐健全的优秀教师吗？努力做学生的好伙伴应成为职校教师的自觉追求。职校教师只有与职校生平等相处，像善待自己一样善待学生，像信任朋友一样信任学生，才能被学生看作"自己人"，才能建立对话交流式、和谐融洽式的积极型职校师生关系。

第二，坚持理解宽容，积极悦纳，做精神成熟的阳光型教师。面对00后职校生这个特殊的青年群体，职校教师不仅要充分而全面的认识他们，更要以宽容和认同的心态接纳他们，始终相信他们会在历练中不断成熟、成长和成才。职校教师要善于倾听00后职校生的心声，引导职校生正确认识自我，开发心理潜能，化解心理问题，以宽广的心胸、乐观的心境和积极的心态正确对待生活、学习和人生。要承认和肯定00后职校生身上的积极面和闪光点，也要允许职校生一直有缺点、时常犯错误。对于学生所犯的错误和出现的叛逆，必须承认这是他们成长过程中出现的失误，是可以理解和原谅的。职校教师要重视把握当前00后职校生的心理状态，理解他们的心理冲突、心理创伤和心理障碍，尊重他们的心理变化、心理感受和心理需要，特别是针对心理发展过程中的突出问题，给予充分的人文关怀和心理疏导。职校教师要自觉维护自身心理健康，完善现代化人格特征，积极运用心理教育的方法和技术，善于扮演"导师""导演"和"导游"的专业角色，成为职校生积极发展的"重要他人""心理保健者"和"精神关怀者"，以自身积极的阳光人格和精神品格促进00后职校生的自主和谐发展。

第三，坚持育人至上，积极引导，做因材施教的"双师型"教师。加强和改进职校教育管理必须坚持以人为本、育人至上，贴近职业教育教学实际、贴近职校生活、贴近00后职校生。职校教学与管理方式应当符合00后学生的个性特点和情感需求，坚持道德教育与心理教育有机结合，建立健全班级心理危机干预机制。更重要的是，职校教育管理应该加强和优化心理素质教育，寻找、挖掘并全面研究00后职校生的各种积极品质，并在实践中对这些品质进行扩展、引导和培育。一言以蔽之，就是要大力实施积极职业教育！职校教师应该看到00后学生身上蕴藏着的心理潜能，尊重不同代际之间客观存在的发展差异，在包容多元化成才目标的基础上加强引导，高举多元智能理论和行动导向教学范式的职教旗帜，加强因材施教与因势利导的教育力度，使得00后职校生能够各具优势，各有所长，各展其能，各得其所。职校教师要坚持走"复合型""双师型"专业化发展之路，成为专业教学与学生管理的"双能型"行家里手，努力实现职教培养目标的根本转变，即由片面强调步调一致、整齐划一转向理解尊重个性、宽容包容个性、促进个性发展转化，培养有鲜明健康个性、有专业发展特长和有就业竞争优势的 00 后职校生。

第四，坚持教学相长，积极反思，做富有智慧的专家型教师。教学相长是古老而科学的教育原则。面对 00 后职校生，职校教师应该保持的积极心态是"相互学习，共同成长"。促进职校生健康成长，职校教师需要付出更多的爱心、诚心、信心和恒心，需要更充足的教育艺术和教育智慧。职校教师要经常自我反思，强化校本意识，注重行动研究，学习网络文化知识与教育技术，由网络世界的"门外汉"向熟悉网络语言、精通网络技术、网上疏导与网下引导相结合转化。在教育管理策略上，由我说你听的单向灌输向双向交流和多向沟通积极转化，坚持依据法理，讲清道理，注重情理，疏导清理，引导自理，做到"给一个理想目标，希望他们自觉达到；给一个成才模式，希望他们自主奔跑；给一个发展平台，希望他们自立创造"。同时，要积极建构一体化的家校教育合力，科学指导学生家长与其多一分溺爱，不如多一分教育；与其多一分苛责，不如多一分鼓励。职校教师要积极把握 00 后职校生心理发展的新特点和新走向，分清主流与非主流，本质与非本质，既关心爱护又不护短，既支持鼓励又不盲目吹捧，既信任放心又不放任自流，既理解宽容又不姑息迁就，有针对性、有特色地做好引导、培养 00 后职校生的职业教育管理工作。

总之，职校教师要以积极心理学和人本主义心理学思想为指导，树立科学的 00 后职校生心理发展观，全面推进和大力实施积极职业教育，自主探索职业教育管理的有效方式和创新策略，为 00 后职校生心理健康自主和谐发展引领航程，加油鼓劲，指点迷津，以实现自身专业化的积极追求，与 00 后职校生携手共同成长、和谐发展。

本章小结

职校教师要充分了解 00 后职校生心理发展具有的优势，学会以欣赏的眼光认识和接纳他们，树立积极的认知观和积极的学生观。职业倾向测试是职校生职业生涯发展的"助推器"。职业兴趣测试和职业能力测试的充分结合，在职业指导与咨询中能够发挥积极的促进作用。职校教育管理服务要积极指导职校生正确认识、自主参加并科学对待职业倾向测试，引导职校生辩证认识兴趣与职业的关系，通过多种途径综合评估职业兴趣，促进职业兴趣的和谐发展。职校教师要采取有利于引导职校生个性发展的积极职业教育策略，坚持平等相待，积极思维，做人格和谐的"麻辣"型教师；坚持理解宽容，积极悦纳，做精神成熟的阳光型教师；坚持育人至上，积极引导，做因材施教的"双师"型教师；坚持教学相长，积极反思，做富有智慧的专家型教师。

职校生青春期心理与积极职业教育管理

职校生作为一个特殊青年群体已经诞生，挑战着职业学校的办学理念、教育模式、管理制度和实践策略。对于职校生来说，青春期的到来是他们生命成长中最好的礼物，却潜伏着最多的困惑与障碍，也引发了人们对当代职校生发展状况的忧虑和关注。职校生过早过度地仿真恋爱，边缘性行为、性过错行为比例大幅度上升，一部分在读职校女生未婚怀孕，或成为"少女妈妈"的故事屡见不鲜，网络爆料职业学校男生调戏女教师、辱骂老教师或男生集体猥亵女生，个别职业学校发生的"脱裤门""摸乳门""吃奶门""堕胎门""厕所门""裸奔门"等不良事件，也让许多职校教师感到束手无策，社会各界更是惊诧不已。如何科学认识和理解职校生的青春期心理特征，更加积极自主地实施青春期教育，更有针对性地做好教育管理工作，是职业学校素质教育研究一个现实而紧迫的重要课题。

一、职校生青春期心理的表征与特征

青春期（十一二岁至十七八岁）又称"生长发育期"❶，是人生历程中变化最大、最为关键、最显重要、最具活力的特殊时期。这一时期，以

---

❶ 《心理学大词典》认为，青春期"一般为 10～20 岁，分为前后两期。10～14、15 岁为发育迅猛的青春前期，14、15～20 岁为发育逐渐缓慢的青春后期。"

生理变化为基础，职校生的情绪情感、自我意识、价值观念、个性特征和行为方式都发生着重大改变，表现出青春期所特有的心理发展特征。

（一）职校生青春期的心理表征

1. 青春期是心理性征的觉醒期

青春期是指青少年生理发育和心理发展急剧变化的时期，是性器官发育成熟、出现第二性征的年龄阶段。相比 70 后、80 后、90 后职校生，00 后职校生的性成熟年龄已经普遍提前。❶ 而跨入青春期，生理上的巨大变化导致自我意识的变化，性意识觉醒促使 00 后职校生开始关心自己性征的发育成长，同时也增强了对异性的好奇心和神秘感。性意识的萌动就像春天一样不可阻挡，不少 00 后职校生也因之苏醒与觉醒，因之困惑与迷惑，因之激动与冲动。各种性信息的刺激和泛滥的"黄色"诱惑，都可能触发 00 后职校生在性问题上的试探欲望，甚至误入歧途。

2. 青春期是心理成长的动荡期

处于青春期的职校生热情奔放，两极性表现突出，情绪多变，常喜怒无常，易感情用事。他们可能因为一点称心愉快的事情而得意忘形，也可能因为些许委屈而懊丧不已。他们既会为一时的成功而激动欢呼，也会为小小的失意而抑郁消沉。00 后职校生遇事容易冲动，缺乏理智和自我控制能力，加之知识与经验不足，判断事物往往感情色彩太浓，分不清主次，思想认识偏见，情绪情感偏激，行为方式偏执，常常因一些无足轻重的琐碎小事不顺心，经常出现莫名的烦恼、焦虑。有人说，处于青春期的青少年既不是一切显露无遗、明明白白的"白箱"，也不是一切不可知、看不见内部结构的"黑箱"，而是一个以模糊不定、动荡多变为主要特征的"灰箱"❷。

3. 青春期是心理自主的探索期

随着年龄的增长，社会接触面逐渐扩大，00 后职校生自我意识增强，开始自行其是，具有摆脱成年人约束、寻求独立的强烈倾向。当人们还在

---

❶ 据有关专家调查，我国青少年目前性成熟年龄普遍比 20 世纪 70 年代提前 4~5 岁。女孩在小学高年级来月经者比比皆是，初一男生出现遗精的现象也不少见。

❷ 郑和钧，邓京华. 高中生心理学［M］. 杭州：浙江教育出版社，1999：22.

言说00后是孩子的时候，职校生已经学会了用自己的方式让成人感到惊奇、惊喜或惊讶。他们不再像孩提时代那样完全依赖顺从父母，不再被动地听从父母的教诲和安排，不再心甘情愿地接受父母和教师的管束，不愿意别人把自己看作是小孩子。他们要求长者平等相待，需要别人的尊重，希望别人能客观地对待和接纳自己，希望父母和老师充分理解、尊重他们的人格。他们渴望用自己的眼睛看世界，用自己的标准衡量是非好坏曲直。他们越明确地认识到心理自我的存在，自我表现意识和自主反抗意识就越强烈。这一过程是00后职校生独立自主长大成人的开始，对他们来说是比较漫长而痛苦的。

4. 青春期是心理断乳的关键期

青春期正处在心理上脱离父母的时期，即心理上的断乳期。如果说生理上的断乳是个体被动地离开父母，那么心理上的断乳则是个体主动地离开父母。不论是在个人生活的安排上，还是在对人生与社会的看法上，00后职校生开始有了自己的见解和认识。虽然他们生活上依赖着大人，但内心却要求独立，变得喜欢自作主张，希望别人把他（她）当成大人看待，成人感、自尊心和独立意识明显增强，热衷于显示自己的力量和才能。他们已不满足于父母、老师的讲解，或书本上的现成结论，对成年人的意见不轻信、不盲从，要求有事实的证明和逻辑的说服力，对许多事物都敢于发表个人意见，并为坚持自己的观点而争论不休、兴奋不已。处在青春期的00后职校生变得不那么听话乖巧，开始独立思考，开始筛选大人所说的话，但由于涉世不深，这种思维的筛选过程难免失之偏颇。

5. 青春期是心理成熟的过渡期

从广义上说，青春期是个体在生物性和社会性的发展上由不成熟走向成熟，从幼稚的儿童期向成熟的青年期过渡的时期。这一时期，00后职校生存在半成熟、半幼稚的心理特征，如既勇敢又怯懦，既自信又自卑，既否定童年又眷恋童年。此时，他们长得像个大人但还没有成为大人，既非大人又非儿童，原来的孩童世界已被打破，而新的成人世界又尚未建立。这就是说，职校生还处于孩子与成人之间的过渡期，虽已开始摆脱童年的幼稚与天真，但还不具备成年人的成熟与老练，心理发展好像成熟又很幼稚,心理世界既简单又复杂。在这一时期,他们生理发展迅速走向成熟,心理的发展却相对落后于生理的发展,在理智、情感、道德和社交等方面还未达到成熟的标准。由于身心方面的成长不一定能平衡发展,00后职校生会产生不稳定、不平衡的心理现象,在"幼稚"与"成熟"的尺度上会有大幅度的摇摆。

6. 青春期是心理矛盾的交织期

进入青春期,职校生已经告别了"少年不知愁滋味"的孩童时代,进入了"多事之秋"。在青春期,生理发育迅速成熟,而心理发育则相对迟缓,从而造成人的心理成熟水平、社会阅历积累与急剧的生理成熟不相适应,出现了心理年龄与生理年龄相脱离的现象。这往往会造成身心发展的种种矛盾,如独立性与依赖性的矛盾,成人感与幼稚感的矛盾,开放性与封闭性的矛盾,人生理想与现实生活的矛盾,理智自制与情感冲突的矛盾,极度自信与特别自卑的矛盾,渴望他人理解又心理闭锁的矛盾,择业目标与专业学习的矛盾。诸多心理矛盾同时交织在一起,因而,职校生常常产生"我长大了但又不成熟"的自我评价,自相矛盾的心理状态使得他们陷入焦虑不安和压抑沮丧的情绪状态。总体而言,职校生心理世界还是比较脆弱的,适应能力和耐挫能力亟待提高。

7. 青春期是心理障碍的多发期

职校生正处在身心发展的转折时期,"随着学习生活由普通教育向职业教育转变,发展方向由升学为主向就业为主转变以及将直接面对社会和职业的选择,面临职业竞争日趋激烈和就业压力日益加大的环境变化,他们在自我意识、人际交往、求职择业以及成长、学习和生活等方面难免产生各种各样的心理困惑或问题"[1]。他们容易产生心理不平衡和身心功能障碍,主要表现在对自己身体机能的异常关注以及某些疾患的过分夸大,对自己生理的急剧变化不满意而极度焦虑,从而主观构想疾病或症状。当遇到社会环境的消极影响,比如腐败现象、暴力犯罪、家庭破裂、黄色影视

---

[1] 见教育部2004年7月5日印发的《中等职业学校学生心理健康教育指导纲要》(教职成〔2004〕8号)。

片和魔幻书籍等，学校及家庭教育方式不当，人际关系冲突等，就易产生焦虑、忧郁、恐惧、自卑、多疑、嫉妒等心理问题，出现学习、情感、意志、人格、人际交往、择业、性等方面的心理障碍。

8. 青春期是心理关怀的高峰期

青春期既是职校生身体发育的第二次高峰期、生殖系统与性能力的成熟期、自我意识和思想智慧的增长期，又是确立人生理想、训练人格品性、培养道德责任感的关键期，更是个性形成和再构、促进身心健康与和谐发展的最佳时期。● 处于青春期的职校生，在内分泌调节下，生理和心理上都会发生巨大的变化，进而可能会导致行为表现上的混乱与无序。面对出现的一系列身心变化，职校生自己也是始料不及、难以控制的，此时特别需要父母和成年人的理解和接纳。因此，对职校生来说，青春期是人生发展历程中最特殊、最困难，同时也是最需要老师和父母理解、帮助的高峰时期。处在青春期，职校生不仅需要物质和生理上的合理满足，更需要老师和家长在精神方面给予鼓励、关怀和引导，在心理上得到成年人的尊重、理解、信任与支持。

（二）职校生青春期性心理发展的特征

青春期是以性成熟为主的一系列的形态、生理及心理和行为的突变阶段。进入青春期后，职校生身体发育呈现第二高峰状态，特别是第二性征的出现和不断趋向成熟，引起了性心理上的明显变化，表现出日新月异的特征。

1. 渴望了解性科学知识

青春期身体上的变化，尤其是性器官、性机能的变化，唤醒了职校生的性意识，使得他们意识到两性关系的存在，渴望探求性的奥秘，很自然地想了解有关性的知识，这是其突出的特点。因为在生理发育之前，男女少年的体态差别不大，身体发育之后，就有了明显不同的特征，于是他们很想了解自己和异性身体上发生的变化究竟是怎么回事，而表现出对性知

● 人们用许多特定的语言来描述青春期，认为青春期是"人生的第二次诞生"，是"暴风骤雨""疾风怒涛"期，也有人说，青春期是"叛逆期""反抗期""危机期""烦恼期""封闭期"等。

识的渴求和兴趣。他们开始关注生殖知识和两性关系，并对文学作品、医学书籍和影视作品中有关性爱的描写产生兴趣。但有些职校生对自身的性发育及性成熟的生理变化感到神秘不解。由于受到传统观念禁锢，职校生对性知识的掌握是羞怯而隐秘的，很难从家长和老师那里获得系统、科学的性知识，而大都是从其他非正常渠道获取。面对生殖器官的迅速发育、第二性征的相继出现，为数不少的职校生表现出焦虑和烦恼，他们渴望及时得到相关问题的解答、指导和帮助。

2. 乐于参加异性交往活动

进入青春期，职校生由最初的对异性的疏远反感逐渐过渡到开始对异性感兴趣，对异性怀有好感，甚至欣赏，希望与异性接触，愿意跟异性彼此接近，并产生与异性交往的愿望。此时，男女职校生都开始关心自己的容貌和打扮，倾向于在异性面前表现自己以吸引异性的目光，更加关注自己在异性面前的举手投足，更加关注自己在异性心目中的形象。和异性同学一起活动交往就觉得特别开心和兴奋，得到异性朋友的青睐和好评就信心十足，希望自己能够给异性同学留下好感和深刻印象，渴望有谈得来的异性知己朋友。应该说，处于青春期的少男少女对异性好奇、彼此向往，想接近异性是正常现象，是性意识发展到一定阶段的必然表现。有这种表现，是职校生成长发育过程中的正常现象，没有这种表现，反而不正常了。有这种心理并自然而正常地表现出来，是职校生开朗、纯真的表现，而过分压抑或扭曲自己，往往会造成一定的心理障碍。

3. 普遍存有青春"白日梦"

哪个少男不善钟情，哪个少女不会怀春。处于青春期的职校生，从心理上产生一种对异性的内驱动力，心目中有了特别喜欢异性、关心关注异性的倾向，情窦初开，春心萌动，时常爱慕或眷恋心仪的异性。这种性欲望冲动在性梦、性幻想等活动中时常会出现，有时会变得想入非非，以梦幻般的假想或遐想来满足心理的需要。有的职校生把曾经在电影、电视、杂志、文艺书籍中看到的情爱镜头和片断，加以重新组合，虚构出自己与异性交往、相恋相爱的种种情景。这种与性有关的梦幻心理又称为青春"白日梦"，指的是人在意识清醒状态下所出现的一系列带有情感指向、情境逼真的心理想象活动。这是青春期普遍存在的心理现象，有的职校生想得多些、时间长些，有的想得少些、时间短些。职校生出现青春"白日梦"是正常的、自然的，但如果经常出现或沉迷于"白日梦"，以梦幻代替现实，影响正常的学习生活和人际交往，就可能是比较严重的性心理异常，甚至是心理病态，应当积极加以调适和矫正。

4. 大多存在性征体相烦恼

随着性心理的发展，职校生对自身的性别角色和与之相关的形体特征逐渐在意，青春期往往会出现对自己形体的不安。许多职校生总在为自己性征体相的不如意而烦恼，担心自己的形象不佳。男生都希望自己长得魁梧高大，女生都希望自己长得苗条漂亮。有的男生觉得自己矮小、瘦弱，感到自卑；而有的女生觉得自己过胖，长相平平，也会感到苦恼。有的男生对生殖器的发育状况，女生对乳房的大小都十分敏感，并为此心事重重。还有不少的职校生甚至对自己皮肤的黑白、脸上的"青春痘"等烦恼不安。不少男生常反问自己：我的长相怎样，是不是具有成熟男子汉的气质风度；而女生常反问自己：我的外貌如何，有没有青春女性的独特美感。一旦得到别人的肯定和认可，就会兴高采烈、兴奋无比；一旦获得别人的否定性评价，就可能伤心烦恼不已，甚至茶饭不思。职校生中的"追星族"比较多，明星偶像崇拜热一浪高过一浪，内在原因就是试图寻求一种莫名的身心补偿，摆脱困扰自己的性征体相的烦恼。

5. 性自慰行为比较常见

由于性机能逐渐成熟而出现性冲动欲望，是青春期发育中正常的生理和心理现象。青春期的男女都可以在偶然的生殖器刺激的情况下产生性唤起，特别是男性青少年。有了这种性体验，他们就有可能进行主动的生殖器刺激以获得快感。因此，青春期性欲望的缓解，通常表现为各种形式的自慰性行为，如手淫就是一种。未婚的青少年通过手淫等来满足性冲动，在青春期也是比较常见的现象。但是，人类性本能的实现和满足，必然受到特定的社会道德规范和文化习俗制约。而传统的性文化禁忌导致性神秘、性愚昧无知，加之封建思想意识的束缚，有些职校生把探求性科学知识看成是羞耻的，从而产生了严重的性自慰负罪感。受此影响，有的职校生把本来是科学的性知识看作是下流的东西，把应该公开地、坦荡地向老师和家长求教的过程，变为私下秘密的"自我探索"过程。虽然性自慰不是一种积极调适性生理冲动需求的健康方式，但也不能把它看成是道德败坏、心理变态或行为障碍。

6. 性心理困扰现象明显增多

00后职校生个体的性生理成熟时间大大提前，然而，性心理的成长却艰难缓慢，心理成熟相对滞后，加上来自社会和家庭的不良影响，容易导致个体产生各种性心理问题。青春期是00后职校生男女性别角色分化的关键时期，是男女两性认同其身份角色的关键时期，如处理不慎或把握不当，将造成男生女性化和女生男性化等问题，即所谓的性别角色混乱。❶职校生生理发育上的剧烈变化，会带来所谓"青春期骚动"，出现敏感的性反应和剧烈的性困扰，也有一些职校生因性的幼稚无知而误入歧途，性价值观念混乱，奉行性需求的"杯水主义"。而职校生过早地吞噬性的"禁果"，不仅对身心造成巨大伤害，由于缺乏必要的卫生防范常识，还有可能造成性病的传播。由于性生理、心理知识的缺乏，职校生经常产生性心理困惑、性价值观混乱、性保健意识薄弱、性行为罪错、性道德偏差等问题，性心理障碍与疾病的发生率明显增高。

美国学者艾迪曾说过："世界上没有第二件事比性的问题更能激动人心，更能影响人们的祸福。同样的，再没有第二个问题，它的内容中充满着愚昧、缄默和谬误，有如性问题那样严重。"有的心理学家把青春期人的性欲望比做火药库，如不加引发，保管得当，则能够保持平静，相反，则可能引起强烈的爆发，带来灾难性的后果。从目前实际情况看，不少00后职校生出现的不良品德或行为问题，追根溯源都与自身性生理、性心理或性道德方面存在的问题有关，许多错误的性观念和异常的性心理障碍就来源于此。这也说明进行适时、适度、适量、适当的青春期教育是中等职业学校素质教育的当务之急。

---

❶ 所谓性别角色混乱是指两性在社会文化规定的各自相应的位置和行为规范、模式上的混乱，即通常所说的男孩像女孩，女孩像男孩的现象。

二、青春期教育是职校积极职业教育管理的重要课题

目前，我国青少年性成熟期提前，但青春期性教育问题却未引起足够重视。一项对 90 后学生性知识的来源和途径进行的随机抽样调查显示，来自"书报杂志、影视作品、电脑网络"的占 80% 以上，来自"别人的谈论"占 11%，从老师处获取的占 3%，听父母讲的寥寥无几。当今社会的中国家庭还是相对保守，父母对孩子主动进行性教育的情况仍不多见。至于在社会上，有效的青春期教育就更是缺乏。心理学研究表明，儿童早期和青春期所接受的有关性问题的准则和观念，是成年之后的性心理基础。进行性教育最重要的时期是两个年龄段：3 岁以前的幼童和进入青春发育期 14~15 岁的青少年。他们在这两个时期所接受的有关性的正确教育，不但决定一生有关性的方方面面，也对健全人格有良好作用。

青春期性教育应该成为职业学校素质教育的重点之一，不应再被遗忘、忽视。从调查情况看，青少年接受青春期教育主要还是来自学校。但一个比较普遍的事实是，虽然初中学校大都开设有生理卫生课，可是课上教学的内容却是蜻蜓点水、欲言又止，有的甚至点到为止。青春期性教育的成败，实际上最主要的是取决于教育者的态度，而非教育的内容。对待青春期性教育，职校教师要保持一种科学正确的态度，这是指容纳学生的性好奇，顺其自然地进行性教育，坦诚地回答学生提出的性问题。但根据调查，许多教师觉得对职校生进行性教育是相当难堪、极为尴尬的事情，有的更视性教育为"烫手山芋"，觉得无从下手。职业学校教师是青春期教育的具体实施者，要对 00 后职校生身心的良好发育和性意识的健康发展负责。作为职校生成长过程中最有影响、最为亲近的成年人，教师应当在青春期性教育过程中扮演最重要的角色。

青春期是个体身心发育，特别是性发育的关键时期。一般认为，青春期最主要的问题就是性教育，或者说是生理和心理卫生知识的教育。对职校生的青春期性教育主要解决以下问题：性生理发育的科学知识；对女孩初潮、男孩遗精的态度和有关知识；关于自慰的科学解释和正确态度；青春期情绪与情感的心理调节方法与技术；如何与异性健康交往，避免发生

早恋现象和性过错行为；实现人格上的自主独立与心理"断乳"，顺利度过青春期。因此，要胜任青春期性教育的职责，职校教师必须克服"无师自通"的传统观念，努力了解青少年的性意识发展过程，青春期身心发育的特点和表现，注重引导职校生身心的全面和谐发展。

职业学校青春期教育的一个重要课题，就是青春期的性心理辅导，就是在性心理健康发展方面对职校生的教育引导，把青春期性教育与现代人格教育结合起来。假如能够在心智、精神的层面上开展青春期教育，显然可以提升青春期教育的实践意义和心理价值，并使青春期教育具有一种特殊的人格化魅力。事实上，青春期性教育绝非只是知识性的，也不仅仅是技术性的，而首先是一种积极的人生信念教育，一种现代的价值观教育，一种高尚的情感态度教育。或者说，青春期性教育的实质就是人格现代化的教育。青春期性心理教育主要是使学生了解由于生理的变化所带来的心理躁动与不安，使职校生认识到性心理的发生发展是人的一生不可逾越的重要阶段，从而正视自身性心理的事实，克服性神秘感、恐惧感、自责感、罪错感，并且引导职校生以坦然、健康的心理来规范自己的生活，达到促进性心理健康发展的目的。职校教师要引导职校生学习科学的性生理和心理知识，认识青春期性心理发展的一般规律，理解正常的性成熟现象，正确对待性意识冲动，知道如何进行积极的性心理调适。同时，也要积极劝导性观念偏差的职校生不要把性行为的刺激当作儿戏，不要把性的冒险另类当成生活时尚。

00后职校生的青春期发展不能等待，青春期教育必须有针对性地进行，不应该蜻蜓点水般浅尝辄止；00后职校生的青春期经历不可重复，青春期教育必须科学实施，不允许出现任何失误与偏差。职业学校要积极实施系统的青春期教育，促进职校生理性认识青春期的心理烦恼和矛盾冲突，直面青春期的尴尬与困惑，塑造积极向上的青春风采与阳光形象。

三、青春期职校生心理的教育管理智慧与艺术

青春期是职校生面临压力、克服困难、迎接挑战、完善自我的转折时期，是朝气蓬勃、充满活力、把握机遇、迈向社会的起步时期。不少职校

教师感到困惑：怎样才能使得职校生顺利地跨越青春期？作为教师应该为职校生心理和谐发展做些什么？教育引导青春期的00后职校生，并没有一些职校教师所想象的那样复杂与无奈。职校教师要主动与职校生携手，一同走过青春期"沼泽地"，注重抓好人格培养、师生关系、自我统合、异性交往和情感调适这几方面的重点，职校生青春期的心理发展就会更加和谐阳光。

第一，关怀职校生的心灵成长。青春期青少年的最大愿望就是渴望尊重、渴望独立，希望别人把他们当成大人，平等相待。这就要求职校教师转变角色和教育观念，改变居高临下、命令式的单向教育为平等、探讨式的双向教育，从关心职校生的学习、行为规范转变到指导职校生的心理发展和人格成长，努力成为职校生的良师益友。职校教师要善于走进职校生的心理世界，做学生的知心朋友，平等地对待和尊重学生，积极信任学生，并帮助学生建立自信心和自尊心。要关爱学生、服务学生，为职校生成长创造自由活泼的氛围，培养职校生独立思考、积极实践、勇于创造的能力，塑造职校生大爱、和谐的心灵。要及时发现学生的青春期心理问题，但不要在学生有问题时就伸手相助、包办代替，而要鼓励职校生想办法积极自主解决问题，学生能够做的事情就要放手让他们自己做。职校生只有在青春期打下了良好的心灵基础，进入快速多变转型的社会后，才能顺利应对各种复杂的心理问题。

第二，化解职校生的代沟冲突。从心理学角度讲，人在10岁以前是对父母的崇拜期，20岁以前是对父母的轻视期，30岁以前对父母又变为理解期，40岁以前是对父母的深爱期，直到50岁才会真正了解认识自己的父母。因此，职校教师要换位理解青春期职校生的叛逆和对抗，理智对待学校、家庭之中师生以及亲子之间产生的"代沟"冲突。职校生青春期的心理问题并非一时产生，作为教师更需要反思自己教育观念与方式存在的问题。职校教师要经常和学生坦诚交流沟通，其实不只是学生要改变，在许多方面教师更要改变自己的思维角度和表达方式。不要看到职校生的某些变化，或者发现职校生的一些反常行为就大呼小叫、惊慌失措，更不要简单惩罚、打骂训斥或横加指责。生硬、粗暴的训斥和怒骂只会加剧职校生的逆反心理，只会加剧师生相互间的矛盾冲突，增加隔阂，恶化"代沟"。作为职校教师，要关爱每一名学生，关心每一名学生的成长进步，努力成为学生的良师益友，成为职校生健康成长的指导者和引路人。

第三，促进职校生的自我统合。我国心理学家张春兴认为，自我统合是青年期心理发展的中心主题，个人从六个层面去思考关于"自我"的问题：我现在想要什么；我有什么身体特征；父母如何期望我；以往成败经验如何；现在有何问题；希望将来如何。将这六个问题统而合之，就是要引导职校生深入思考并深刻回答"我是谁？""我将走向何方？"让职校生弹奏好自己的青春圆舞曲，职业学校教育的基本策略就是要引导职校生正确对待自我，树立健全的自我意识，引导职校生学会理性认识自我，积极悦纳自我，客观评价自我，努力实现自我。作为教师，特别要指导职校生学会自我肯定，自我平衡，自我调控，自我策划，自我超越。尤其是要指导职校生适度开放自己的心灵世界，提高自我控制能力，有意识地自我完善，如多读书、多运动，多参加有益于社会和他人的实践活动。因为处在青春期，人容易接受新事物，但辨别和自控能力较弱，对不良的诱惑就要保持适度的警惕；而青春期大脑的调节功能增强，是智力、实践能力和创造力发展的黄金时期，教师就要鼓励职校生树立远大的理想，努力学会学习，勤奋刻苦实践，自主完善职业素养。

第四，指导职校生的异性交往。职业学校教育管理还有一个重要的课题，就是应该怎样引导职校生进行青春期的异性交往？在与异性交往过程中职校生如何把握友谊和爱情的界限？这也是许多职校教师最感困惑的。假若青春期的少男少女只是一对一地交往，双方交往过于频繁，双方交往带有隐秘性，或者对方成为自己心中唯一的牵挂，等等，在异性同学交往中出现以上一种或几种情况，就表明职校生的交往可能偏离了正常的轨道，本能的欲望可能会冲毁理智的堤坝。这就需要职校教师耐心细致地因势利导、循循善诱，树立正确处理两性关系的良好榜样，引导职校生学会和异性同学交往交流，避免步入感情的旋涡而难以自拔。要鼓励00后职校生大大方方地接近，堂堂正正地交往，正确对待自己或别人在青春期的变化，尊重理解异性同学，不开低级玩笑，做到在异性同学交往中既无拘无束，坦诚相待，相互激励，共同进步，又要注意男女有别，适当把握异性之间交往的"度"，这样才能使建立在同学情谊基础之上的青春期异性交往健康顺畅地进行。

第五，善待职校生的早恋行为。作为青春期的少男少女，00后职校生情窦初开并没有过错，也不是罪恶，但是在性生理和心理不成熟之时，过早地恋爱或吞吃"禁果"会造成不良的后果，甚至会饮恨终身。对此，职校教师要引导职校生珍视这种纯洁的情感，要培育它而不要拔苗助长，要精心呵护它而不要让它受到侵害，同时不能用对待成人恋爱的方式来简单遏制这种稚嫩而脆弱的"爱情"。要引导职校生学会区分恋爱和友谊的界限，尊重自己和别人的情感，懂得珍惜纯洁的异性友谊，自尊自爱自强，保护自己的安全与健康。要树立自我责任意识，培育爱的能力，练就理性而积极的生活态度，通过"跳"出来、"冻"起来和"隔"开来的方式，自我调适恋爱问题；要塑造健全的性人格结构，懂得恪守性道德准则，提升性道德修养和安全意识，对于不能自我把握和调控的性行为，采取避孕措施或事后及时补救。应该让处在青春期的00后职校生明白，自己的未来因为未知而美丽，因为希望而憧憬。为了更加美好的人生未来，为了将要扮演的社会和家庭角色，为了今后被尊重、被热爱、被信任、被肯定、被欣赏，就要无比珍惜和呵护自己的青春、身体、情感和现在拥有的一切。

职业学校教育的实质，主要是对职校生进行学会做人、学会做事、学会共处与学会发展的素质教育。❶ 职校教师要树立积极职业教育理念，深入了解青春期职校生的心理发展和行为特征，更加科学地用心教育，理性反思，创新实践，追求职业教育的艺术与智慧，才能引导职校生顺利跨越青春期，让心灵充满阳光，健康和谐成长。

本章小结

00后职校生这一特殊青年群体的诞生，挑战着职业学校的办学理念、

---

❶ 崔景贵. 心理教育（职业学校）［M］. 南京：南京师范大学出版社，2002：33.

教育模式、管理制度和实践策略。青春期教育是职校积极教育管理的重要内容。职业学校教师要走近特殊的青春期，理解职校生青春期的心理世界，把握其性心理发展特征，实施科学的青春期教育，走过青春期，追求职业教育管理的艺术与智慧。职校教师要主动与 00 后一同走过青春期"沼泽地"，注重抓好人格培养、师生关系、自我统合、异性交往和情感调适这几方面的重点，00 后职校生青春期的心理发展就会更加和谐阳光。

职校问题学生心理与积极职业教育管理

积极引导、有效转化问题学生，是职校教育管理工作的"希望工程"和"阳光工程"。问题学生的心理感染快、负面影响大、消极后果多，容易使同学反感厌弃、家长心灰意冷，也让职校班主任和任课老师感到束手无策、无法招架。研究问题学生心理特征与积极教育策略，既有助于促进问题学生的身心健康、自主发展，也有助于化解职校师生矛盾冲突，建立民主、平等师生关系，更有助于整合职校、家庭与社会各方面的力量，营造更加积极和谐的现代职业教育生态环境。

一、职校问题学生的心理分析与教育反思

问题学生是指那些与同年龄段学生相比，在学习、行为、心理等方面偏离常态，需要在他人帮助下才能解决问题的学生。教育、转化职校问题学生，前提是全面了解问题学生的心理特点、状态，理解其形成原因。

（一）职校问题学生的心理分析

职校问题学生有不同的类型，一般分为行为类问题学生、学习类问题学生、生活交往类问题学生和心理类问题学生。常见的行为类问题有：挑衅滋事、搞恶作剧、贪小便宜、赌博、偷窃、随意说谎、抽烟喝酒、离家出走、打架斗殴、勒索钱财、迷恋网络等；常见的学习类问题有：无心向

学、无故旷课、厌学逃学、上课睡觉、随意说话、严重扰乱课堂秩序、顶撞老师、经常不完成作业、学习注意力不集中等；常见的生活交往类问题有理染怪异发型、追求另类穿戴、纹身刺字、过度玩乐、盲目追星等；常见的心理类问题有：叛逆和敌对、多动症、早恋单恋、自我封闭、自私自利、自卑自贱、自伤自残、暴力攻击、极度孤僻、耐挫性差、考试焦虑、学科恐怖等。问题学生出现的问题大多是混合、交织的。

在职业学校，每个学生都可能有这样那样的问题存在，但不等于每个学生都是问题学生。按照一般的认识，职校问题学生大多表现为行为习惯不良、学习状态不佳、心力心智不全或思想品德不好。但我们不能因为职校学生表现出的一些"异常行为"就将他们简单标识为"问题学生"。所谓"学生问题"是学生成长、发展过程中常见的，并随时会发生的普遍问题。而"问题学生"则是在发生或出现的某些心理、学习或行为"问题"得不到积极关注、有效引导，或得不到切实解决时在个别学生身上的集中体现。这样把职校学生与一时出现的问题行为、事实或现象分离开来，更多针对客观存在的问题寻求思路、对策，而不针对学生个体进行否定评价。从这个意义上讲，把"问题学生"的提法更改或替换成"学生问题""问题表现"或"问题倾向"更为适合。

认识问题学生，需要理解问题学生的表达方式和心理特征，能够把握学生问题背后的深层次原因。学校心理辅导有一句名言：搞清楚一个什么样的人有问题比一个人有什么样的问题更重要。00后职校生是个性独立自主、自我意识较强的青年群体，他们正处于人生心理断乳和人格再构发展的关键时期。正值青春期的职校生心理上有依赖性，价值观判断标准模糊，喜欢模仿偶像的行为，与家长、老师容易对抗，尤其是因为学业、价值观问题而产生叛逆心理更为普遍。处于青春期的问题学生，认知结构和思维方式处于发展阶段，一些学生是非观念不清，真善美与假恶丑界限不明，容易感情用事和偏执，情绪两极化明显，理性理智不足，意志品质脆弱。他们渴望被人尊重与理解，希望通过标新立异、特立独行的言行换得更多人的认同和关注。可以说，问题学生的实质是个体对社会文化生活、教育环境及身心发展的适应不良。

认识问题学生，要善于理解问题学生的心理困惑与烦恼。正因为职校问题学生的类型各种各样，其心理状态也不尽相同。一是无用感。他们怨恨自己"笨""拙""差"，觉得自己"不争气""不成器""不给力"，为目前差人甚远而担忧，为找不到正确的方向而彷徨，为没有理想的未来而发愁。如今已是积重难返，即使自己想努力，也未必能够有什么用；二是无聊感。他们不愿意做些什么来改变现状，一天到晚无所事事，学习成绩越来越差却一点也不在乎，混个毕业文凭就行，不愿意承担责任，心中充满愤怒和敌意。表现为频繁违纪，异性交往行为失范失度，出现反社会行为或小团伙不良行为，痴迷网络或出现网瘾；三是无望感。他们不愿意正视和直面存在的问题，缺少上进心，缺失发展的动力，缺乏前进的目标，看不到前途和未来，因而自暴自弃。他们往往是因为经常受到老师的批评而恼怒，或受到误解、误会而形成扭曲的心理，甚至产生想毁掉自己或迁怒他人、伤害别人的念头。

认识问题学生，要善于分析问题学生的心理"症结"。职校问题学生大多是习得性无助群体❶，由于种种原因，他们在经历了反复的挫折和长时间的失败以后形成了无助的心态，而成为问题学生。其习得无助感主要表现在：一是学习动机降低。积极学习、努力进步的要求降低，对待学习消极被动，失去兴趣，看成是对教师家长的应付；二是认知存在障碍。在屡次失败后，对自己失去信心，潜意识中存在一种心理定式，认为自己运气不好、能力有限，什么都不如别人，因此本该学会的知识技能，在学习过程中也出现困难，难以掌握；三是情绪出现失调。在最初失败时，感到烦恼、无助，随着接踵而来的挫折和责骂之后，逐渐悲观、颓丧、甚至冷淡或陷入抑郁状态。一部分职校生可能逐渐放弃学习，寻找其他方面寄托，或者无所事事地混日子，或者出入于游戏厅、网吧，更有甚者陷入早恋，不能自拔。

认识问题学生，关键是理解职校学生问题行为所表达的需要和诉求。

---

❶ 人或者动物在接连不断受到挫折后便会感到自己对一切都无能为力，丧失信心。这种心理状态，在心理学上被称为"习得无助感"。

职校学生的任何一种问题行为，都有其产生和形成的内外原因，需要全面系统分析。问题学生的问题行为大致表现为：一般与老师和父母难以沟通，经常说谎，有严重的厌学情绪，不服管教，不思进取，处于学校或班集体的边缘或对立状态。内在的原因是认知方式、自我意识、人格发展和价值观等问题。职校教师解读00后学生的问题行为，要在坚持以学生为本的前提下，全面深入地了解诱发学生问题行为的内外原因、出现的情境和动机，以发展的学生观分析问题行为的特点和性质，保护学生发展的空间。要理性分析每个问题学生的个案和个性心理特点，不可一概而论，同时要研究问题学生心理发展的轨迹，重视问题学生发展变化的动态性。

（二）职校问题学生的教育反思

俗话说：心病还要心药医、心来治。问题学生的成因是多元、复杂和长期的，只有找到了"根源"或"病源"，从源头探究、研究和深究，才可能"对症下药，药到病除"。

问题学生的产生是多因素综合作用的结果，主观上有智力、非智力因素，客观上有家庭、学校、社会等因素。《北京青年报》报道，据全国少工委的一项统计，在我国现有的3亿学生中，被老师和家长列入"差生"行列的学生已达到5000万人，每6个学生中就有1个"差生"，他们在学业上不再被认为有什么希望，成为家长和老师眼中的"问题孩子""问题学生"。有统计表明，这一总数相当于1个法国、10个瑞士、100个卢森堡的人口数。当前，一些社会领域道德失范，诚信缺失、假冒伪劣、欺骗欺诈活动有所蔓延；一些地方封建迷信、邪教和黄赌毒等社会丑恶现象沉渣泛起，成为社会公害；一些成年人价值观发生扭曲，拜金主义、享乐主义、极端个人主义滋长，以权谋私等消极腐败现象屡禁不止等，也给职校生的心灵成长带来不可忽视的负面影响。❶ 这样的现状说明，"问题学生"现象无疑已经成为一种社会问题。

问题学生是由问题社会、问题学校、问题家长和问题教师共同培养、联合制造出来的。其实，很多"学生问题"或"问题行为"并不是学生自

---

❶ 参阅《中共中央国务院关于进一步加强改进未成年人思想道德建设的若干意见》。

身产生的问题，而是家庭、学校和教育内容方式和价值趋向出现的问题，比方说应试教育、升学教育、分数教育、听话教育、惩戒教育盛行导致的问题。人性本恶的教育人性观，急功近利的教育价值观，习惯于推崇矫枉过正的矫正教育，问题入手的纠错教育，病入膏肓的失败教育，斩草除根的惩罚教育和听话服从的奴化教育，把病理式诊断、契约式帮教和医学化治疗当作成功的教育管理经验来推广。这些消极教育管理做法大行其道，几乎成为当下职校教育的"流行病"。消极教育管理必然催生越来越多的问题学生，异化的职校教育模式必然是培养行为乖张、人格异常的学生。

问题学生折射的是现行职业教育评价标准的偏颇、偏差。职校学生频繁出现的问题，问题学生的层出不穷，其实就是教育工作者在教育观念、方式等方面出现的问题。上海某高校对 62 所中职学校的 800 名教师和 53 名校长进行调查，居然有 80.7% 的教师和 52.8% 的校长也认同"中职生是'差生'"。❶ 此种职校教育"软环境"，着实让人感到不安。试想，当职校教师还有校长们戴着这样的"有色眼镜"打量被世俗扭曲了的中职生，这些问题学生能昂首阔步自信前行吗？无怪乎在同一项调查中，居然有近半数（44.2%）的中职教师对学生毕业后的就业前景和未来个人发展"信心不足"和"没有信心"。如是，职业学校教育能"阳光"得起来吗？正如有些职校教师所认为的，"心里有'差生'，眼里就有'差生'，心里处处是'差生'，调皮的聪明孩子也会沦落为'差生'；心里无'差生'，眼里就没有'差生'的存在。所以转化'问题学生'的前提是转化为师者的教育观念"。问题学生的命运好比是一张白纸，成败只在于职校教师有怎样的教育评价观，如何去看待、期待和善待问题学生。

问题学生的存在给每一位职业教育工作者提供了理性面对教育的机会。问题学生在早期教育和生活中可能是被羞辱、遭嫌弃、受排挤的，这些教育遭遇或生活创伤对其人格的健康成长会有严重的影响。那些出现问题受到老师忽视、歧视、鄙视和"远视"的学生，久而久之会从教师的言谈、举止、表情中感受到教师的"偏心""偏见""偏爱"和"偏执"，也

---

❶ 详见《中国教育报》2008 年 2 月 28 日《转变观念为学生提供发展机会》一文。

会以消极的态度对待老师、对待自己的学习，不理会或拒绝听从老师的要求，这些学生常常会一天天变得消沉，最后演变成为所谓的"问题学生"。问题学生的发展往往与职校教师的教育方法关联，教师有时不经意间的一句话语和一个神情，也许就会断送他们的发展前程，而有时一句人性化的教育话语，就会唤起问题学生失落而久违的生命意识、生活激情和生存动力。苏霍姆林斯基曾感叹："从我手里经过的学生成千上万，奇怪的是，留给我印象最深的并不是无可挑剔的模范生，而是别具特点、与众不同的孩子。"教育管理的这种反差说明，对问题学生这样一个"与众不同"的特殊群体，职业教育工作者必须正确认识他们，全面研究他们，将真挚真诚的师爱洒向他们，让这些迟开的"花朵"沐浴阳光雨露，健康快乐成长。

面对问题学生的教育现状，职业教育工作者真的应该反思。在职业教育实践中，一些教师常以正确自居，习惯于说教训斥，娴熟于灌输告诉。面对问题学生，一些教师不愿意启发，以为启发浪费时间；一些教师不愿意激励，以为激励无所作为；一些教师不愿意表扬，以为问题学生没有闪光之处；一些教师不愿意欣赏，以为问题学生满身都是错误。人民教育家陶行知曾说："在你的教鞭下有瓦特，在你的冷眼里有牛顿，在你的讥笑声中有爱迪生。"职校教师需要反思是否有必要用批评责备的口气对待问题学生？教师是否把问题学生放在与自己人格平等的地位考虑他们存在的问题？教师的语言行为是否掺杂了自己的非理性认知和非正常情绪？教师这样做是在促进学生的问题解决还是在满足自己的某种心理需要？更进一步说，就是全面审视一下我们的职业教育观念、教育方式、教育对策是否尊重了职校学生的成长规律，是否尊重了职校学生身心发展的特点。问题学生存在的教育价值是能够促进职校教师专业化成长，而问题学生的复杂性与多变性，同样挑战职校教师教育智慧的极限。

二、积极职业教育：有效转化职校问题学生的实践智慧

面对 00 后，职校教师要有睿智的教育思想、博大的教育胸怀、高超的教育艺术和深邃的教育智慧，求同存异，和谐相处，因势利导，因材施

教，能积极理解和包容每个 00 后问题学生，充分发掘他们的心理潜能，真正发挥他们的优势特长，真正实现师生的共同成长。转化问题学生是职校教师素质提升的行动过程，对待问题学生的教育智慧是职校教师教育艺术的集中体现。

（一）把握积极心理学的优势视角

积极心理学从关注人类的心理疾病和弱点转向关注人类的优秀品质，它有三个层面的含义[1]：第一，从主观体验上看，它关心人的积极的主观体验，主要探讨人类的幸福感、满意感和快乐感，建构未来的乐观主义态度和对生活的忠诚；第二，对个人成长而言，积极心理学主要提供积极的个性心理特征，如爱的能力、工作的能力、积极地看待世界的方法、创造的勇气、积极的人际关系、审美体验、宽容和智慧灵性等；第三，积极心理学致力于培养和完善积极的心理品质、包括一个人的社会性、作为公民的美德、利他行为、对别人的宽容和职业道德、社会责任感以及如何成为健康的家庭成员。

基于积极心理学的优势视角，是指从人类生存出发的一系列关于健康和潜力的假设和归因的组织化建构。可以理解为所有的事情在某种条件下都可以被视为一种优势，包括人的品德、天赋、感悟等。优势视角的提出背景，是针对教育或心理助人专业当中的病态、缺陷或问题模式的一种反思和批判。当一个人被贴上负面标签的时候，自觉不自觉地就会朝这个方向发展，病态模式引导人们倾向、敏感于关注负面信息、消极评价。积极心理学最重要的教育理念，是彻底推翻和抛弃歧视性、否定性的心理标签。优势视角反对为问题学生贴标签，认为标签会误导问题学生的自我认知和自我评价。优势视角以乐观积极的眼光看待学生出现的问题行为，将问题作为学生应对的手段来思考，强调一定要聆听和尊重学生为解决问题和改变自我付出的努力。

坚持曲折性和差异性相统一的发展观，是积极认识学生问题行为的重要前提之一。积极的学生观认为，职校问题学生是处于发展过程中的人。

---

[1] 崔景贵. 心理教育范式论纲 [M]. 北京：社会科学文献出版社，2006：252.

任何一个问题学生都是发展的，心理发展的总趋势必然是前进的，但心理进程往往是曲折的。作为职校教育工作者，必须深知问题学生的转化不是很容易的事，往往采取了措施，也不可能立即取得成效。对于学生出现问题行为的曲折反复，都要以无限的爱心和耐心进行理性分析、理智解读。另一方面，先天遗传和后天教育、环境文化的差异，形成个体的发展在群体中差异，表现在发展的速度、广度和高度上。职校教师要学会理解学生的差异，善于尊重学生的差异，不用整齐划一的意念和完美同一的标准解读学生一时出现的问题行为。

积极心理学认为，每个人都有与生俱来的智能优势，职业教育管理工作的任务就是给问题学生传递这一理念，激活问题学生的动机和动力。教会他们正视自己的过去、过失、过错，认识什么才是健康积极而有意义的人生。只有走出心理阴影和误区，才能和正常学生一样在明媚的阳光下快乐成长。就是要让他们发现自身的优点，挖掘优势，明确我是谁？我将走向何方？用行动回答我是什么样的人，我能够做到什么、做好什么？正如斯宾塞所言，"积极暗示就像点燃孩子生命和智慧的火把，会对孩子的心理和心智方面产生良好的作用，孩子能从积极的暗示中隐约看见未来的曙光；父母应该教育孩子以积极乐观的态度来看待问题，形成积极的思维习惯"。职校教育管理工作者要秉承积极的人性观，以学生的健康和谐发展为中心，转变以往强制式的或者哄骗式的负向教育、消极职业教育，给职校学生植入一种积极精神的方式进行自主激励式的正向教育、积极职业教育，通过活动、体验、感悟来促进问题学生的心智心灵成长。

（二）坚定现代职业教育的价值取向

现代职业教育是校园师生互动、教学相长、创新发展的艺术过程，是以心育心、以德育德、以个性影响个性、以精神塑造精神、以人格培养人格的艺术过程。职业学校教育必须改变功利化、实用化和物欲化的价值追求，坚持人本化、人性化和人格化的价值趋向。从某种意义上说，现代职业教育是一门以人为尊的科学，更是一门助人自助的哲学；是一门与人为善的技术，更是一门育人至上的艺术。

人是现代职业教育的主题和主体。关注生命、尊重生命是现代职业教育的第一要义。德国教育家斯普朗格说："教育的核心是人格心灵的唤醒。教育的最终目的不是传授已有的东西，而是要把人的创造力量诱导出来，将生命感、价值感唤醒。"职业教育给予学生最重要的东西，不是知识技能，而是对知识技能的热情、对自我成长和职业发展的信心、对生命亲情的珍视以及更加乐观的生活态度。对于职业教育工作者而言，教育关爱的是每一个学生完整的生命，"有教无类"、有的放矢才是真正的职业教育民主。

人是现代职业教育的目标和理念。建构现代职业教育，必须树立科学的心理发展观，强化以人为贵、育人为本的理念。每个人都有自己的强项、优势，每个人都有缺点和不足，每个人都会犯错误、有问题，每个人都有发展潜能和优势智能，每个人都会与别人不一样，喜欢玩、爱表现则是所有孩子成长的天性。科学的心理发展观不是强求心理的同步发展，不是追求心理机能的均衡发展，不是机械的缓慢发展。职业教育工作者要树立全新的心理发展目标观念❶：每一位职校生都要发展，但不求一样的心理发展；每一位职校生都要提高，但不是同步的心理提高；每一位职校生都要合格，但不必相同的心理规格。显然，职业学校教育管理理念要适当超前，职校教育教学实践要及时"补课"。

人是现代职业教育的逻辑起点和归属。不断地提升人的地位，是现代职业教育的基本走向。这充分体现在：现代职业教育即发现人的价值，发掘人的潜能，发挥人的力量，发展人的个性。日本教育家紫田荣义认为，教师的职业"是以教师的人格决一胜负的职业"。职校生学习不是知识技能的单纯增长，同时也是人格成长的心理过程。现代职业教育应当从"人"出发，坚持人格教育和知识技能教育并重，着力培养一个真正意义上的全面发展、健康文明的"社会人"，富有实践力量和创新精神的"职业人"，富有正义感、责任感和使命感的"道德人"，心理健康、心理成熟与心理和谐的"心理人"，人格高尚、人格健全与人格大写的"现代人"。

---

❶ 崔景贵. 职业教育心理学导论 [M]. 北京：科学出版社，2008：38.

（三）建构积极职业教育的实践范式

在积极职业教育中，积极应当成为贯穿教育全过程的核心价值和主线，使每一个人的素质都能够获得相对于自身而言的更为健康、积极的发展与提高。积极职业教育是对教育功能的修正，因为职业教育不单单因学生问题存在而存在，教育还有另一种重要功能，就是促进学生自身积极品质的发展。职业教育重心应该放在职校学生的发展与建设上。"教育不能仅仅把自己的注意力集中在个体的各种压力源或者潜在的一些消极结果的分析上，而是要把重点放在各个心理阶段的积极资源上。"职业教育应该改变以往"病理学模型"，职业学校不能成为医院，教师更不能成为医生，因为问题学生不是病人。以功利性、机械性、划一性为特征的"应试教育"已经把当今教育带进"泯灭人性、压抑天性、扼杀个性、忽视品性"的死胡同。唯有实施"尊重人性、呵护天性、张扬个性、提升品性"的充满人文精神的积极教育，才是改变职业学校教育现状，解决职业教育实践问题的根本出路。

传统教育虽不能说完全等同于消极教育，但它具有明显的消极特征，传统教育过分强调矫治功能，习惯从学生问题入手开展工作。简而言之，积极职业教育与传统的职业教育存在本质的区别，传统教育旨在纠错，重在修补，而积极职业教育重在建设，重在发展。积极职业教育不是对传统占主流地位的消极型教育的全面否定，而是一种合理继承、积极超越和发展创新。这就要求我们保持与时俱进的学术勇气，树立科学的职业教育发展观，正确把握职业教育范式的时代脉搏，在积极职业教育与消极职业教育两种范式之间保持必要的张力。

建构积极取向的职业教育，需要职业教育工作者抱有积极的人性观，对受教育者要有足够的爱心、耐心和毅力，特别是当职校生身上存在严重的不良品行时，仍要以发展的眼光、积极的态度，相信他们有改善自我的积极愿望和潜在能量，这是积极职业教育的首要条件。在职业教育理念上，要无限相信职校学生与教师的发展潜力；教给职校学生一生有价值、有意义的东西；重视学生心灵状态，倡导成人成功成才的积极体验；鼓励学生个性化、多元化发展，注重特色和特长教育；引导和促进职校师生与人类崇高精神对话。在教育操作策略上，要树立积极和谐的 00 后职校生发展观，着力构建民主平等的职校师生关系，自觉推进科学系统的青春期素质教育，积极开展健康文明的网络道德教育，建构富有特色的积极型心理健康教育。

　　建构积极职业教育，需要组织职教的有效合力，创设良好的职业教育环境，顺应问题学生转变的复杂性、反复性，掌握因势利导、因材施教的转化策略：要尊重问题学生的人格，调动问题学生自身的积极性，倡导朋辈心理互助，善于运用班集体的教育力量，讲究教育批评的艺术。要转变问题学生的认知方式和价值观念，改变问题学生的生存条件和人际环境，让问题学生具有集体归属感，提高问题学生对学校生活、班集体和教师的心理相容性。要推进发展性、自助式心理健康教育，通过心理暗示法、典型示范法、案例评析法、情境指导法、实践锻炼法、心理辅导法和角色扮演法等，促进问题学生增强心理素质，完善心理修养。针对问题学生的个性特点，职校教育工作者要选好突破口，重视新开端，抓住闪光点，引导非智力，促进问题学生的自主健康发展。

三、倡导心本管理❶：积极引导职校问题学生的心理策略

　　倡导心本管理，关键是抓住 00 后职校学生心理发展变化的特点，以问题学生需要为切入点，设计出契合学生兴趣与个性的管理模式，以符合职业教育规律之道，实现职校教育管理的目的、目标。问题学生有一般性的需要，例如与人交往、学业的提升、校园文化、社会交往和职业生涯的适应等；可能还会有一些特殊性的需要，例如恐惧考试需要辅导，偏差行为需要矫正，家庭贫困需要救助，人际关系紧张需要调节，等等。职校教师要善于发现他们心理世界的锁簧，找到打开心灵锁簧的心钥匙，对每一位问题学生倾注全部"真情实感"，用心做好引导和疏导工作，培育信心、希望、乐观和坚韧等重要品质，积累和提升心理资本，促进和实现心理和

---

❶　所谓"心本管理"，就是把"心"作为根本来管理，即要由心出发，不仅要尊重人的内心感受，而且要善于影响人的心灵，从而由心灵的外在感动转化为管理者与管理对象心灵内在的交流与自觉。

谐，使职校教育管理成为一种真正意义上的心理教育、积极教育。

无限关爱。爱是职业教育的思想基石、情感基础和力量源泉，没有爱就没有职业教育。如果教师喜爱学生，对他们抱有较高期望，经过一段时间，问题学生感受到教师的真诚关怀、爱护和鼓励，常以积极态度对待老师、对待学习以及对待自己的行为，学生更加自尊、自信、自爱、自强，焕发出一种积极向上的激情，常常会取得教师所期望的进步。职校教师要给问题学生比其他学生更多的关注、关爱和关怀，善于发现他们的长处和闪光点，绝不能轻视、漠视和歧视。只要职校教师满腔热情地关心爱护学生，用爱心去召唤，用心灵去面对，就会真切感受到，问题学生其实并不成问题，问题学生与所有学生一样都是宝贵的"金子"。

充分尊重。所有难教育转化的问题学生，都是失去自尊心的学生；所有好引导的问题学生，都是有着强烈自尊心的学生。爱默生说："教育成功的秘诀在于尊重学生。"尊重学生的底线是不羞辱、不诋毁、不嘲讽，不说任何伤害学生自尊心的话，不做任何有损学生人格的事。要做的不是给有过错的问题学生再加以严厉打击、更多惩罚，而应给予宽容、尊重、信任和引导，尤其是对问题学生人格的尊重。强调尊重问题学生的人格，就意味着职校教师要善于把自己当成学生，把学生当成自己，把学生当成学生，把自己当成自己，要充分尊重他们的利益和权益，尊重他们的需要和情感，尊重学生的兴趣和隐私，尊重学生的差异和差别。

相信潜能。每个问题学生都有发展的潜能，每个问题学生都有成功的愿望。调查表明，问题学生和一般学生相比智力水平差异小，而在动机、兴趣、性格、意志、情感等非智力因素及基础知识方面差异明显。他们具有普通学生同样的心理发展潜能，关键是能否充分认识并有效开发这种潜能。苏霍姆林斯基说过，"人不可能没有任何天赋和才能，以至于没有可能在生活中表现自己"，"教育的艺术就在于：教师要善于在每个学生面前，甚至是最平庸的、在智力发展最困难的学生面前，都向他打开精神发展的领域，并使他能在这一领域里达到一个高度，显示自己，宣告大写的'我'的存在"。职校教师要给问题学生精心铺设通向成功的台阶，为他们创造能够体验到成功喜悦的条件，哪怕是微小的成功也能激活他们追求进步的内在动力，使他们看到自己的发展前途和人生希望。

赞赏鼓励。心理学研究表明，期望得到赞许和尊重，它根深蒂固地存在于人的本性之中，每个学生都有一种要求自己受到社会或集体尊重的感情，都有要求自己获得成功的愿望。美国心理学家威廉·詹姆斯有句名言："人性最深刻的原则就是希望别人对自己加以赏识。"他还发现，一个没有受过激励的人仅能发挥其能力的 20% ~ 30%，而当他受到激励后，其能力可以发挥 80% ~ 90%。可见，在引导问题学生过程中，表扬激励的运用也极为重要。教师的无条件关注在很大程度上决定问题学生的未来。欣赏问题学生，相信自己专业能力，因为教育转化的办法永远总比实际存在的问题多。赞赏、鼓励问题学生，是职校师生情感关系的"催化剂"，是激发学生奋发向上的"内驱力"。

希望期待。希望是人类进步的根本动力，只有有希望，人才会活下去；只有有希望，才能够不畏艰险，勇往直前。作为职校问题学生，最本质的希望是得到赏识，最殷切的期望是得到肯定，其优势需要主要是心理性需要。对于那些职校问题学生，也许其同学朋友可以不接近他，但职业教育管理工作者必须接近接受他，因为他终归是职业学校的学生；对于那些问题学生，也许父母可以不认可他，但职业教育管理工作者必须接纳悦纳他，因为他还是一个还没有完全长大、真正成熟的孩子。职校教师要善于用积极发展的眼光看待问题学生，对问题学生不要做出不负责任的消极预言，不要随意贴上标签。而是以一颗善良真诚的心，扎根于"问题学生"的心灵深处，积极期待，全心投入，就会在问题学生的点滴进步中体会到教育的快乐、幸福和智慧。

宽容耐心。宽容是教育的美德、智慧和准则，也是转化问题学生的"法宝"。职业教育需要宽容，职业教育需要无限宽容。如果没有一个耐心教育转化问题学生的心理准备，教师很容易丧失对他们的信心，甚至认为他们已经"病入膏肓、无可救药、没有希望"了。著名教育家苏霍姆林斯基曾指出："教育——首先是关怀备至地、深思熟虑地、小心翼翼地去触及那幼小的心灵。别让那些不幸地被大自然或不良环境造成艰难境遇的孩子知道他们能力低，智力弱。教育这些孩子，要比教育正常儿童付出百倍的耐心、细心和同情心。"职校教师应该以平和、宽容的心态看待问题学生，以积极的教育代替对问题学生的担忧和斥责，不和00后问题学生过不去，不和青春期的问题职校生较劲，做到思想上不歧视，感情上不厌恶，态度上不粗暴，方法上不随意，处理上不冲动。

坚持不懈。问题学生的教育和转化工作，是一项艰苦而持久的长期工作，不可能一蹴而就。面对问题学生出现的故态重演、反复无常，职校教师要有满腔的热情，遵循职业教育和心理发展规律，"反复抓，抓反复"，使问题学生保持不断前进的态势，而不能把问题学生丢弃在职业教育改革创新前行的大路上，更不要随意抛弃任何一个问题学生。这或许是一个极其困难、异常艰难的转化引导过程，但有责任感和使命感的职业教育工作者绝不会因此把他们抛给社会、放弃努力。问题学生的转化、引导有其反复性和多变性，绝非一朝一夕之功，我们要相信"精诚所至、金石为开"，坚定不移、持之以恒地去做好这一项工作，让更多00后职校学生健康和谐成长。

问题学生是职业学校教育领域中客观存在、不容忽视的特殊群体。理性认识、有效转化、积极引导问题学生是职校意义重大、影响深远的教育管理课题。我们要积极把握00后职校生心理发展的新特点和新走向，分清主流与非主流，本质与非本质，既关心爱护又不护短，既支持鼓励又不盲目吹捧，既信任放心又不放任自流，既理解宽容又不姑息迁就，有针对性、有特色地做好00后问题学生的教育引导工作。让我们在积极职业教育和心本管理实践中携手探索，实现自身专业化发展，与00后职校生一起成长！

本章小结

转化引导问题学生，是职校教育管理的"希望工程"和"阳光工程"。积极职业教育是有效转化职校问题学生的实践智慧。本章对职校问题学生心理特点、状态与成因进行探析，问题学生是由问题社会、问题学校、问题家长和问题教师共同培养、联合制造的，问题学生折射的是现行职业教育评价标准的偏颇、偏差。问题学生的存在给每一位职业教育工作者提供了理性面对教育的机会。转化问题学生是职校教师素质提升的行动过程，对待问题学生的教育智慧是职校教师教育艺术的集中体现。有效转化和积极引导问题学生，要把握职校问题学生心态，理性认识职校生的行为问题，树立科学的职校生心理发展观，把握积极心理学的优势视角，坚定现代职业教育的价值取向，倡导积极和谐的心本管理，如无限关爱、充分尊重、相信潜能、赞赏鼓励、希望期待、宽容耐心和坚持不懈。

职校生早恋心理与积极职业教育管理

早恋是当今职业学校教育管理中相当敏感且最为棘手的问题之一。和85后、90后职校生相比，95后、00后职校生的早恋情况更为突出，而由早恋引起厌学辍学、打架斗殴、自杀自残、怀孕堕胎，甚至成为未婚妈妈的不良案例日益增多。许多职校教师经常在一起谈论，"现在做学生的教育管理工作，别的问题都好办，可涉及最敏感的感情问题就不好办了，既不能严惩不贷，又不能放任自流，真是两难啊！"焦急地呼吁"救救这些正在花季雨季、执迷不悟的孩子们吧！"面对层出不穷的职校生早恋现象，许多职校班主任是深恶痛绝、痛心疾首，当作洪水猛兽般口诛笔伐、围追堵截，但往往事倍功半、收效甚微。理性分析职校生的青春期恋爱心理特征、问题与症结，为加强和改进职校教育提供理论依据，采取有针对性的教育管理举措，积极引导职校生健康和谐成长，就成为职校教育管理需要深入研究的重要课题。

一、职校生早恋的理性心理解读

关于早恋，至今还没有一个明确的界定，从字面上看就是过早的恋爱（《现代汉语大词典》）。所谓"过早"是从年龄的角度上来说的，主要是针对18岁以下的未成年人而言。在我国大陆教育界，通常把早恋界定为

"不到恋爱年龄而进行的恋爱"。关于恋爱年龄，习惯上参照的标准有两条，一是生活的自立程度，二是法定婚龄相差的程度。如果用以上两个标准来衡量甄别，职业学校学生之间的恋爱，都可以称之为"早恋"。来自社会大众的普遍观点，早恋是指在生理或心理上还未完全成熟的未成年男女之间发生的恋爱现象。❶

（一）职校生早恋的心理分析

一般认为，早恋是处于青春期或青春期以前的青少年，在心理发展尚不成熟，无能力兑现和承诺爱情带来的义务和责任阶段中，过早地对异性产生爱慕的感情并以恋爱的方式进行交往的现象。早恋是复杂的社会心理现象，既属于青春期性生理心理教育范畴，又属于情感教育和人际关系指导的范畴。

1. 早恋是青春期性生理发育成熟的结果

青春期最明显的特点就是生理上的蓬勃发展和心理上的急剧变化。他们性生理逐渐发育成熟，性意识迅速觉醒，喜欢接触异性，渴望有异性朋友，遇到不顺心的事愿意找异性倾诉。职校生正处于青春期，在与同龄人形成亲密朋友关系的同时，由于性的萌动会导致对异性的关注，而且这种关注会不断增强，并发展为对特定的异性萌生出爱慕之情，这种现象是很自然的。因为在青春期加速发育，第二性征出现后，逐渐性成熟，青少年生理和心理都有成人化趋势。所以对异性产生特别好感或发生恋爱行为是青春期的普遍情况，是性生理发育与心理发展的必然。

2. 早恋是一种正常的青春期心理现象

随着青春期的来临，职校生的思想、性格、情感都在急剧变化，进入"第二次断乳期"。青春期的任何烦躁和不安都是这一时期正常的表现。早恋是青春期的职校生对异性产生的一种强烈的好奇心，是随着性意识的发展而产生的一种心理现象。如果处在青春期没有这种好奇心，反而是一种不正常的表现。从心理学的角度来分析，这种男女生之间彼此愿意接近，互相吸引的心理，是青春期性心理发展中必然要经历的阶段。正如歌德所说："哪个青年男子不善钟情，哪个妙龄少女不善怀春，这是人性中至真至纯。"以青春期异性吸引为基础，职校男女同学产生爱慕之情是自然而正常的心理现象。

3. 早恋是青春期异性情感的错觉与错位

有的职校生对所谓友情与爱情、喜欢或恋爱界限的理解存在偏差。在这一时期，他们渴求友谊，希望通过交朋友来倾诉心中的烦恼和迷惑，而他们的心理是半幼稚、半成熟的，在猎奇和盲目效仿的过程中分不清什么是友谊，什么是爱情。其实，对异性同学的佩服、倾慕也好，崇拜、欣赏也好，喜欢就是喜欢，是发自内心的真实情感。那种喜欢，其实就是青春期的萌动或者仅仅是对异性的好感，不能简单地把对异性的爱慕或喜欢异性都归结为"爱情"。早恋是他们在人生乐曲中过早地奏响的一段走调、跑调或者不着调的爱情主题。只不过在这个时期开始谈恋爱，对职校生的身心健康成长可能不利，或许是一种性意识发展的错位。

4. 早恋是职校生缺乏自制力的典型表现

随着性器官的发育和第二性征的出现，职校生越来越对性发生兴趣。尽管这种兴趣是隐蔽的、难于启齿的，而且还带有明显的羞耻感，但仍然会通过各种渠道和以各种方式强烈地表现出来。青春期的职校生在两性之间产生好奇好感是一种普遍现象，越是神秘的东西越能引起他们的兴趣。他们对性信息反应迅速而敏感，对异性爱恋情绪易激动兴奋，又不善用理智调节情绪，做事草率冲动，异想天开。而发达的城市地区性文化信息充斥街头，以煽情为主要特点的商业文化令许多职校生失去了自我控制能力。其中意志薄弱者则可能发展为早恋，很多职校生就是在这样不明就里的情况下误入早恋。

5. 早恋是职校生异性交往过程中的行为误区

由于生理发育和性成熟，职校生很容易对异性变得很敏感，渴望了解异性的心理和生理，了解异性对自己的态度。为了满足这种好奇心，就想结交异性朋友，建立男女朋友之间的密切交往。这往往会给双方带来愉快的体验，进一步促进相互间的密切交往，逐渐转变为"恋爱"关系。一些职校生不能很好地调节控制自己的心理需要，缺乏健康的异性交往心理，把异性吸引误认为是爱情，过早地把那种爱慕之心发展为恋爱。青春期异性相吸无可厚非，但早恋是异性交往的一种不恰当的方式。

6. 早恋是职校生心理发展尚不成熟的一种表现

青春期是一个人由不成熟发展到成熟的关键时期，是一个充满依赖性与独立性、幼稚性与自觉性矛盾斗争的复杂时期。有的家长或教师认为，早恋是职校生心理过早成熟的表现。其实，一个人心理真正的成熟，是能够理智地处理问题，从时空上说，能从未来发展的需要，合理安排现在时间、充实思想追求积极人生。从这一观点看，早恋行为恰恰是职校生心理尚不成熟的表现。

（二）职校生早恋的心理表征

青春期恋爱行为是职校生在性生理发育的基础上，心理转化为行为的实践。什么样的职校生群体容易出现早恋呢？一般认为有四类：第一类是性格外向、潇洒漂亮，或是成绩相对拔尖的，或是有某一文艺体育特长的职校生，这类学生比较出众，易引人注目，成为被追逐追求的目标；第二类是性格软弱、虚荣心强的职校生容易早恋，或缺少家庭温暖和爱护的职校生容易早恋；第三类是无心向学、学习成绩比较差的学生比成绩好的职校生更容易早恋，这类学生成绩跟不上，往往自暴自弃，感到寂寞无聊，于是通过恋爱填补精神空虚；第四类是家庭经济条件较好，喜欢吃穿玩乐，讲究物质享受的职校生，有能力支付"拍拖"的种种费用，那么，谈恋爱变成他们显示家境富裕富有的一种途径和方式。当然，不能为了"防微杜渐"而机械地用这些教条去"对号入座"，要善于从职校生的行为变化中细致观察，及时发现早恋的先兆。

在职业学校，实际上并没有正式的标准界定早恋。根据调查，早恋的职校生总有一些反常的表现，常有如下一些信号：变得喜欢爱打扮，特别讲究发型、衣着，注意修饰自己，常对着镜子左顾右盼；学习成绩突然下降，上课心不在焉，经常走神、沉思幻想、注意力分散、思想不集中，经常无缘无故旷课、迟到早退，甚至逃学；情绪起伏大、不稳定，时而春风得意兴奋，时而乌云满天忧郁，有时烦躁坐立不安，或者萎靡不振；在家不愿和父母多说话，经常找借口外出，瞒着父母在公园、歌厅、网吧等场所，有时还说谎；放学回家喜欢一个人躲在房间里，或待在一边想心事，时常目光发直；总好像做错了什么，眼神游移不定，做什么事情总是心不在焉，无耐心；突然对描写爱情的文艺作品、电影、电视感兴趣，喜欢谈论男女之间的事，爱看言情小说，复制或摘抄其中精彩的情爱描写，喜欢哼唱流行爱情歌曲；对老师、家长比较介意或反感，从而故意回避他们，背着家长偷偷写信、写日记、电话或上网，看到别人赶忙掩饰等。

有早恋现象的职校生，由于兴奋、紧张、恐惧，加上精力的消耗，在学习、生活、课外活动中会有异常表现，一般都表现出与众不同之处，更重要的是其活动规律出现一些明显变化：在情绪上产生突然的变化，本来活泼好动的突然变得沉默无语，对父母、亲朋和同学不愿多接触。进入青春期的少男少女爱打扮是正常的，但早恋中的职校生常常在穿衣打扮上有追求成人化的倾向。在学校里经常独往独来，就餐、就寝时间与其他同学不同步。假日不出门的时候，独自闷在屋里写信、看小说、写日记，时而又进进出出似乎特别忙，以往从不愿让家长知道的去向和时间，现在会事先预告，并且会准时出门，按时回来。常常在出去之前，对父母特别温顺，善于察言观色，投其所好，一改以往的冷漠冷淡。收到的信件、短信或邮件突然增多，上网时间或手机话费增加等。如果职校生有以上表现，特别是有掩饰性的特点，应该意识到很可能是在谈恋爱。

职校生早恋具有神秘、奇妙、热烈而又脆弱、敏感等特征，心理类型可以归纳为7种：一是爱慕型，即由于爱慕对方的外貌仪表、能力专长或个性品格而产生的早恋现象；二是好奇型，即由于对异性的好奇心而产生的早恋现象；三是模仿型，即因为模仿别人尤其是成年人的行为而产生的早恋现象，主要来自社会生活、影视作品和报刊书籍；四是从众型，即迫于所处的同年龄群体或周围人的压力产生的早恋现象；五是愉悦型，即为了获得愉悦的情感体验而产生的早恋现象；六是补偿型，即为了获得感情补偿和排解受挫的情绪而产生的早恋现象；七是逆反型，即由于在两性交往中受到别人不恰当的干预所产生的早恋现象。

职校教师和家长为什么要反对职校生早恋？大概出于以下一些理由：担心早恋会使职校生分心，严重影响学习；担心职校生无知无畏，做出越界越轨的不当行为；担心职校生幼稚，不懂得如何选择自己未来的生活伴侣；认为职校生前途未定，不宜过早择偶。有成年人告诫职校生说："早恋是一枚包着糖衣的苦果！"也有成年人认为："早恋，犹如一朵美丽的罂粟花，吸引着情感变化期的青少年们，一旦沾染就会让人深陷其中难以自拔。""早恋就是精神鸦片，宁可让孩子恨我们一阵子，也不能让他们后悔一辈子！"有位作家说过，"早恋是一朵带刺的玫瑰，我们常常被它的芬芳所吸引，然而，一旦情不自禁地触摸，又常常被无情地刺伤"。正是社会及很多成年人不能正确对待早恋这一青春期现象，对职校生心理发展和成长缺乏常识性了解，不了解就无法理解，更不能接纳，没有接纳，积极的教育管理和心理引导也就无从谈起。

（三）职校生早恋的心理效应

早恋的职校生都有一个极其复杂的心理发展历程，其间既有欣喜，也有百思不解、难以倾诉的苦闷。恋爱的职校生承受着家长、教师的压力，一些同学的"白眼"或嘲讽，恋人的挑剔和故意的非难，这一切使心理承受力本来就差的职校生无法保持正常稳定的情绪。同时，早恋的职校生在课余课后很难与恋人见面，但又抑制不住对对方的思念，这时，有的往往会沉湎于幻想，在胡思乱想中寻求慰藉，在"白日梦"中得到满足。有的学生则将社会的道德、责任抛到一边，对玩感情游戏乐此不疲，疯狂地追求另类的性刺激。由于这些痛苦的心境和不健康心态的存在，使这些职校生的人生观、价值观、世界观和性道德观受到严重扭曲。

有研究表明，早恋是影响青春期学生心理健康的主要生活事件。早恋的职校生情绪不够稳定，好冲动，易动感情，自控力较差，常常会产生焦虑、烦躁、疑惑、嫉妒等不良情绪。在这些情绪的影响下，很容易产生食欲不振、浑身无力、头晕恶心等症状，久而久之，就会出现消化道疾病、低血糖症状等。由于"爱情"具有排他性，只能接受两个人的小天地，早恋的职校生很难融入集体生活，性格也容易变得孤僻。心理发展很不成熟，加上外界的压力，早恋多半是不成功的，而失败给双方带来严重心理创伤，处理不好对以后的婚恋产生消极作用，甚至有的因此轻生或者终生不再婚嫁。有的职校生虽被拆散，却给他们的心理造成了终生难愈的创伤，有的职校生却是逾拆逾紧密，甚至不惜与家庭决裂。

沉湎于早恋的职校生无心学习，多数沿着"感情直线上升，成绩直线下降"的轨迹运动，是十分自然的，也是屡见不鲜的。由于对恋爱缺乏正确的认识以及充分的心理准备，早恋中的波折往往成为职校生心理问题的应激源。因为早恋不光是风和日丽的春天，也有寒风刺骨的冬季；在早恋的小河中常常会波澜叠起，漩涡环生——早恋的职校生时常要经受嫉妒和失败的折磨。这一切对于涉世不深、意志薄弱、情感易于冲动的职校生本来就是一种"超负荷"运载，沉重得几乎要压垮全部稚嫩的心灵。有的由此自暴自弃，越陷越深；有的则从"地上"转入"地下"，变为秘密行动；有的双双离家出走，避开父母；有的消极厌世，甚至轻生。因而，从心理实质上看，早恋是职校生心理不健康的一种表现，容易导致青春期心理危机或障碍。

从积极的视角去认识和分析，早恋现象可能产生一些有益的心理影响：培养职校生人际交往能力和自主独立能力，提高自信心。培养职校生的勇气与承受挫折能力、审美的能力。有利于满足职校生渴望接近异性的心理，学习处理男女关系，为将来的恋爱与婚姻作准备、打基础。有利于缓解职校生学习和生活的压力，获得更多的积极情绪，拥有情感上的寄托，使精神不感到空虚。有助于培养职校生对他人，尤其是对异性的鉴别能力和理解能力，提高情商。总的讲，早恋行为给人感觉纯洁神圣而美好，往往也更值得回忆。这样说来，职校生早恋未尝不是一件好事，至少并非一无是处，作为职校教师和家长不应该粗暴生硬地阻碍青春期恋爱的发生。

二、职校生早恋的心理特征与成因

职校生的早恋现象并不鲜见且有愈演愈烈的势头，学生之间对于恋爱现象也司空见惯。职校校园里出双入对早已不再是什么新闻，"单飞"的孤雁反倒成为"另类"。他们或成双成对上学回家，或搭肩搂背出入娱乐场所，一点也不感到害羞，有的甚至早已越过"雷池"。据广东某市计生部门调查，中职生发生性行为的比例高达20%。职业学校应当高度重视职校生早恋低龄化、公开化和数量激增的趋势，认真分析探究其成因。

（一）职校生早恋的心理特征

青春期职校生的早恋行为有以下几个特点。

一是冲动性。职校生出现早恋行为，大多没有经过深思熟虑，随心所欲，不问后果，带有明显的游戏性特点。他们往往因一句动听的话、一封友好的信、一个爱慕的眼神、一次特殊的交往而动情，开始谈情说爱；或者在情感的冲动下，主动以写信、传条子、约会、送礼物等方式向异性表示"爱情"。相互之间只要看一眼，就有一见如故、一见钟情的感觉，觉得相见恨晚。于是，暗送秋波，眉来眼去，立即成为关系特别的异性朋友。有职校教师说，一些职校生的早恋常常是三步曲，一日相会，二日拉手、拥抱，三日就粘在一起了。

二是盲目性。职校生出现早恋行为，在一定程度上并非是情感达到炉火纯青的程度。他们对于早恋关系的发展结局并不明确，有的是出于一种时尚，有的仅仅是同学之间开玩笑撮合而成。他们主要是渴望与异性单独接触，但是对未来组建家庭、如何处理恋爱与学业关系、如何区别友谊与爱情都缺乏明确的认识。出于对异性的向往而进行恋爱，只要对某一异性的某些特点有好感，认为对方声音好听，球打得好，就会偷偷地眉目传情，或干脆写信约会，带有明显盲目性的特点。

三是不稳定性。早恋关系是一种充满变化、极不稳定的感情关系。由于正处于一个急剧变化的生理心理发展时期，突变性强，对早恋问题或结果考虑不成熟。有早恋关系的职校生内心充满矛盾，既想接触又怕被人发现，早恋的过程中愉快和痛苦并存。出于对异性容貌、能力、风度、性格等的倾慕而进行恋爱，开始对爱情有了自觉的追求。职校生的理想志趣爱好性格等也往往会发生变化，从而引起爱情的变化。职校生相互之间一对一的早恋关系缺乏持久性，一般不会持续很长时间。可能因为一点小事就闹翻脸、分手，情感投资前功尽弃，恋爱关系烟消云散。

四是模糊性。有些职校生感情模糊不清，似乎是在爱，似乎又不是真爱。有的是把对某个异性的一种好感、一时好奇当成了所谓爱，正如有"假性近视"一样，这是一种"假性的爱"。他们彼此间的接近，大多出于座位相邻，性格相近，爱好相同，情趣相投等缘故，还有的是外貌的吸引，为寻求知音、异性知己等缘故。男女同学之间多年同窗共读，终日朝夕相处，每天都能碰到，可以学在一起，吃在一起，玩在一起，很自然地牵手，然后就爱得糊里糊涂，甚至在 QQ、微信上老公或老婆相称。

五是肤浅性。大部分职校生的早恋并不是一种真正意义上的恋爱，多是想到什么就做什么。20 岁之前的爱情主要是被异性的外貌吸引居多，其次是性格的吸引，真正有内涵的恋情不多见。与成年人相比，职校生的早恋是很单纯的，自认为感情基础是真诚而健康的，相互之间喜欢说"我爱你"，其实他们还不懂得什么是真正的爱。他们比较幼稚，没有生活经验，还不能全面深刻地理解恋爱的全部内涵。认为爱就是一切，不要附加任何条件。早恋时他们所说的"永远爱你"往往是一种天真的幻想和难以实现的空话，往往会在现实生活面前碰壁。

（二）职校生早恋的心理症结

1. 社会文化环境产生的心理污染

社会环境是影响职校生早恋心理的决定因素，社会环境的健康与否直接关系到职校生成长。当今社会生活的丰富和开放，文化娱乐的多样化，大众传播中性、婚恋内容的剧增，同龄人的互相感染式影响，都促进职校生性心理的早熟和性意识的强化。特别是一些不健康的"性文化"如色情文学、影视、音乐等泛滥，诱使一些职校生模仿、效尤，导致早恋，甚至误入歧路而违法犯罪。而今天打开电视，各种"婚姻速配"类的栏目让职校生目不暇接；走近电脑，黄色网站、垃圾网站比比皆是。大街上，到处是衣着暴露性感女郎的宣传画；电影院门前不堪入目的海报，让职校生脸红心跳；书店里摆着的读本，光看书名就让职校生想入非非；金曲排行榜中，除了看不懂歌词的歌曲，就只剩下"抱一抱，抱一抱，抱着我的妹妹上花轿"之类了。一些黄色小说、网站、不良书报杂志，低级趣味的影视录像，大多以谈情说爱、婚外恋、第三者为内容，对于分析能力和判断能力正在发展中的职校生来讲具有很强的诱惑力，无疑带来了一系列潜移默化的消极影响。再加上社会对青少年早恋的过度渲染，描写青少年早恋的作品、影视节目纷纷出台，对于伴随电视、网络成长，模仿力很强的职校生早恋起到一种推波助澜的作用。不良的社会价值观念和传媒中不良信息的负面影响是青春期职校生产生早恋的"催化剂"。

2. 家庭生活情感需求的心理缺失

早恋之所以发生，大部分的原因是职校生缺乏足够的感情关注，或缺乏与父母在感情上的有效沟通。出现早恋现象的许多职校生来自不良的家庭。这样的家庭或结构缺失，或教育失当，从而给职校生带来许多不利的影响。比如家庭关系紧张，家庭生活冷漠、压抑，缺乏家庭温暖，不能获得足够的情感关注。家庭结构残缺（丧偶、离异）缺少爱抚，渴望获得异性的关爱。有些职校生的家长工作繁忙，无暇顾及子女或长期在外地工作，子女隔代抚养或寄托给他人等，缺乏与子女心理与情感上的交流和沟通，使职校生情感需要得不到满足。还有些家长的教育方法不得当，简单粗暴、蛮横专断，或者是对子女不管不问，任其发展。也有些家长情感和行为不检点，沾染了一些恶习，使职校生对家庭关系极为不满。爱是人的基本需要，在爱的荒原上的职校生最容易步入早恋的歧途。在现实家庭生活中失去什么，职校生就会去寻求什么。失去的温暖与关爱越多，寻找补偿的动机和愿望也越强烈。

3. 职业学校教育管理的心理误区

教育管理方式的不当是早恋产生的另外一个重要因素。青春期教育缺失和性教育保守是职校生早恋现象产生的主要原因。由于青春期教育特别是性生理、心理教育滞后，不少职校生缺乏正确的性意识，产生对性的神秘感和畸形的好奇心，这也是造成职校生早恋的重要因素之一。有些教师视男女关系教育和性教育为禁区，时时小心翼翼，不肯轻易涉及，生怕"触雷"。只将精力用于教学，对学生的心理发展和情感需要则有所忽视，对早恋现象避而不谈，睁一只眼闭一只眼，使得学生早恋成风。为抵御社会的不良现象，有些职业学校极力反对、明令禁止早恋现象，采取封闭式管理等手段，希望能够扼制住早恋之风。通常职校有明确的规定：严厉禁止学生在校谈恋爱。有些学校对男女学生的交往草木皆兵，高度紧张，将所有正常的异性交往都与早恋等同，随意盲目地怀疑学生。一旦发现有早恋现象就大做文章，采取公开批评、扣查信件、禁止交往等做法。有些学校或班级采用"收取早恋保障金""早恋就开除""男女生保持44厘米距离防止早恋"等"堵"的做法。越是被压制压抑，职校生早恋的愿望就越发膨胀，偷偷摸摸的爱情反而让他们觉得更具诱惑力。

4. 职校生青春期发展的心理叛逆

青春期称为"第二次断乳期""危机期""风暴期"和"反抗期"。早恋的职校生往往与集体显得格格不入，他们喜欢独处而不愿与同学来往，自感羞愧而不敢面对大家。同学们都用异样的目光看待他们，他们早已成了班集体的对立面和"嫌弃儿"。老师担心他们惹是生非，对待他们也是冷淡、严肃的态度。一些家长更多的是怨气冲天、严密封锁、一概不许，采取简单、粗暴的办法，损伤了他们的独立人格和自尊心。这样不仅不会使职校生的早恋降温，反而会使他们的感情更加固化，他们会从对方那里得到更大的安慰和感情的寄托，从而使早恋升级。如果早恋者在家里、学校受排挤或打击，得不到温暖关怀，就会加剧同对方的恋情以寻求温暖，患难相爱更深。青春期的职校生都有一种逆反心理，你说他在恋爱，他会否认，你越反对，他越反感，越要在一起。最典型的就是"你们不许我这样做，我偏要这样做"。父母急躁的审问和老师粗暴的干涉，可能把本是单纯的同学关系催化成相依为命的恋人关系，正常的异性交往会迅速向早恋关系发展。一旦强烈的孤独感和宣泄感把职校生"挤压"到一起，他们形成逆反心理，就会互相鼓励、互相给力，以共同反抗打击他们的"敌人"，身处困境的共同遭遇会促使他们情感联结得更加紧密，为了寻求温暖和慰藉他们甚至会做出越轨的举动。

也有人认为，早恋其实是一个不科学的概念，是一个具有明显道德批判色彩的贬义词。现实中有关早恋的种种"罪恶"，不过是人为地给青少年之间的一些正常现象贴上了"早恋"标签，然后再对这些被贴上标签的现象高度恐惧，进而采取不恰当的应对措施所导致的。青春期恋爱的不良影响，不是恋爱本身，而是来自当事人对恋爱受到成年人，主要是家长与教师压制的担心和恐惧。在职校教育管理中，不应该用"早恋"这样带有主观感情的词汇来描述。对传统用"早恋"描述的现象，如果用其他一些中性概念如青春期恋爱或青少年恋爱、中小学生恋爱来代替"早恋"一词，作为涵盖自中学生年龄以下的未成年人的异性恋爱的概念，会使教育管理的用语更科学、更人性，更没有强加的道德批判色彩，更有利于正确理解和对待这些心理现象，为职校生的健康成长提供更加和谐的环境。

三、职校生早恋的积极教育管理策略

对待职校生早恋现象，职校教师应从理解、尊重、关怀、信任入手，对症下药，因势利导，采取人性化、心本化的积极教育管理策略，才能达到预期的教育目的。

（一）积极认识早恋学生的心理世界

理解早恋学生的心理世界，既隐蔽、含蓄，又率直、外露。由于他们多少意识到中学生早恋是不妥当的，可能会影响学业与进步，家庭、学校、舆论的压力使他们产生一种心理制约力，因而理智的抑制多于感情的外露。处于青春期的职校生和成人一样有自己的隐秘世界，他们渴望成年人的指导，同时也希望成年人理解和不要揭他的隐私。实践证明，只要用亲近、关心而不是鄙夷、歧视，用尊重、理解而不是讥讽、挖苦去对待早恋的职校生，他们一般是会听从劝告，接受教育的。当他们的情感得到尊重时，更容易接受来自成年人的理性的指导。教育要建立在尊重他们人格和情感的基础上，重在以情感人，以理育人，帮助他们尽快走出情感的沼泽和漩涡。

理解早恋学生的心理世界，唯有平等坦诚、有的放矢的对话，才有可能实现教育管理的目的。处理学生早恋问题时，在整个过程中要充分尊重理解学生，把握好谈话的方式。有人针对学生早恋现象做过这样一项问卷调查：在"当你的'交往过密'行为被发现后，你最希望班主任、父母采取哪种处理方法？"62%的学生最希望采取说服教育的方法。职校生有渴望教师与他们对话的要求，教育者只有以对话者的身份，通过平等真诚合作的对话才能真正收到教育的效果。如果只是板着教育者的脸孔居高临下的对他们说些空话大话套话，往往会适得其反。

理解早恋学生的心理世界，应坚持教育者的立场和态度。理解不是放任自流或者姑息迁就，对待校园恋情应该保持宽容、理解的态度。需要的是爱护、同情、谅解，需要的是设身处地的理解，需要的是理性的引导。善于洞察他们的心理、思想状况，了解他们的家庭背景，有针对性地做好引导教育工作。要采取和风细雨的方法，用亲近、理解的态度与学生交谈，耐心倾听学生的诉说。要适当地自我表露，拉近双方的心理距离，运用身边事例说明早恋的危害，指出存在问题。一方面，让职校生明白初恋是人生中最纯洁的感情之花，不论它开在什么时候都应该珍惜；另一方面，让职校生明白异性间的接近是以倾慕为基础的，要想让对方注意自己，就必须让自己变得更加出色。

（二）积极把握应对早恋的心理原则

无数事实证明，任何简单粗暴的方法只能适得其反。切忌态度粗暴，方法简单，对职校生冷嘲热讽、挖苦训斥或批评责备，说一些过激的语言，或惩罚、体罚，压制、限制职校生的交往活动和范围。对待早恋问题粗暴禁止，简单化处理，不仅达不到预期效果，还会使事情走向反面。过多的批评只能引起职校生强烈的反抗，对大人产生怨恨情绪，有的可能因此对婚恋产生恐惧心理，成年后仍对婚恋行为心有余悸。苏联教育家马卡连柯指出："恋爱是不能禁止的。"苏霍姆林斯基也认为，"对学生精神生活和他们隐秘的角落采取粗暴的态度，最容易从男女青年的相互关系中驱逐出一切高尚、有道德的、明快的审美情感，并把爱情的生物本能的一面推到了首位"。所以"教育者要善于掌握分寸，要有敏锐、体贴入微的态度，以便让爱情作为一种能使人高尚的珍贵情感，进入正在成长中的年轻一代的精神生活中去"。

正确的态度是解决早恋现象的关键。早恋并不是见不得人的低级下流的感情，不是"十恶不赦"的不健康的行为，用不着惊慌失措，更用不着大呼小叫，采取一些"专政"手段。对职校生的早恋行为，切不可对此讳莫如深，既不能把它当成洪水猛兽、如临大敌，也不能听之任之、置之不理、任其发展，更不能盲目支持他们早恋。既不要做"法官"给予道德批判，给早恋的学生贴上"思想复杂""情感龌龊""不思进取"的标签，也不要代替学生做出"谈"或"不谈"的选择或决定。一旦发现学生有早恋倾向，千万不要乱扣"帽子"，不要公开批评、另眼相看。对已经早恋的学生不可歧视，尤其不能大造声势、大张旗鼓，给个纪律处分了事。不要动辄就向家长告状，甚至把"包袱"甩给家长。

对于青春期恋爱现象，不粗暴制止，不提倡支持，不庸俗描述，不褒贬评价，不炒作渲染，这是一种教育理性的积极态度。所谓积极的态度包括三方面：第一，不鄙视歧视。教师要充分理解尊重和宽容学生，以客观、冷静的态度对待职校学生的感情问题。第二，不公开张扬。早恋的职校生往往怕老师和家长知道，一般多从事"地下活动"。教师一旦发现要为学生保守秘密，而不能公开示众、责骂羞辱。第三，不避讳放任。对早恋学生要在私下开诚布公地交流思想，通过摆事实、讲道理，让学生认识到早恋的消极影响和可能危害。反之，对职校生的早恋现象，不闻不问，不教不管，放任自流，则是不负责任的态度。教育引导不一定就能够奏效，默许迁就同样是一种教育失职。

（三）积极运用异性交往的心理效应

早恋对职校生来讲，无论最终的结果如何，都是一种心理体验与人生经历。从心理角度看，男女同学的正常交往活动是有益无害的。进入青春期的男女同学都希望自己能够成为受到异性注目和欢迎的人，为此他们会尽力地改变自己、完善自己，这也是一个自我发展、自我评价、自我完善的最佳心理环境，是克服自身缺点及弱点的好机会。由于男女同学各自特点不同，男生往往比较刚强、勇敢、不畏艰难、更具独立性，而女性则更具细腻、温柔、严谨、韧性等特点，男女同学的正常交往可以促使双方互补，对他们的性格发展和智力发育都有益处。在学习、游戏、旅游、体育比赛等活动中，很多职校生在异性面前都会有一种异样的心理感受，一种难以言表的愉悦与兴奋，而且特别愿意在此时表现出自己的长处。这些都说明，正常的异性交往对职校生的心理健康发展有促进作用。使职校学生既认识到对异性有好感是正常的生理心理现象，又要充分认识到：早恋是一枚未成熟的果子，它的味道又苦又涩，只有等到成熟时才会又香又甜。

对于与异性同学的交往，应正视并进行正确的引导与教育，建立信任感。运用"异性交往的心理效应"，不仅能成为预防和克服学生"早恋"的有效手段，还会给班级管理带来意想不到的良好效果。有意识地经常组织异性学生间心理互补，编排座位时注意男女生的搭配，安排班干部时考虑男女生的比例和配合。在开展学校、班集体活动时注意男女生配合等，增加男女同学接近的机会，有利于消除职校生进入青春期后产生的烦恼和对异性的神秘感，使男女同学间保持和发展正常的同学友谊。经常地开展异性同学间的互学互帮互助活动，并使之成为一种风气，有利于形成健康向上的班风校风。指导他们正确处理和异性的关系，增强自控能力，学会驾驭自己的感情，发展正常的异性同学交往，学会"真爱请等待"。

（四）积极扮演辅导引导的心理角色

面对职校生早恋，要坚持积极辅导、热情引导、正确疏导、才能因势利导、防患于未然，收到较好的教育实效。时时体现"以人为本"的教育思想，正确运用心理学中的"自己人效应"。要使学生认为你是"自己人"，这样提出的建议易于被接受。要有诚挚的爱心，尊重理解学生，同情他们的不幸，把学生当作"自己人"来看待，而不是管教的对象，时刻注意"自己人效应"的运用，让学生切实感觉到老师是贴心的朋友和知己，能够帮助他们解决困难，消除戒心，缩小师生间的心理距离，从而使学生乐意接受教师的观点、态度，提高心理辅导的成效。教育者所要做的是在帮助和引导学生，而不是在管住或控制学生。随时把握职校生的心态，一旦发现有了早恋迹象，就要及时并机智地通过暗示、点拨与谈心；当学生出现早恋问题时要耐心地做说服、教育工作。有时故意忽略反而可让他们有自我反省的时间，冷静地处理感情。

面对职校生早恋的隐患，职校教师要动之以情，晓之以理，导之以行。青春期的职校生思想、世界观尚未定型，前途未决，可变性还很大，实际最终成功的可能性小；从情感上说，大都是一时的冲动，难保永久；在意志上，自制力差，易感情用事，做出"越轨"的事情；从经济上看，远未具备恋爱自立的经济基础；从精力和时间上看，必然出现与学习争精力、争时间的矛盾现象，最终牺牲学习，从而影响未来生活，丧失发展机遇，那真是得不偿失。可见，无论从哪个方面看，都不宜贸然开始青春期恋爱。对存在早恋倾向的职校生提出忠告：要提高自我保护意识，尽量不使早恋行为影响到正常的学业，不能让早恋行为给自己和对方的身心带来伤害。

（五）积极倡导助人自助的心理技术

一位教育专家这样告诫："对男孩儿女孩儿的恋情问题需要理性的驾驭和意志的控制。要记住：秋天才能成熟的果实不要在春天采摘。"苏霍姆林斯基说过，"真正的教育，只有当学生有自我教育的要求时方才可能实现"，"只有促进学生自我教育才是真正的教育"。把解决早恋问题的权利还给职校学生自己，教他们自主把握成长，才是积极的教育良策。只有提高职校学生认识情感、把握情感的能力，才是解决早恋问题的根本办法。

要向出现早恋苗头的学生伸出热情之手，指导他们审视反思自己是否有恋爱的资本与资格，成功的恋爱需要比较高的心理成熟水平。使他们认识到在思想尚未定型，心理尚未成熟，经济尚未独立，事业尚未定向，各方面还处于发展阶段就过早谈恋爱，对自己身心发展和现在的学业、生活等都可能不利。可以设计这样几个问题让其深刻思考，然后慎重地做出决定：①你在心理上能够完全离开父母而独立自主吗？②你有真正意义上的异性朋友吗？③一旦恋爱，你能给他（她）什么呢？④你知道恋爱中如何把握分寸，不发生越界（轨）行为吗？⑤如果恋爱受到挫折，你能做到不无理地憎恨对方，不无理地伤害对方和自己吗？要理智地告诉自我，让童心再次驻留心间，把对异性的美好感情珍藏在心底，让友谊长存。当遇到异性表达爱慕之心时，要文明理智拒绝但要有策略，最好是从容淡定、若无其事地冷处理，注意不侮辱挖苦，不嘲讽、训斥、谩骂对方，也不过分张扬，随意报告老师或向同学朋友公开，使异性难堪，伤害对方自尊心。

对于初陷恋爱的职校生，要充分考虑他们的心理承受能力，选择科学有效的教育方法。一是学会"跳"出来。早恋虽易使人陶醉，但在年轻幼稚、各方面都不成熟的情况下恋爱，得到的将不是幸福与欢乐，而是痛苦和烦恼。所以要引导学生用理智战胜情感，跳出烦恼的圈子。二是学会"冻"起来。就是要求学生把情感冻结、埋藏起来，让其"冬眠"，把精力集中到学习上来。三是学会"隔"开来，与爱恋的异性不单独接触来往。要尽量避免两人在一起，学校和家长就要为他们创造一个良好的人际环境，发动一些与他们关系较为密切、品行良好的同学与他们多接触、交往。

（六）积极实施教育关爱的心理策略

应以广博和深沉的积极关爱对早恋的职校生进行积极的疏导。即以正面教育为主，晓之以理，动之以情，循循善诱，指导他们正确对待异性，用道德的力量和自控能力驾驭自己的感情。引导学生确立以学为主的思想，并用健康有益的文化娱乐活动占领课外阵地，切勿陶醉同窗早恋中以致失去大好年华。寻找合适的机会巧妙暗示，含蓄表达出早恋学生的问题，指出早恋的心理危害和负面影响，让早恋的学生感觉到你似乎是有所指又无所指，达到旁敲侧击的目的。另外，对于一些缺乏家庭温暖的职校生，就更应该用家庭的温暖和关爱将他们的"心"拉回来。

职校教师要鼓励有早恋倾向的职校生积极参加各种活动，丰富他（她）的精神生活，把兴致、注意、精力都转移到活动中，转移到竞争中，转向渴求知识、发展智力、增强体质方面，转移到追求崇高的精神生活。积极参加各种活动，一方面可以培养职校生对科技、文艺、体育、专业技能等各种比赛活动的浓厚兴趣和高尚情趣；另一方面，可以利用活动中健康、宽松的男女交往环境，在集体活动中进行正常的情感交流，增加职校生对更多异性的了解，逐步培养对异性的正确态度和健康的关系，把握与异性交往的分寸，锻炼理智分析和冷静控制情感的能力。

苏霍姆林斯基说："中学生的爱情是一个现实的、无法回避的教育问题，用不着抱什么神秘的态度，不是一讲'性教育'就有什么副作用，而应作为一个道德教育问题来研究，找到规律按规律办事，正确引导。"积极对待职校生早恋现象，职业教育管理者需要转变观念，更需要理解信任、耐心宽容的智慧与艺术，加以合情合理的积极引导，促进职校生清醒认识自己成长发展过程中的主旋律，正确认识自身的生理心理变化，形成健康的心理素质和良好的道德修养，让自己的青春期充满和煦的阳光。

本章小结

早恋是当今职业学校教育管理中相当敏感且最为棘手的问题之一。本章从心理分析视角解读职校生早恋的概念，阐释职校生早恋现象的心理类型、心理特征和心理影响。从社会文化环境的心理污染、家庭情感需求的心理缺失、职校教育管理的心理误区、职校生青春期的心理叛逆四方面探讨早恋现象产生的心理症结。从积极心理学视角提出职校教育管理对策：积极理解早恋学生的心理世界，积极把握应对早恋的心理原则，积极运用异性交往的心理效应，积极倡导助人自助的心理技术，积极扮演引导辅导的心理角色，积极实施教育关爱的心理策略。

职校生专业学习心理与职校积极课堂教学

职校学生的专业学习是职业教育最为关注的问题，促进和引导职校生学习心理和谐发展是一项系统工程。职校生专业学习中存在不少消极心理问题与状态，阻碍他们的专业成长和个性发展。正确认识职校生专业学习的心理世界，反思问题，追根溯源，对症下药，因势利导，才能培养职校生专业学习的积极心态。深入推进职校教育教学改革，科学建构积极课堂教学模式，是提高现代职业教育技术技能人才培养水平，进一步促进积极职业教育发展的重要举措。

一、职校生专业学习的消极心理与原因分析

教育部文件《中等职业学校学生心理健康教育指导纲要》（教职成〔2004〕8 号）提出，"中等职业学校学生正处在身心发展的转折时期，随着学习生活由普通教育向职业教育转变，发展方向由升学为主向就业为主转变，以及将直接面对社会和职业的选择，面临职业竞争日趋激烈和就业压力日益加大的环境变化，他们在自我意识、人际交往、求职择业以及成长、学习和生活等方面难免产生各种各样的心理困惑或问题"。而当前职业学校学生在专业学习中存在的心理问题更需要高度重视、全面分析。

（一）职校生专业学习常见的消极心理

职校教师经常抱怨，自己在讲台上讲得劲头十足，学生在课堂上要么

呵欠连天、睡觉，要么一脸茫然、"神游天外"，甚至玩手机、打游戏、吃东西、看小说、聊天的学生也大有人在。一些教师认为，职业学校学生对课程的内容往往"左耳进、右耳出"，基本上是一群文化基础知识薄弱、不愿意学习、不思进取的"学差生"。较低的生源质量使职业学校成为问题学生的聚集区域，职业学校教育似乎成为"三流教育""差生教育"的代名词，职校生几乎成为"后进学生"的同义语。这使部分职校生存在比较突出的消极心理，就像一位职校生所说："读了职校后我一点也不开心。走在外面都好像比别人矮半头似的，感觉真的很差。"他们觉得在职校就读的自己是人生的失败者、淘汰者，自己的未来是黑暗的、没有前途的，毫无希望可言，从而自暴自弃、自甘落后❶。

职校学生普遍存在专业学习的诸多心理问题。不少职校生对进入职校学习自信心不足，对学习目标几乎没有什么考虑，只求能够过得去，得过且过；一些职校生在学习上过分追求"实用化"、急功近利，觉得思想品德和文化基础等课程学了将来也没用还不如不学，学习动机层次较低；也有不少职校生在初中阶段就没有养成良好的学习习惯，没有掌握适当的学习方法，因为不会学因而学不好、不愿学最终发展到厌学、逃学；同时他们缺少必要的反省意识，不会合理安排学习时间，更不懂得对学习上的失败进行合理归因，对学习的元认知能力水平较低。一些职校生迫于父母的压力，读不进书又不得不读书，对学习存在比较严重的恐惧心理，一到要考试就倍感焦虑，有明显的厌学情绪及行为❷。

职校生专业学习的消极心态，主要表现在三个方面。

1. 比较突出的专业自卑心态

职校生对自我和专业存在消极认知，大多认为自己在升学考试中失利，被迫选择进入职业学校，是中考升学的"落水者""低能儿"，是学校、班级的"多余人"和"边缘人"，看不到自己的长处，夸大了自己的不足，觉得自己什么也不如别人，自己总是低人一等。过低的评价自己，自我怀疑、自我设限，"我不能""我不会""我不行"成为他们的口头禅

❶❷　崔景贵. 职校生心理教育论纲［M］. 北京：科学出版社，2013：21，71－72.

与思维定式，渐渐失去了人生的目标与追求。许多职校生不仅对自我感到自卑，对自己所学专业也是消极评价，认为自己的专业将来难有作为，无法实现自己的人生抱负与理想。

2. 比较普遍的习得性无助感

职校生的习得性无助感主要表现在成就动机水平低、自我效能感低、自我认知评价低、心理健康水平低四个方面。他们认定自己是一个彻头彻尾的无能者，无论怎么努力也不会取得成功。遇到困难不做任何努力就轻言放弃，一学习就感到紧张、恐惧，怕上学、怕见老师、怕考试，更怕公布成绩，甚至逃学和离校出走。面对学习失败，不少职校生认为是"运气不好""教师教得不行或考得太难"，或者"自己的脑子不好使""先天不足"。由于长期处于班级"最底层"被漠视、歧视、缺乏关爱，一些职校生产生抑郁、焦虑、社会适应不良，甚至渐渐变得自我中心、自私狭隘、自我封闭，与人相处敏感多疑，觉得自己不受欢迎，与同学关系疏远❶。

3. 比较常见的被动应付状态

部分职校生消极对待学习问题，对专业学习缺乏兴趣，甚至厌学，然而迫于家庭的压力，他们不得不继续接受学习，这种被压迫的感觉使他们更加讨厌学习，对课堂教学安排要求总是被动应付，甚至出现逃课逃学现象。对家长提出学业上的要求，教师布置的学习任务，他们可能满口答应，实际上却是糊弄应付，甚至不予理会，表现出"口是心非""言行不一"的情况，只求能够"混"到毕业，巴不得早点离开学校课堂去就业。

（二）职校生专业学习消极状态的教学反思

职校生在专业学习中产生诸多消极的状态与心态，主要有以下几个方面的原因。

1. 职业教育教学观念陈旧落后

职业学校的部分教师沿用传统教育观念，存在"教师中心化"和"普

---

❶ 崔景贵. 解读职校生"习得性无助"现象：心理症结与教育策略［J］. 中国职业技术教育，2013（12）：65－72.

教化"等问题。"以教师为中心"的观念使整个职校课堂以教师的"教"为主,学生只能被动地接受专业知识,难以参与到课堂教学中去,对课堂没有归属感,渐渐也就习惯了在课堂上走神等。有些职业学校对自身的办学定位存在偏差,在课程设置上没有把握住职校的专业特性,存在"普教化"倾向。课程设置以文化基础课程为主,辅之以少量的专业课程,实践课程更是少之又少,偏离了职业教育教学的轨道,自然让职校学生对课堂兴致不高,在课堂上无精打采。

2. 专业课程教法机械呆板

职业学校教学方法一直沿用传统的做法,课堂上基本以教师的讲授为主,很少考虑学生的实际水平与接受能力及兴趣所在,一些职校教师的教案甚至连续用了好多年,更有教师完全是填鸭式、注入式讲课,把教学理解为"念书",课堂上缺少互动性、实践性与活动性,学生对课堂教学环节几乎没有参与感,对专业知识技能"听不懂""不想动"也就"学不来"。

3. 课程教学内容抽象枯燥

职校生在学习中注重实际,愿意学习"有用的"操作知识,对于"无用的"理论课程则兴趣平平,而部分职业学校由于设备条件等原因开设了大量的理论课程,实践课则偏少,让学生缺少动手的机会。对于很多专业原理等理论性知识,学生没有切身体验很难真正理解。同时也有许多内容脱离职校生的实际水平,显得过深、过难、过于抽象,学生听得云里雾里,渐渐就提不起学习的兴趣。

4. 课堂教学环境沉闷单调

职校课堂中教师的教和学生的学如同两张皮被分割开,师生之间缺少必要的互动,很难建立民主平等、彼此信任的师生关系。教师常常只关注学生的成绩,很少对班级人际关系进行建设,同学关系比较冷漠,缺少心灵交流,无法相互理解、相互尊重、相互促进。没有良好的、积极的课堂人际环境,课堂教学环境自然就显得沉闷、压抑,学生也很难出现相互鼓励、共同进步的情况。职校教师在授课过程中并没有将教学环境和学生未来的工作环境联系起来,学生在学习过程中体验不到任何的愉悦感,学习的积极性也会大大降低。

5. 教学评价方式片面消极

传统的教学评价方式大多以学生的成绩、名次作为教学效果的唯一评价标准，而多数职校生的学习基础比较差，在学习中较容易遭受失败与挫折。一旦学生成绩偏差，职校教师就认为教学效果不好是由于学生的学习态度不认真、不努力、不用功，很少从肯定、欣赏的角度评价他们，使得学生经常处于一种压抑郁闷状态，逐渐形成习得性无助感。

职校生的专业学习心态与课堂教学之间是相互作用、相互影响的。消极的课堂教学模式必然导致职校生专业学习中的消极心理状态。消除职校生专业学习存在的消极心理状态与问题，促进职校生实现更积极的职业心理发展，要从推进职业教育教学改革创新入手，对职校课堂教学方式与过程进行积极建构。

二、心理学视野中的职业教育行动导向教学范式

行动导向教学是20世纪80年代德国职业教育改革的重要成果，在德国已经被普遍接受和推广，是现代职业教育教学的一种新范式。职业教育被认为是德国第二次世界大战后创造经济奇迹的"秘密武器"，而行动导向教学范式被誉为德国职业教育的"锐利工具"。正因为行动导向教学对于培养人的全面素质和综合能力有重要的作用，世界各国职业教育界与劳动界的多学科专家对这一范式日益推崇、深入研究。这里对职教行动导向教学范式的基本问题进行解读，以进一步汲取其思想精华和理论精髓，科学构建积极行动导向的现代职教教学范式。

（一）职教行动导向教学范式的心理基础与目标

所谓行动导向教学，又有实践导向、活动导向、职业活动引导等说法，是一个包括获取信息、制订计划、做出决定、实施工作计划、控制质量、评定工作成绩等教学环节的完整的行动过程。简而言之，即为了行动而教学，在行动中教学。行动导向教学是对传统的教育理念的根本变革，是职业教育教学论汲取融合现代心理学思想精华而形成的一种新思潮。

1. 职教行动导向教学范式的心理基础

从行动导向教学范式的基本内涵，追溯其心理学的理论基础，可以清晰地看到认知心理学的建构主义学习理论是其形成的主要依据，而发展心理学的多元智能理论和人本主义心理学的非指导性教学理论等对行动导向教学也有重要影响。

（1）建构主义心理学理论。建构主义学习理论认为，学习过程并不是简单的信息输入、存储和提取，而是新旧经验之间的双向的相互作用过程。知识不是通过教师传授得到，而是学习者在一定的情境即社会文化背景下，借助他人（包括教师和学习伙伴）的帮助，利用必要的学习资料，通过意义建构的方式而自我获得。学习是个体自我建构知识的过程，这意味着学习是主动的，学习者不是被动刺激接受者，要对外部信息做主动的选择和加工。建构主义学习理论提倡教师指导下的以学生为中心的学，突出了意义建构中学习过程的主体性。德国职业教育界认为，行动导向教学范式与建构主义学习理论的基本思想在本质上是相同的。

（2）多元智能理论。美国心理学家加德纳提出的多元智能理论认为，人类智能是多元的，每个人都不同程度地拥有相对独立的 8 种智能，包括语言智能、逻辑数理智能、空间智能、身体动觉智能、音乐智能、自然智能、人际智能和自省智能，而且每种智能有其独特的认知发展过程和符号系统。因此，教学方法和手段就应该根据教学对象和教学内容而灵活多样，因材施教。多元智能理论提供了一种积极乐观的学生观，即每个学生都有闪光点和可取之处，教师应从多方面了解学生的特长，并相应地采取适合其特点的有效方法，使其特长得到充分的发挥。按照加德纳的观点，学校教育的宗旨应该是开发多种智能并帮助学生发现适合其智能特点的职业和业余爱好。如果能充分挖掘个体的各种潜在能力，教育教学和学生发展就能取得各种成功。行动导向教学强调挖掘个体自身的潜在智能与独特优势，注重培养职业行动能力。

（3）人本主义心理学理论。人本主义心理学家主张以学习者为中心，认为学习就是学习者获得知识、技能和发展智力，探究自己的情感，学会与教师及集体成员的交往，阐明自己的价值观和态度，实现自己的潜能，达到最佳的境界。人本主义学习论者认为必须尊重学习者，把学习者视为学习活动的主体；必须重视学习者的意愿、情感、需要和价值观；相信正常的学习者都能自己指导自己，具有"自我实现"的潜能。教师对学习者应当无条件积极关注、真诚和移情。人本主义心理学理论在教学中的应用，最成功且影响最大的则首推美国心理学家罗杰斯以"学生为中心"的非指导性教学理论，其基本思想是将教学的重心完全置于学生身上，积极彻底地强调学生的"心理自由"。因为在学习上给予学生自行决定或参与决定的机会越大，则学生的动机水平越高。行动导向教学正是以人本主义心理学理论为基础，基本原则与人本主义的非指导性教学理念异曲同工。

此外，德国劳动心理学的行动调节理论、范畴教育的教学论等也是其重要的理论依据。行动导向教学范式正是在对这些理论的借鉴、发展和融合的基础上，经过多年的实验实践和总结提升才建构起来的。

2. 职教行动导向教学范式的心理目标

随着职业教育的进一步发展，对职业教育培养目标提出了更高的要求。现代职业教育目标注重学生的社会适应能力和创新实践能力的培养，即全面职业能力的培养。行动导向教学过程遵循目标指向原则，目标要尽可能的具体和可以被感知，学生和教师都要明确计划和行动的目标。行动导向教学以职业行动能力为目标，引导学生主动学习，联系实际问题学习，尊重学生的价值和情感需求，张扬个性，提升精神，真正提高学生的综合素质。

（1）职业能力目标。从根本上讲，德国职教行动导向教学就是一种以"实践为导向"、以"能力为本位"的教学法思想，注重实践性教学环节，突出职业能力的综合培养。更确切地说，行动导向教学所追求的目标是以学生行动过程为导向，强调理论与实践的统一，强调培养学生的职业行动能力。作为行动导向教学的培养目标，职业行动能力结构可以从不同维度进行分析，从能力的性质上可分为基本职业能力和关键能力，从能力的内容上可分为专业能力、个性能力和社会能力。❶ 职业学校教育不应仅局限于学生职业行动能力的培养，人际交往交流能力、终身学习能力、方法能力等也是不容忽视的。

（2）学习领域目标❷。行动导向教学立足于引导学生，启发学生，调动学生的学习积极性，使学生在学习过程中由过去"教师讲学生听"的被动学习变为主动探索行动的学习。行动导向教学实施的基础＝用心＋用手＋用脑，要求学生在学习中不只用脑，而且是脑、心、手共同参与学习，寻求学习的最佳效果，其目标是培养学生的学习能力，让学生在活动中培养兴趣，积极主动地学习，让学生学会学习。与传统的讲授式教学法相比，行动导向教学最大的特点是让学生学会学习，掌握方法，提高行动能力。

（3）综合素质目标。在整个行动导向教学中学生始终占据主体地位，教学质量的高低最终通过学生的综合素质得到反映和体现。行动导向教学不仅让学生"学知识"，而且要学会学习，还要学会做事，学会生存与发展，学会与他人交往合作。行动导向教学通过情境模拟、案例研究、角色扮演、项目教学、实验教学等，塑造学生认知、社会、情感和精神等方面的积极人格特征，包括学生的思维品质和批判精神，文明习惯与生活态度，需求调节与团队合作，责任感与自我意识等方面。采用行动导向教学，学生在获取真知和能力的行动过程中，必然会引起综合素质的积极变化。

通过教学活动基本规律的理性分析，可以基本确定行动导向教学对现代职业教育目标的适应性。行动导向教学范式因其在培养和提高学生的全面素质和综合职业能力方面起着十分重要的作用，从而代表当今世界先进

---

❶　职业行动能力概念一般也简称职业能力，在德国是一个比较复杂的历史性概念。德国学者对职业行动能力有自己的特殊理解。1999 年德国各州文教部长联席会议通过制定的《职业相关性课程的框架教学计划制定指南》，将职业行动能力划分为专业能力、社会能力、个性能力。本章沿用这种说法。而国内职业教育界一般认为职业行动能力包括方法能力、专业能力、社会能力。

❷　德国各州文教部长联席会议对学习领域的定义是：学习领域是一个由学习目标表述的主题学习单元。姜大源，吴全全. 当代德国职业教育主流教学思想研究［M］. 北京：清华大学出版社，2007：32－33.

的职业教学理念，成为现代职教教学改革的一大亮点和一面旗帜。

（二）职教行动导向教学范式的心理过程与角色

职业教育行动导向的整个教学过程可分为收集信息阶段、制订工作计划阶段、决定阶段、实施阶段、检查阶段和评估阶段。在行动导向教学过程中，遵循"资讯、计划、决策、实施、检查、评估"这一完整的行动过程序列，学生通过自主独立的行动实践，掌握职业技能、习得专业知识，从而构建属于自己的行动能力、生活经验和知识体系。在教学中教师与学生互动，学生、教师的地位和角色都发生根本的转变。

1. 职教行动导向教学范式的心理过程

行动导向教学强调：学生是学习过程的中心和学习行动的主体，教学要以职业情境中的行动能力为目标，以基于职业情境的学习情境中的行动过程为途径，以自我调节的学习行动为方法，以师生及学生之间互动的合作行动为形式，以学生自我建构的行动过程为学习过程。

行动导向教学是自我建构、完整行动的过程。行动导向教学理论的特征之一是自我建构、重构和解构学习。在行动过程的框架内，知识系统不是从外部"输入"的，而是在学生个体内有机生成的，因而在具体的行动情境中，其内化于个体大脑中的有机成分将能很快地从内部"输出"，迅速转换为实用而有效的行动。从广义上讲，学习者个人决定了教学过程，主动组织这一过程并进行反思。教学过程主要是自我定义的，学生参加全部教学过程。从信息的收集、计划的制订、方案的选择、目标的实施、信息的反馈到成果的评价，学生参与问题解决的整个过程。这样学生既了解职业行动的总体目标，又能够清楚行动过程每一环节的具体要求，从而全面提高行动能力。

行动导向教学是学会学习、积极行动的过程。行动导向教学过程中，案例化学习、研究性学习代替了肤浅的结构化的知识学习。学生参与教学实践活动过程，就是解决问题、学会学习的过程，也是获得经验、自主行动的过程。学习是一种行动，行动的主体——学生就必须处在一个主动的地位。学生不再是一个被动受教育的客体，而更多的是一个行动的学习主体，充分发挥学习的主动性和积极性，积极主动地变"要我学"为"我要学"。从某种意义上来说，学生作为行动者也是学习过程的"研究者"，至少是学习过程的"参与研究者"。

行动导向教学是教学相长、师生互动的过程。行动导向教学是教学相长、师生互动型的教学模式。教师与学生的人格地位是平等的，师生之间在教学过程中是一种互动合作、相互促进、和谐融洽的积极型关系。行动导向教学中，教师不再是知识的权威和象征，也不会再是一个"施教"的主体。教师不应是传统意义上传道授业的教师，而课堂教学更不应该是一种单纯的老师讲、学生听的教学模式。行动导向教学要求教师使用轻松愉快的、充满民主的教学风格进行教学，只控制教学过程，不控制内容；只控制活动主题，不控制答案。

2. 职教行动导向教学过程中师生的心理角色

行动导向教学以学生学习为中心，教师处于辅助地位，突出的是学生的学习活动。教师的作用从教学过程的主要承担者和知识的传授者摆脱出来，淡出主角，在教学中教师更多的是学习行动的促进者、鼓励者、支持者、咨询者与协调者。

学生的主体角色。行动导向教学是以学生为主，让学生担任主角，在获取信息→制订步骤→决策→付诸行动→检查过程→反思与评估这一完整的思维过程中完成整个工作过程。通过学会获得信息，学会计划，学会决策，学会独立完成任务，学会自我分析判断检查完成任务的质量，学会评估这6个步骤，学生可以获得知识，掌握技能，形成能力。学生是教学过程的主体，学生对学习过程的自我控制，主要表现在：一是目标明确的学习，由学生自己设立学习目标，是解决问题的或产品指向的学习；二是整体性的学习，包括计划、实施、评价等各环节的职业工作全过程；三是合作式的、研究性的、创造性的、发现性的学习；四是反思性和批判性的学习，学生在"做"的过程中思考，总结经验，提升能力，完善素质。

教师的专业角色。在行动导向教学方式的转化中，教师的角色发生了变化，由过去课堂教学的主导地位，变成课堂教学活动过程的"主持人"。但这并不影响教师作用的充分发挥，相反对教师的专业素质和角色要求则更高了。

第一，教学过程引导者。行动导向教学要求教师的主要职能必须从"授"转变为"导"，教师成为课堂学习行动的"导师"、学习情境的"导演"和学习过程的"导游"，他们的责任是激发学习的行动，引导、维持课堂，对整个学习过程进行发动、监督、帮助、控制和评估，积极提供资源，答疑解惑，给予建议，当好学生的参谋和助手。教师要全面真实自然地扮演操作行动的"教练员"或指导者，计划执行的"咨询员"或辅导者，矛盾冲突的"协调员"或疏导者，探索创新的"引航员"或倡导者，检查反馈的"巡视员"或督导者，充当学生行动过程、工作过程或学习过程的"信息员""服务员""观察员"和"管理员"的专业角色。

第二，教学实践研究者。德国职业教育界的创造性工作，或者说行动导向教学范式的独到之处，就在于把"教师成为行动研究者"的理论成功运用于职业教育教学。教师是行动导向教学范式实践的研究者，而且是行动导向教学研究的"当局者"；行动导向教学是反思性实践，教师是反思性实践者。行动导向教学要求教师能够灵活采用多种教学方法、方式，如大脑风暴法、卡片展示法、项目教学法、文本引导法、模拟教学法、角色扮演法、思维导图法、案例教学法等。综合运用行动导向教学，教师要认真研究教法，更要积极研究学法，而深入研究教法也是为了更好地改进和指导学法。

第三，教学成效评价者。现代职业教育理论认为，基于科学发展观的行动导向教学评价观应该是以人为本的整体性评价观，职业教育的评价将发生由功利性向人本性的转变。行动导向教学成效在于学生行动能力的改变，包括由内化而至外显的行动。对学习者个体实施评价时，教师要全面把握以专业能力、个性能力、社会能力、学习能力、方法能力、交流能力等元素整合后形成的职业行动能力为评价标准。所涉及的核心问题就是，教师既要关注对显性能力评价，还要关注对隐性能力评价，遵循整体性、主体性、发展性、科学性等基本原则。

（三）职教行动导向教学范式的心理特征与原则

任何职业劳动和职业教育，都是以职业的形式进行的。这意味着，职业的内涵既规范了职业劳动（实际的社会职业或劳动岗位）的维度，又规范了职业教育（职教专业、职教课程和职教考试）的标准。职教行动导向教学范式的目标指向明确，职业针对性强，教学效率高，已经形成了独具特色的个性化教学风格。

1. 职教行动导向教学范式的心理特征

理论与实践相结合是职业教育中一切教学方法选择、使用和评价的基本特点。从心理学角度分析，职业教育行动导向教学范式具有如下特征。

（1）职业发展性。在教学目标定位上，行动导向教学的出发点是提高职业行动能力，而现代职业教育的一个明确目标就是要发展职业行动能力。"职业教育中的职业，是一种教育的职业，是来自社会，高于社会的职业；职业教育的专业，不是普通教育的专业，不是高等教育目录中的教育专业，而是更多地具有职业的属性。"❶ 职业教育的职业属性要求职业教育的教学过程应尽可能与职业的工作过程保持一致性，因而这一整合将"强迫"学习过程依照职业的工作过程展开，让学生主动思维和探索，以便获得完整的职业行动能力。

（2）情境活动性。在教学环境设计上，行动导向教学应尽量以真实或实际的经验情境或行动情境作为教学的基础。即为了职业情境中的行动而学习，通过学习情境中的行动来学习。通过创造某种特定的"环境"（或称"情境"），让学生在教师所设计的学习环境中进行学习，使每个学习者都有施展个性能力的机会和舞台。这种教与学通常围绕某一课题、问题或项目开展教学活动，强调多种教学媒体的综合运用，倡导学生参与教学的全过程，重视学习过程的活动体验，个体和集体的教学活动互为补充，注重主体的情境感受和经验积累，在形象、仿真的环境中评价、检查学生分析和解决实际问题的能力。

（3）学科交叉性。在教学内容选择上，行动导向教学具有跨学科融合、多学科交叉的特点。跨学科的理念是行动导向教学根据内在逻辑而产生的，因此它并不以学科结构为导向，而是采用非学科式的、能力本位的教

---

❶ 姜大源. 建立以行动为导向的职业教育课程体系［J］. 人民政协网. www.rmzxb.com.cn，2008－12－17.

学设计选择教学内容。行动导向教学内容安排上不是传统的学科体系，而是根据教学目标分类要求，以职业行动能力为指向，以职业工作过程分析为基础，以职业"学习任务"为载体，横向综合各有关学科的知识点和技能，形成新的课程结构——学习领域。

（4）积极主体性。在教学对象认识上，行动导向教学视学生为主体，调动学生学习的自主性、积极性，强调学生学习动机的激发和学习品格的培养。行动导向教学关注学生的学习兴趣和需求，让学生对所学的内容感到好奇，感到惊讶、提出问题并能自主反思。同时充分尊重学生的个性，注重学生自信心、自尊心和责任感的培养，不断地启发和鼓励学生。行动导向教学并不要求学生是一个完美的人，而是一个会犯错误并能从错误中学习的人。教学过程中教师要多关注学生的优点，少讲不足和缺点，允许学生犯错误，不允许武断批评和粗暴惩罚学生。

（5）团队合作性。在教学组织形式上，行动导向教学鼓励和支持学生以团队合作形式共同解决提出的问题，强调在团队学习中发挥每个学生的主体作用和独特优势。在教师引导下，学生以团队互助、分工协作的形式进行学习，共同参与活动过程，共同讨论交流，共同承担工作责任，扮演不同的职业角色，分享彼此的学习经验，在互相支持和鼓励的合作学习过程中最终获得问题解决。

2. 职教行动导向教学范式的心理原则

行动导向教学要求遵循职业教育教学基本规律和学生心理发展成长规律，正确处理教学过程的基本关系。"行动导向教学法的基础是基于以下假设的，即职业行动能力的发展特别需要教学安排的支持，在这些教学安排中，学习过程是以行动为导向的。"[1] 从教学心理学的角度归纳行动导向教学的基本要求，概括为五大优先的基本原则。

第一，能力优先原则。在知识目标与能力目标关系上，行动导向教学的核心是注重职业能力的培养，真正从职业技能教育入手，让学生愉快

---

[1]［德］Bünning, Frank：职业技术教育培训（TVET）中的行动导向教学法导论——心理学原理及其相关教学理念（内部资料）. Bonn：Internationale Weiterbildung und Entwicklung GmbH, 2007.

地、轻松地完成学习任务。行为导向教学能做到在团队活动及社会交往中培养与人合作的能力，在活动中通过展示技术和作品的训练培养表达能力，在综合性的实践活动中培养社会能力。学生在自行制订工作计划、提出解决实际问题的思路和在评估工作结果等活动中，形成工作方法和解决问题的方法与能力，不断把知识内化为能力。显然，采用行动导向教学获得知识符合人的职业成长规律，学生的综合职业能力通过实践得到全面锻炼，避免了过去单纯重视专业技能的状况，从而真正实现职业教育的价值——培养那些不能被机器所取代的职业能力。

第二，行动优先原则。在理论学习与实践活动关系上，行动导向教学遵循学习理解过程中的行动优先原则。德国联邦职业教育研究所原比较研究部负责人劳尔·恩斯特女士指出，行动即学习原则。学习就是一个行动过程，通过"做"来学习——坚持"做中学"的基本原则。学生通过学习情境中的行动来学习：行动构成学习的基本起点，尽可能自己行动或通过思考再现行动。为了行动而学习，这是教学目标；通过行动来学习，这是教学过程；行动就是学习，就是做中学、学中做，教、学、做合一。学习者的行动包括两个层面：有组织的学习过程中的行动，在工作生活和个人生活中非组织性的学习过程中的行动。职业教育中学习过程的设计应该以人类行动（完整的行动）的基本结构为导向。

第三，建构优先原则。在课堂讲授与自我建构关系上，行动导向教学具有三个典型的特征：基于行动、生成和建构意义的"学"，学生主动存在；基于支持、激励和咨询意义的"教"，教师反应存在；基于整体、过程和实践意义的"境"，情境真实存在。❶ 在建构主义学习环境下，学生和教师的角色和作用与传统教学相比发生了很大变化。学生不再是受到外界刺激的被动接受者，而是知识意义的主动建构者，教师也不再是传统教学模式下的知识传授者，而是促进学生主动建构意义的指导者。而卓有成效的职教行动导向教学成功的关键，在于寻求建构与指导之间的平衡，实现

---

❶　姜大源. 指导优先原则与建构优先原则的特征及其融合——关于职业教育行动导向的教学原则及其思辨［J］. 职教通讯，2005（2）：5-8.

指导性教学原则与建构性教学原则的融合。

第四，学习优先原则。在学生学习与教师教学关系上，行动导向教学的显著特点是：教学主体活动是学生的学习，而不是教师的教导。行动导向教学是从教学生"学会学习"目标出发，使职业教育教学从注重"教法"转到注重"学法"，将学生的学习与学生发展密切结合起来。行动导向教学体现了"以学为本，因学施教"的教学准则，因为"学"在学生的活动中占据主导地位，而教则应因学生、因学习过程施以不同的"教"。"教"在学生的学习、成长和发展中起着辅助和促进的作用。

第五，整合优先原则。在教学过程与教学评价关系上，行动导向教学具有整体统一性，坚持理论学习与实践活动一体化，教学目标与德育要求一体化，行动过程与评价过程一体化，核心就是实现工作过程、行动过程与学习过程一体化的融合。这里所说的行动，既包括个体的主观意识行动，又包括个体的客观具体行动，即要实现动作行动与心智行动的整合。行动导向教学由师生共同确定的行动产品引导教学组织过程，让学生的所有感觉器官都参与学习，达到脑力劳动和体力劳动的统一（Meyer，1989）。每个单项学习的累积与各个部分的结合，可以成为有机的教学过程整体。

职教行动导向教学过程需要遵循上述基本原则，不断开发学习条件和资源，形成积极的制度环境、组织环境和学习环境，给学习者提供更大的自主建构和自由发展空间，使其更加充分灵活地行动和学习，最优化地实现职业教育教学目标。

（四）职教行动导向教学范式的实践诉求

职教行动导向教学范式是一种现代教学指导思想和课程建设理念，是一种先进的职业教育思潮和完整的职业教育模式。目前，行动导向教学范式日益成为世界职业教学理念的完美组合、各国职业教育改革的重要依据。推广和使用这种范式已经成为现代职业教育、培训的主要发展趋势，也必将对现代职业教育教学改革与发展产生极为深刻而广泛的影响。

第一，树立实施积极职业教育的新理念。行动导向教学范式促进人们更深刻地认识职业教育的本质和功能，职业教育不是单一的知识传授或技能训练教育,不是"补差"式教育或者"二流"的教育,不是学习"失败者"的教育,也不应该是消极防御、被动应付的"救火式"教育。职业教育对学生的培养不应该"削足适履"、整齐划一,而应该鼓励学生扬长避短、个性化多元发展。我们需要树立以人为本、助人自助、育人至上的积极职业教育新理念❶,以积极的认知方式和思维方式把握职业教育目标,大力开展以行动为导向的职业素质教育,积极实施主体发展性教学过程,建构积极的职业教育管理模式。

第二,树立现代职教教学设计的新概念。行动导向教学不是职业教育的一种具体方法,而是一种教学设计的科学理念,使得职业教育在一种全新的概念与模式下运作。职业教育教学设计与学生的认知世界结合越紧密,则他们越能将自己的个人经验和评价纳入学习过程。职业教育教学应遵循职业能力形成的规律,优化行动导向教学设计思路,将知识目标与能力目标按职业行动规律进行递进分类,针对每一类别设计教学项目,每个项目教与学的全过程采用行动导向准则设计教学环境和情境,让学生学会"用正确的方法做正确的事",在自主行动过程中形成职业能力和综合素质。

第三,树立促进职校生心理发展的新观念。职业学校教师要科学认识职业教育与职校生心理发展的辩证关系,全面客观地理解和评价当代职校生,把握职校生心理发展的基本特征,引导学生强化自信心、自尊心、责任心和进取心,促进职校生的个性和谐发展,让职校生心理世界充满和煦的阳光。职业学校教师要对当代职校生的职业发展和专业成才抱有信心,积极关注职校生的学习过程和成长历程,引导学生真正"学会学习,学会做事,学会共处(共同生活)和学会发展"❷,获得积极的人生发展观和职业价值观。

第四,树立开展校本行动研究的新思维。职业院校要借鉴职教行动导

---

❶ 崔景贵. 育人为本:我国职业教育创新变革的基本策略 [J]. 教育与职业,2007(30):10-12.

❷ 国际21世纪教育委员会向联合国教科文组织提交的报告. 教育——财富蕴藏其中 [M]. 北京:教育科学出版社,1996:2-3.

向教学范式具有规律性、普适性的科学研究成果，自主开展个性化的校本行动研究，强化教师树立"我是一个研究者"的意识，探索职教专业课程建设、教学方法的新途径、新举措，以高质量、有特色、重行动、求实效为目标，全面推进职业教育教学改革，形成适合职业教育实际的行动导向教学课程体系和操作体系。

彻底的行动导向教学是职业教育范式的一次"革命"，必将带来现代职业教育前所未有的崭新面貌。我们应该充分吸收职教行动导向教学范式的思想精髓，积极运用职业教育心理学的新成果，促进现代职业教育教学的改革深化与创新发展，建立真正适合中国本土文化的、具有中国特色与气派的现代职业教育行动导向教学范式。

三、职校积极课堂教学范式建构的基本策略

课堂教学改革的关键在于职校学生学习方式的变革，而学生学习方式的根本转变取决于职校教师课堂教学方式的彻底转变。职校教师要改变传统教育教学观念，从心出发、用心而为，培养学生积极的心态，启迪他们的专业心智，提升发展他们的心力，从理念、目标、过程、方法、环境和评价等方面入手，系统设计与科学建构积极课堂教学范式，引导和促进职校生专业学习心理和谐发展。

（一）积极课堂教学的心理意蕴

课堂教学模式是从教学的整体性出发，根据课堂教学的规律与原则而归纳提炼出的包括教学形式和方法在内的具有典型性、稳定性、易学性的教学样式。所谓积极课堂教学，就是让职教课堂教学过程充满生机活力，激发职校生生命的热情和学习的愿望，着力追求积极的学习目标与体验，培养积极的学习能力与品质，培育积极自主的个性与人格。积极课堂教学的核心元素是以积极为主线，以学生为主体，以学会专业学习为主题，以和谐高效课堂为主导。所谓学会专业学习，就是职校学生想学专业、会学专业和学好专业。积极课堂教学可以提升职校生对专业学习的兴趣，增加学习的积极性，促使其主动探索专业问题，让他们主动参与到课堂教学中来。

1. 从心出发，培育积极心态

课堂教学是心理活动过程。积极的心态是一种正向、乐观、进取的心态，对人的行为有积极的导向作用，积极的学习态度对学习速度也有一定的促进作用。职校生拥有积极的学习心态能够明确自己为什么学习，设立合理的学习目标；对学习有浓厚的兴趣、保持旺盛的求知欲；能够在学习中表现出认真、勤奋、谦虚等性格和自觉、顽强、坚韧不拔的意志品质，不会轻易被困难所打倒，对学习保持热情高涨的积极性，有助于学习效果的提高。❶ 培育职校生的积极学习心态，职校教师自身必须树立科学合理的教育观和学生观，建立民主平等的师生关系，努力营造和谐关爱的教学氛围。关注职校生专业学习心理，理解心理需求、把握心理特征、分析心理问题、开发心理潜能，用积极的眼光看待学生，增强职校生在学习生活中的自信心。教师还要多与职校生平等沟通，让他们产生被承认、被关爱、被尊重的感受，促进他们正确的自我认识。在教学中要关注每一位学生的发展，让他们都有展示自我的舞台。❷

2. 用心教学，启迪专业心智

职校生拥有专业心智，可以用专业的眼光去观察问题、理解问题、判断问题、解决问题，促进他们专业思维的发展，加深对专业知识的理解，最后有助于他们将所学专业知识应用到实践中去。职业教育倡导心本管理，在课堂教学中教师对学生要做到将心比心，以心"换"心，以心"唤"心，以心"焕"心。职校教师要用心与学生交流，给学生以关爱与尊重，用爱心去召唤，用心灵去面对他们，尊重他们的人格与差别、对课堂上的问题学生宽容耐心，以积极教育的心本管理代替对问题学生的担忧与斥责、挖掘学生身上的优秀品质与特点，对他们抱有期待，积极赞赏鼓励并用坚持不懈的精神转化、引导问题学生，促进职校学生健康和谐成长。职校教师还要改变传统说教的教学模式，用合适的教学方法调动学生学习的自主性，激发他们学习的兴趣，充分调动他们的思维，全面提高学

---

❶ 崔景贵. 学校心理辅导新论 [M]. 南京：南京大学出版社，2014：193.
❷ 赵建新. 培养中职学生积极心态的思考 [J]. 甘肃教育，2013（17）：57.

生的专业素养，尤其是专业的技能智能职能，专业的品质特质气质，专业的思考思维思想。

3. 导心服务，提升发展心力

心力即心理社会能力，指一个人的由内到外的综合能力水平，不仅能有效地处理日常生活中的各种需要和挑战，而且是个体保持良好的心理状态并且在与他人、社会和环境的相互关系中表现出适应的和积极的行为能力❶。职校生如果能够具有较高的心力，在专业学习过程中就会以坚定的信念面对困境，适应职校环境，积极主动地学习。提升职校学生心力要根据学生的生理、心理特点与规律，培养积极心理品质，完善心理素质，促进职校生的心理全面和谐发展。让学生在学习中看到成功的期望，明确努力的目标，获得前进的动力逐步发展完善自己。在课堂教学中要研究职校生的学习心态、学习方法（学习习惯）和学习兴趣。依此设定教学内容和方式，以提升职校生对专业学习的兴趣，让他们自发地、主动地学习，增强职校生的成就感、自信心。

建构积极课堂教学，基本任务就在于积极引导职校生专业学习心理和谐发展。心理和谐是指人的认知、情感、意志等内心活动处于平衡自然、协调统一的状态，对外界事物抱有平静适度、热情友善的态度，人与外界环境能够进行有效沟通，并能化解内部或外部冲突。职校生专业学习心理和谐发展，就是职校生在专业学习过程中能够积极、主动地探索与专业相关的知识，树立正确的专业学习目标，正确面对在专业学习中遇到的问题，并通过自己的探索积极地解决问题，对自己的专业发展有一个全面、细致的规划。职校生专业学习心理和谐发展，有利于职校生更好地专业学习，他们能够树立起自己的专业发展目标，并朝着目标努力，积极主动地参与到课堂中，认真吸收专业知识技能，敢于尝试学习和练习，主动克服专业学习中的困难，和老师之间能够彼此信任，和同学团结友爱、互帮互助。

---

❶ 陈明. 未成年犯心理社会能力特征及其干预研究［D］. 硕士论文. 漳州：闽南师范大学，2013：4－5.

（二）建构积极课堂教学范式的基本策略

职业教育教学改革的最基础单位是课堂，最终环节也将是课堂。现代职业教育教学改革的核心是建设优质高效的课堂教学，系统构建积极课堂教学模式要从教学理念、目标、过程、方法、环境和评价等角度入手，全面推进职业教育课堂教学改革，引导职校生专业学习心理的自主和谐发展。

1. 学生主体的课堂教学理念

课堂教学理念应该从传统的"以教师为中心"转变为"以学生为中心"。以学生为中心的课堂教学可以让学生主动地参与学习，调动起学生的学习积极性与创造性，提升课堂教学效果。以学生为中心的课堂教学理念，需要职校教师树立新型的学生观，冲破传统教育观念的束缚，尊重学生的身心发展差异，相信每一位学生的能力，注重启迪学生的兴趣与爱好，发展学生的个性，为学生的发展提供空间。同时职校教师还要对自身角色重新定位，改变原有的"上位者"心态，将自己的角色定位成学生的朋友、引路者和平等中的首席，在课堂教学中有意识地培养学生的自学能力、选择能力、思维能力、表达能力和研究能力等。

2. 注重学力的课堂教学目标

学力主要是指学生借助一定的教育环境和能力及积极的教育实践活动，所形成的自我获取、自我构建、自我发展、自我超越的态度、知识和能力的总和。课堂是学生学力生成的场所，就要把培养学生的学力作为课堂教学的目标来看待。职校设立以学力为重的课堂教学目标，可以培养职校生自主学习的意愿和适应社会变化的能力，培养学生终身学习的能力，在实施教学的同时，充分发挥学生的主观能动性。注重发展学生学力，要把培养职校生学习能力和学习毅力放到和增强学生学习动力一样的高度。在职校课堂教学中不能只关注学生动力的增加，学习动机水平的提高，还要关注在课堂中学生的专业技能、学习能力和探究精神的培养，努力提升学生的整体学力。

3. 合作高效的课堂教学过程

教学过程是课堂教学的一个重要环节，建设合作高效的课堂教学过程首先要让学生学会合作。让学生在合作中学习、思考、探究、讨论最终提高课堂教学的效率。让学生能够合作高效的学习需要师生、学生之间的关系和谐融洽，职校教师要从积极的角度出发，用宽容的心态面对职校生的不足，对他们多一些信任与赏识，对他们的进步要给予充分肯定与鼓励，积极发现他们身上存在的潜能，增加他们的自信。还要为学生营造一个相互信任、相互理解、心理和谐的班级环境。心理学家哈姆柴克认为：学生只有在心理上感到安全时，才不会退缩，敢于尝试学习。在教学中职校教师可以采用小组合作教学，根据专业特点将学生分成若干小组进行教学，教师提出一个开放性问题，学生独立思考后在小组中相互讨论最后得出问题的解决方案，教师只需要在一旁观察学生的表现并及时给予学生一些必要的引导。建设合作高效的课堂教学，教师还要了解学生的特点、兴趣、能力等，按照学生的实际情况为学生布置任务，让学生能够更加积极地投入到课堂教学中去。针对职校生的学习基础较差，课堂注意力不够持久的特点，"低起点、小步子、多活动、快节奏"的教学原则适用于职校课堂教学。即根据学生基础差的特点，让学生在较低的起点上，小步子前进，通过形式多样的教学活动让学生在做中学，从而促进知识的内化，并给予学生快捷及时的反馈、评价。这种教学方式由于教学目标比较切合学生的实际，让学生可以较为容易地获得积极肯定的评价，增加了学生的自信心，同时能够提升课堂教学的效果。

4. 行动导向的课堂教学方法

行动导向教学法是一种在教学中以学生为中心，注重培养学生能力的方法，在教师的行为引导下，在教学过程中通过创设教与学、师与生平等互动的交往情境以及教学各要素的重新组合，引导学生在与岗位职业相匹配的情境中，手脑并用、知行结合、理实一体、自主学习，在做中学，学中做❶。行动导向的教学方法并不强调学生所学知识的系统性，在教学中比较重视"案例教学"，重视问题的实际解决以及学生的自主学习，培养

---

❶ 徐书芝. 基于行动导向教学的中职学校教学改革研究——以石家庄第三职业学校教学为例［D］. 硕士论文. 石家庄：河北师范大学，2012.

学生的能力❶。项目教学、案例教学、模拟教学、角色扮演等，都属于行动导向教学法，但不管以哪种方式组织行动导向的教学活动，学生始终都是处于教学的核心地位，教师则处于咨询与辅导的地位，为学生提供帮助。教师在教学中引导学生主动学习，主动探索，使学生在学习中不仅掌握相应的知识与技能，自身的行动能力还能得到提高❷。

5. 互动探究的课堂教学环境

职校教师应该充分了解每一位学生的学习兴趣和特长及他们的专业实际水平，根据学生的实际情况设置教学内容与教学方式，在课堂上极力为学生营造敢于质疑与独立探究的空间，调动学生的积极性，让他们通过自己动手、动脑寻找问题的答案，创造性地解决问题，让他们在成功中获得自信，培养学生的动手制作能力、动脑分析能力和勇于创新能力，让他们转被动的学习为主动探究学习。职校教师还要加强班级人际环境的心理建设，在班级中营造出民主平等、彼此信任的师生关系和团结友爱、真诚互助的同学关系，让学生从独立的探索学习转为师生、学生之间的合作探究学习，在合作探究中发现知识，掌握知识，让职校生在形成探索知识能力的同时学会合作。

6. 多元整合的课堂教学评价

一要将学生在课堂教学中的表现作为课堂教学评价的主要内容，职校教师除了关注知识技能目标的达成外，还要关注学生在课堂上师生互动、自主学习、同伴合作中的行为表现、参与热情、情感体验和探究、思考的过程等，即关注学生是怎么学的。通过了解学生在课堂上如何讨论、如何交流、如何合作、如何思考、如何获得结论及其过程等表现，评价课堂教学的成效。二要考虑在课堂中是否体现了专业特色，只有将专业人才培养理念充分体现在课堂教学中，彰显职教课程的专业特色才能说是一堂好课。三要关注是否将专业理论知识与实践联系起来，只有这两者之间相互联系才能让学生从一个知识的被动接受者，变成知识技能的自主建构者、

❶ 贾格维. 行动导向教学法在职业教育中的应用 [J]. 职业技术教育，2007 (11)：21 – 22.

❷ 崔景贵. 心理学视野中的德国职教行动导向教学范式 [J]. 江苏技术师范学院学报（职教通讯），2009 (7)：25 – 31.

共同建构者，才能说明课堂教学真正有效、高效。

　　培养职校生积极的专业学习心态，就要推进职校课堂教学改革，构建富有职业教育特色与成效的积极课堂教学范式。从事现代职业教育的教师，应该具备尊重科学、挑战自我、追求卓越的精神与勇气，在课堂教学中大胆改革与创新，努力建构智慧和谐而高效优质的积极课堂教学范式。

本章小结

　　职校生专业学习的消极问题比较突出，存在自卑心理状态、习得性无助感和被动应付状态，从教学反思视角分析，主要原因是教学观念落后、专业教法呆板、教学内容陈旧、课堂环境沉闷、评价片面单一。行动导向是现代职业教育教学的一种新范式。建立适合职教改革创新需要的行动导向教学范式，需要树立实施积极职业教育的新理念，树立现代职教教学设计的新概念，树立促进职校生心理发展的新观念，树立开展校本行动研究的新思维。建设优质高效课堂教学是现代职业教育教学改革过程的核心任务。积极课堂教学的心理意蕴就是培育积极心态、启迪专业心智、提升发展心力。推进现代职业教育改革创新，职校要从理念、目标、过程、方法、环境和评价等方面系统建构积极课堂教学范式。

职校生技能竞赛心理与职校积极辅导训练

技能竞赛是检验职校教育教学质量的重要平台，是衡量职校生职业技能水平的重要标尺，已成为职业教育人才培养模式改革的一道亮丽风景线。技能竞赛不仅是职校生技术的比拼，同时也是心理素质的考验与较量。在职校生技能竞赛中，熟练的动作因急躁的情绪而被破坏，协调的技能因过度的紧张而僵硬，正确的方案因消极的思维而动摇，清醒的头脑因一念之差而紊乱，诸如此类由心理因素引发的问题现象并不鲜见。有句至理名言：好的心理是前进的助力器。要取得理想的技能竞赛成绩，就需要对职校生进行积极有效的心理辅导与训练。因此，探讨职校生技能形成的心理规律，有效调控心理过程，克服训练和竞赛中的心理问题，成为职业学校教育教学改革创新必须深入研究的重要课题。

一、职校生技能竞赛的心理问题与症结

（一）聚焦现象：职校生技能竞赛常见的心理问题

职校生技能竞赛的全过程可以分为训练和比赛两个部分。技能训练的过程实质上就是技能形成的过程，而比赛过程则是技能展示的过程，且后者可分为临赛前、比赛中以及比赛后三个阶段。对职校生技能竞赛给予心理支持，就应当关注训练和比赛过程中容易出现的各种心理问题。

1. 技能训练中的心理错觉现象

错觉是在特定条件下产生的对客观事物的歪曲知觉，会产生与实际不符的判断误差。职校生技能训练过程中容易产生的心理错觉现象，主要有以下方面。

（1）起伏现象。在技能训练中，起伏现象是指练习效应曲线呈波动形式，表现为成绩上升、下降、停顿的交替出现。总的来说，如果练习效应曲线总体呈上升趋势，且波动范围较小，则属正常现象；如果训练成绩长期起伏不定，且波动范围超过了可以接受的限度，表现异常，则需要仔细分析原因，探寻应对策略。一般认为，异常的训练成绩起伏反映的是技能水平的稳定性问题，而这种看法显然趋于表面化了。在技能训练过程中，有些学生会因为一时的进步而欣喜若狂，过度自信；会因为一时的受挫而急躁紧张，自我贬低。而这种心理活动的大起大落，表现在训练成绩上就是练习效应的异常波动。

（2）高原现象。练习效应中高原现象是指"技能练习达到一定水平后，练习成绩出现暂时停顿的现象"❶。主要表现为练习效应曲线在某个阶段保持一定的水平而不上升，甚至有些下降，出现了练习过程中所谓的"瓶颈期"。心理学研究认为，高原现象并非技能水平真正的"最高峰"，而是一种"黎明前的黑暗"——更高水平的成绩往往都是在突破高原现象以后取得的。但在实际训练过程中，一些职校生常常会对这种练习效应上的高原现象产生误读，以为自己的技能水平已达到顶点而再无可能的上升空间，以致自我怀疑否定，自我评价降低，练习热情下降，主动放弃努力行为，出现了心理意义上的所谓"高原现象"。

（3）饱和现象。所谓心理饱和，就是人已经处于一种非常厌烦的，不想再继续某项任务的心理状态，是指心理的承受力到了不能再承受的程度。在技能训练过程中，由于长期处于应激状态，职校生心理的耐受力和忍受力达到"极限"，从而出现严重的心理衰竭。一旦出现自我感觉上的心理饱和，职校生容易产生厌倦、紧张、疲劳以及烦躁等消极情绪，贬低

---

❶ 林崇德，杨治良，黄希庭. 心理学大辞典［C］. 上海：上海教育出版社，2003：396.

训练的作用或意义，降低训练和参赛的动机，对技能训练采取抵触或回避行为。

2. 技能竞赛前的心理倦怠现象

技能竞赛前特指专项技能训练基本完成到进入赛场正式比赛前的一段时间。该阶段的主要任务是技能的训练逐步让位于身心的调整，以获得最佳的比赛状态。技能竞赛前职校生常见的心理问题主要有两种。

（1）冷漠现象。一般而言，随着技能比赛时间的临近，参赛学生逐渐变得既紧张又兴奋。但部分学生出现相反的情绪状态，表现出一副事不关己的样子，缺失参加比赛的热情，不关心比赛的准备工作，这就是赛前冷漠现象。赛前冷漠往往会导致学生进入赛场后要么无法顺利进入比赛状态，要么突然的、持续的、难以缓解的情绪高度紧张，影响技能水平的正常发挥。

（2）退缩现象。指学生对即将到来的技能比赛感到害怕甚至恐惧，常带有明显的躯体化表征，表现为焦躁不安、尿意频繁、面红出汗等，言谈中涉及"再也不想比赛了"等回避想法，极端者会以各种理由突然提出放弃比赛，临阵脱逃。

3. 技能竞赛中的心理失常现象

怯场或发挥失常是技能竞赛中常见的问题之一，表现为没有发挥应有的技能水平或是在领先情况下先赢后输，引起连锁的负性心理反应。怯场的症状包括心跳加速、手腿发抖、掌心出汗、坐立不安等，主要表现为以下几种现象。

（1）克拉克现象。通常，人们将实力很强并有望夺冠的优秀选手在关键比赛中由于心理因素的影响未能发挥出正常水平称为"克拉克现象"。职校生技能竞赛中的"克拉克现象"也并不鲜见，有些学生在市级或省级比赛中成绩相当突出，甚至超过往年省级或国家级大赛的最好成绩，但是当人们普遍对其寄予厚望认为其志在必得时，他们却在更高级别大赛中发挥一般、令人大跌眼镜、倍感遗憾。

（2）choking现象。指在竞技比赛时，在占据优势处于领先的情况下由于心理压力过大导致技术动作变形，从而"反胜为败"输掉比赛的现象。在职校生技能竞赛中，"反胜为败"不仅影响最后的比赛成绩，同时对学生心理的负面影响尤为突出，容易引起较大的情绪波动，处理不当甚至会转化为学生成长过程中的"负性生活事件"。

（3）舌尖现象。又称为记忆空白现象，是一种"几乎就有了"的感受，意思是答案就在嘴边，却没有办法把它说出口或加以具体回忆、描述。舌尖现象比较常见，是因为大脑对记忆内容的暂时抑制所造成的。一些选手往往频繁地感觉到这一现象，但不会积极沉着应对，表现出惊慌失措、无所适从。通常换个环境适度放松或比赛结束之后，答案在不经意间又会自动出现在头脑里，而此时参赛学生往往又会懊恼不已。由于技能竞赛通常会涉及一定比例的理论测试，关注该现象具有重要的现实意义。

4. 技能竞赛后的心理无助现象❶

在技能训练过程中，职校对技能竞赛学生的心理支持与服务多是为了取得优异的比赛成绩，因而相对重视训练和赛前、赛中的心理辅导，往往容易忽视赛后学生出现的心理问题。一般来说，参赛的学生都是职业学校的佼佼者，比赛失利容易产生较大的心理落差，出现心理无助现象。心理无助是社会孤立感的一种，常常伴有沮丧、痛苦等情绪体验，如果不能得到外界及时有效的支持、谅解、关怀和鼓励，则容易产生失望、无望甚至绝望感，进而演变成为一种心理危机。

尽管职校生从技能训练到竞赛的过程中存在这样那样的心理问题，但问题在昭示不足与缺陷的同时，实际上也为职校有针对性地开展心理辅导工作明确了目标与方向，这就要求我们充分理解技能竞赛学生的心理状态，寻找问题现象产生的心理动因，探究问题行为背后的心理症结。

（二）症结分析：职校生技能竞赛过程的心理解读

对职校生技能竞赛的过程进行心理解读，关键要从总体上把握技能形成的心理过程和特征，分析影响技能训练和比赛的心理因素，寻找技能竞赛中可能存在的心理误区。准确把握职校生技能竞赛心理过程的变化，对

---

❶ 崔景贵. 职校生心理教育论纲［M］. 北京：科学出版社，2013：178－190.

于预防心理问题的发生，提高心理辅导与训练的针对性具有重要意义。

1. 影响职校生技能竞赛的心理因素

技能竞赛的基本特征是对抗性强、争夺激烈、依靠团队精神、比赛场面紧张刺激和扣人心弦，关键时刻一招定乾坤。因此，在比赛中除了较量选手的技术和体力外，他们的心理因素在决定比赛胜负中起到至关重要的作用。技能竞赛像体育竞技一样，硬件讲实力，软件讲心态。能否在赛场上正常发挥或超常发挥，关键取决于心态是否平稳。技能竞赛成功取决于实力与心态。实力是硬件，就是选手掌握知识技能的水平；心态是软件，就是选手的心理状态状况。但是在硬件水平差不多的情况下，软件的发挥则起到决定性的作用。职校指导教师要充分认识到心理因素对技能竞赛制胜所起到的关键作用，并学会正确看待学生的心理状态变化，有效解决学生的心理问题。

从职校生入选参赛代表队直至开始训练到最终完成比赛的过程中，随着不同阶段任务内容和要求的变化，学生的心理也发生着相应的变化，具有一些明显的特征，一般表现为：入选期的激动心态，训练期的心理波动，比赛期的紧张焦虑以及比赛失利后的灰心丧气。刚刚入选集训时，由于经过层层选拔而获得这样难得的机会，职校生往往带有强烈的自豪感和荣誉感、高度的自我认同感，对即将到来的训练充满了好奇心，希望自己能够取得优异成绩。但随着训练内容的深入和拓展、技能难度的增加、训练时间的延长、训练强度的加大，训练的成绩开始起伏不定，职校生的心理也出现明显波动，时而自信、时而失望、时而苦恼、时而喜悦等，多种心态交织贯穿于训练的全过程。临近比赛时，学生既期盼比赛，又害怕比赛的到来，担心自己发挥不佳，不由自主地考虑比赛的成绩与结果，紧张与焦虑的消极情绪体验居多。而一旦比赛结束，那些发挥不理想的参赛学生一般情绪低落消沉，不免感到特别失望、极度沮丧，甚至严重自责。

影响技能竞赛的心理因素涉及多方面，贯穿于训练和比赛的全过程。结合职校生的心理发展特点以及技能竞赛的性质，我们认为，自信心和自控力是影响职校生技能训练和比赛最主要的两种心理因素。

（1）自信心不足。自信是一种成功的信念，是技能竞赛取胜的基石。

作为个性心理特征特殊的青年群体，职校生普遍表现出不够自信，容易贬低自己高看对手，"我能行吗""我恐怕比不过他""我怎么可能拿第一"等，都是一些不自信的职校生经常挂在嘴边的话。职校生不自信不是与生俱来的，而是长期的学业失败经历或负性生活事件在心中留下的印记。现行升学评价体系注重知识考核、应试取向，职校生在学业成长过程中经历了太多的挫折，会以"受害者""落水者"和"失败者"自居，容易自我怀疑和否定，自卑心结难解。

（2）自控力不强。自控力是个体监督和调节自己行为的能力，包括自立、自主、自制、自强、自律等要素。技能竞赛的训练较为单调、枯燥，且周期长、难题多，需要放弃大量的休息和娱乐时间，如果缺乏自控力，训练的效果无法得到保证。而比赛时赛场瞬息万变，职校生受到裁判、记者、对手、气候、场地、工具等各种因素的干扰，再加上对荣誉、奖励的渴望，一旦缺乏定力、自控力不强，职校生就难以将注意力有效集中于技能操作，难以充分发挥正常水平。

显而易见，心理技能水平是影响职校生技能竞赛的重要因素。在技能学习和比赛中把最高的技术水平稳定地表现出来，职校生需要具有动员、调整和控制自己的心理过程及心理状态的技术，这些心理调节技术通过练习熟练掌握并能够有效地运用，就形成心理技能。职校生正处在心理发展的完善期，人格、思维等尚未定型，再加上技能竞赛的经验较为缺乏等，自主调节的意识不足。而技能竞赛的心理辅导，一般以教师运用心理技术进行外部干预为主，对职校生心理技能的自主培养还不到位，在一定程度上制约了职校生心理技能的掌握和运用。因此，技能竞赛训练中，要更加对心理技能水平不佳的职校生开展辅导。

2. 职校生技能竞赛的心理误区

职校生在技能竞赛中存在一些心理误区，导致技能竞赛过程中出现种种问题行为与现象。概括起来主要有以下几种。

（1）心理压力过大。适度的压力体验是职校生训练和比赛的不竭动力，但是心理压力过大就会成为一种阻力，对职校生参加技能竞赛具有破坏性的作用。心理学的研究表明❶，环境事件并不必然产生压力体验，认知因素在其中发挥着重要作用。职校生竞赛的心理压力过大，是压力源和认知因素共同作用的结果。如果职校生过分夸大技能竞赛的意义，或是对自己的能力过度怀疑，就容易体验到高水平的心理压力，继而影响训练和比赛的效果。从心理角度而言，由于外界刺激的增强，而导致较强的心理压力，并通过选手的比赛行为充分表现出来，如畏惧、过分紧张、竞赛动机不端正、目的不明确、信心不足、性格孤僻、情绪暴躁等，从而导致技术动作变形，战术完成不彻底，正常水平无法发挥。

（2）心理状态消极。技能的发挥不仅受技术水平本身的影响，同时与选手心理状态密切相关。心理专家在进行大量个案调查后，归纳了影响职校生技能竞赛正常发挥的"四个怎么办"：一是如果我比赛搞砸了怎么办？二是遇到了难题怎么办？三是竞赛中别人比我做得快怎么办？四是我赛不出理想的水平怎么办？如果缺乏针对性的应对策略，这"四个怎么办"无疑具有消极的心理暗示作用，会对职校生的心理状态产生不利影响。

（3）心理品质不良。心理品质是心理活动水平高低的度量，如记忆的持久性、准确性，思维的灵活性、深刻性等。一项关于职校生积极心理品质的研究表明："中职学生与全国高中生在积极心理品质的六大维度上均存在显著差异……除求知力、思维与洞察力品质差异不显著外，中职学生与全国高中生在13项积极心理品质上均存在显著差异。"❷ 由此可见，职校生心理品质整体水平不容乐观，表现在技能竞赛中的不良心理品质主要有：过度紧张或是放松导致的"粗心大意"，表现出注意的稳定性不够；由赛场突发事件，如裁判判罚、设备故障、对手完成情况等引起的遇惊就慌、遇变就乱、遇阻就急、遇难就怕，表明临场应变能力有待提高；由训练的时间较长以及技能的复杂性引起的怕苦、畏难、退缩等现象，反映了意志品质急需完善。

（4）心理危机易发。一般意义上的心理危机是指"当一个人面临困难

---

❶　余锡祥，汪剑．心理压力研究综述［J］．中国校外教育，2008（8）：1353－1354.

❷　张冲，孟万金，王新波．中职学生积极心理品质现状调查和教育对策［J］．中国特殊教育，2012（3）：80－85.

情境，而他先前的处理危机的方式和惯常的支持系统不足以应对眼前的处境，即他必须面对的困难情境超过了他的能力时，这个人就会产生暂时的心理困扰，这种暂时性的失衡状态就是心理危机"❶。竞赛后易出现心理危机的职校生，一般在训练中格外努力，对自己的要求较高，对比赛的结果有着较高的期望，往往过于看重比赛的意义，且性格通常较为内向。面对比赛失利，既无法回避，又无法用理性的方法来解决。总的来说，会表现出多方面的特征：情绪特别低落，有空虚感和丧失感，言谈中流露出自责、羞愧甚至罪恶感；在认知方面极化思维，作不合理的推论，如认为比赛失利自己的将来就一定没有前途、人生黯淡；在行为方面回避或排斥他人，拒绝别人的关心和帮助；在躯体方面食欲不振、严重失眠等。

二、职校生技能竞赛心理辅导的积极策略

专业技能培养是职业教育教学中最重要的环节，提高职校生技能竞赛水平是广大职教工作者孜孜不倦追求的目标。基于积极心理学的视角审视职校生技能竞赛，既要根据技能的不同心理学类属开展针对性的职业技能训练，又要关注训练和比赛期间职校生心理状态的调整。对技能竞赛进行心理辅导，不仅仅是在教师的指导和帮助下解决职校生出现的各种心理问题，更是为了促进和引导职校生学会自我调适，实现心理自主和谐发展。因此，职业学校应当以加强和改进技能竞赛辅导工作为抓手，对职校生进行积极有效的心理辅导，促进学生学会心理自助，尤其是要培养职校生自我调控的意识，教会职校生心理调适的技能，使学生不仅在职业技能上有所突破，同时在心理能力上有所加强，心理品质上自主提升，心理素养上不断完善。

（一）遵循技能形成过程的心理规律

在技能训练的过程中要使学生高效掌握特定的职业技能，必须遵循操作技能形成的心理规律，进行恰当的训练指导，既在整体上把握技能形成

---

❶ 李雪峰. 职校生心理危机及危机源调查研究［J］. 安徽电子信息职业技术学院学报，2011，10（6）：108－110.

的一般过程，又关注每个阶段的不同特点，做到"点""面"有机结合。练习的各个阶段，任务难度不一样，学生的训练状态也不一样。指导教师要紧紧抓住开始阶段职校生由于新鲜感和好奇心等强烈的动机驱动，培养学生的训练兴趣，并密切关注成绩波动给学生带来的心理困扰，通过训练方式、时间的调整、心理干预等方法，避免学生过度疲劳或厌倦等消极状态的出现。另外，还可以根据职校学生的知识技能练习背景，对起伏现象、高原现象、极限现象等技能练习的心理效应做出合理的解释，让学生对技能练习过程中出现的心理错觉等问题有更加理性的认识，增强学生的自我控制感，培养技能练习的自主性、自制性和坚韧性。

（二）坚持技能练习安排的心理原则

坚持技能练习的心理原则，就是要充分、合理地利用心理学的相关理论和技术，增强技能训练的科学性，避免指导教师经验上的误区所导致的学生技能练习时的波动和反复，快速有效地提高学生的操作技能水平。

1. 合理安排练习形式

练习的形式，从时间分配的角度可以分为集中练习和分散练习。一般地说，连贯的动作技能分散练习比集中练习的效果好，而对于不连贯的动作技能而言，则集中练习优于分散练习。在分散练习时，一次练习的量、休息间隔时间长短，须以技能的复杂程度和学习者的身体情况而定。另外，按练习的性质，练习形式又可分为身体练习和心理练习。身体的练习指利用身体的活动进行练习，心理练习指在头脑中对操作程序进行反复思考，实际上是一种表象训练。身体练习是基础，技能的形成不可能脱离身体练习，只有在一定身体练习的基础上才能进行心理练习；而心理练习则有助于操作技能的改进，有利于操作程序在头脑中的巩固。技能实际训练中，应以身体练习为主，适当辅以心理练习。

2. 科学把控练习程度

为了确保学生技能水平的稳定性和流畅性，一般在学生已经掌握相关职业技能的基础上会进行过度练习，即为达到某一操作标准而进行的一定练习量以外的附加练习。显然，适当的过度练习是必要的，有助于强化大脑相关神经的暂时联系，巩固技能程序在头脑中的存储。但心理学的研究又表明，针对某一特定的技能可能存在一个最佳的过度练习量，超过这一最佳练习量的过度练习，对技能的学习可能就没有多大促进作用了。❶ 指导教师要根据技能的性质适度安排学生进行过度练习，避免白白损耗时间精力做无用功；同时结合学生的身体、心理状况，警惕过度练习时可能产生的如心理饱和、心理倦怠等不良心理问题，确保学生在练习中保持积极的心理状态。

3. 妥善设置练习情境

竞争或合作的情境会对个体的练习活动产生不同影响。社会心理学的研究表明，他人仅仅作为一个被动的观众或共事者存在，既无竞争也无合作，会对个体的活动成效产生消极影响。在技能训练时，如果技能难度较低，此时优势反应是正确的，应该安排竞争的环境以提高学生的操作水平；而当技能难度较大时，此时优势反应以错误为主，应安排单独的训练，避免他人干扰，这样才能有利于学生技能的掌握。当然，为了提高学生比赛时技能发挥的稳定性，需要设置干扰情境进行抗干扰训练，但这样的训练应该安排在学生熟练掌握技能以后，而不是在学生尚处于练习复杂技能的过程中。

（三）运用矫正错误技能的心理技术

在技能练习过程中，错误往往不可避免。造成操作技能错误的原因有多种，如学生练习态度不够端正、练习方法不够恰当、效果反馈不够及时、技能之间相互干扰等。错误操作技能一方面会阻碍正确操作技能的习得，另一方面也会影响职校生在技能训练过程中心理状态的稳定性，进而影响操作技能习得的速度和效果。因此，从行为主义心理学的基本原理出发，探寻矫正错误技能的心理技术，不失为一种专业有效的解决策略。

1. 消退抑制技术

斯金纳认为，学习实质上是一种反应概率的变化，而强化是增加反应概率的手段。如果一个操作行为出现后呈现一个强化刺激，则该行为发生的概率就会增加；如果被强化而形成的操作行为出现后不再有强化刺激的

---

❶ 皮连生. 教育心理学［M］. 上海：上海教育出版社，2011：198.

尾随，则该行为发生的概率就会减少。消退抑制技术就是后一种原理的运用，也即通过强化物的撤销来降低某种行为在将来发生的概率，最终达到消除这一行为的目的。在技能练习的过程中，某些错误技能的形成正是由于在练习的过程中得到了不当的强化，而教师的任务就是要能敏锐地发现错误技能形成的强化物并将其撤销。需要强调的是，消退抑制技术的使用效果与已建立的条件反射的质量，亦即错误技能与强化物之间联系的紧密程度有着密切的关系。如果这种联系非常牢固，则消退抑制技术所能起到的作用就较为有限，需要考虑其他的矫正技术。

2. 分化抑制技术

所谓的分化抑制，是基于巴甫洛夫的经典条件作用学说而提出的一种行为塑造技术，指通过选择性强化和消退，使个体学会对条件刺激和与条件刺激相似的刺激做出不同反应的一种条件作用过程。在技能训练过程中，可能由于教师在强化学生正确操作行为的同时，无意间也强化了错误的操作行为，使得错误的操作行为被保留下来。因此，指导教师应加强对正确的操作行为的强化，而对错误的行为不予理会，从而使得正确的操作行为由于强化而得以维持，错误的操作行为因分化抑制而逐渐消失。

3. 过矫正技术

该技术实际上是一种对错误技能的"矫枉过正"技术。具体的做法就是当学生做出错误操作时，要求其立刻恢复正确操作，并进行过度练习，从而消除错误技能形成正确技能。通过过矫正的练习，既要使学生认识到错误操作造成的不良后果，同时经过反复的练习使学生正确的操作得以巩固。在使用该技术时，教师一方面要给学生提供正确的操作示范；另一方面要把控好过度练习的程度，避免学生出现"超限抑制"。

（四）合理设置技能竞赛的心理目标

目标设置直接关系到动机的方向和强度。正确、有效的目标可以集中人的能量，激发、引导和组织人的活动，是行为的重要推动和指导力量。在技能竞赛中，有些指导教师通常会以"尽最大努力"来要求学生。表面来看，这句话似乎是一个最具激励作用的目标，其中隐含的意思是"我们的目标就是付出努力"；同时这也是最安全的目标，因为学生总是可以说自己尽了最大努力，从而避免失败所带来的负面影响。然而，"最大努力"是一个笼统而无法测量的目标，如何实现以及何时能够实现都是模糊不清的。笼统、模糊的目标是目标设置中的误区，实际上它们根本就不是目标，而是人们所不断努力追求的一般目的。因此，技能竞赛目标的设定必须具体而明确。

由于技能训练和比赛的环境、对学生的要求以及学生的心理状态存在着较大差异，因此训练中的目标设置和比赛中的目标设置应该区别对待。具体来说，训练中的目标设置应以结果为导向，而比赛中的目标设置应该以技术为导向。

1. 训练中侧重以结果为导向的目标设置

以结果为导向的目标注重的是技能所能达到的水平，尽可能用硬性的、可量化的指标来衡量，比如说时间、分数、名次等。越是明确细致的目标，越有利于在训练中引导学生努力拼搏。设置此类目标时应注意以下几点：一是注意目标的层次性或阶段性。可以按照技能形成的不同阶段对技能水平的不同要求，由低到高、由易到难分层设置。多重目标的设置既适应学生不同环境和不同状态时可能表现的水平差异，也承认不可预测的现实因素对学生的影响，有助于增加学生对目标的认同感，减轻他们的心理负担，提高自信，增强自我效能感。特别是对高焦虑特质的学生，更应制定多级目标，以使他们的成就动机维持在适宜的水平；二是最高目标可以在一定程度上高出学生一般应该达到的水平。古语有云："取其上者得其中，取其中者得其下。"训练中较高的最终目标有助于学生努力将自己的潜能充分挖掘出来，这样即使在比赛中没有发挥自己的最高水平，但相对水平仍然比较高；三是将目标公开化。公开的目标有利于学生为了避免自尊心受到伤害而更加自主努力，既是对自己奋发进取的引领，也是对自己持续行动的激励，实际上是一种特殊的"心理契约"。

2. 比赛中侧重以技术为导向的目标设置

在比赛中，结果导向的目标设置会增加学生的压力感，使学生患得患失，过度紧张和焦虑，影响技能水平的正常发挥。比赛过程中，学生需要考虑的不再是比赛的结果，而是如何将平时训练中的水平全面、充分地表现出来，此时学生需要关注的是技术的流畅性、精确性、规范性，而与此无关的荣誉、成功、失败、对手、环境、裁判等因素应全部忽略。技术导向的目标一般很难量化，主要通过心理体验来衡量和反馈，当技术发挥到最为理想的状态时，学生应该能体会到一种"流畅经验"，达到一种忘我状态：挑战与技巧间的平衡、动作与知觉的融合、清晰的目标、明确的反馈、毫不费力的专注、随心所欲的控制、丧失自我的意识、时间感的改变与自成性的经验。❶ 如果学生本身具备较高的技能水平，在比赛中专注技术技能的发挥达到忘我的流畅境地，获得理想的比赛成绩就是理所当然、水到渠成。

需要强调的是，不管设置怎样的目标，最后都需要靠学生的努力去实现，得不到学生认可的目标是无用的目标。因此，如学生经过一段时间练习后具有了一定的技能基础和分析能力时，教师可向他们解释目标设置的原则和作用，告知他们设置目标的依据和方法，以及实现目标的步骤、时间和标准，请他们发表自己对学练目标的看法，让他们想象目标实现的可能性，提出实现目标的策略、手段和途径，表达达成目标的决心和信心，与他们一起共同制定技能训练与竞赛目标。尤其要营造重视目标实现，相互关心、帮助与鼓励的心理氛围，教师关注学生对目标的认可程度、目标的挑战性和实现的情况；同学之间互相关注他人的目标与努力，目标实现了给予真诚夸奖、积极评价，未实现时共同分析原因、相互安慰等。

（五）开展系统实用的心理技能训练

心理技能训练（Psychological Skill Training，PST）主要运用于竞技比赛中，就是采用一定的方法和手段对人的心理施加影响，对大脑进行专门化训练，以达到强化心理技能、培养特殊心理能力的目的。简言之，心理技能训练就是有系统、持续化的心智或心理技能的练习。通过心理技能训练，可以不断完善学生的心理过程，既形成专项职业技能所需的良好个性心理特征，同时获得高水平的心理能量储备，使职校生的心理状态适合技

---

❶ 胡望洋. 运动员心理技能与流畅经验的关系研究［J］. 北京体育大学学报，2008，31（3）：365－367.

能竞赛训练和比赛的要求，为达到最佳的比赛状态、创造优异的成绩奠定良好的心理基础。

许多心理技能训练，如躯体应激控制技术和认知调整技术训练等，能帮助学生识别竞赛中的消极思维，建立积极的自我暗示；减轻认知与躯体应激的消极生理反应，提高积极的增力情绪。

心理技能训练可通过各种不同的辅导方式，但大部分的方式主要由四种技巧组合成技巧流，这四种技巧分别是模仿、角色扮演、演练反馈、训练成效的转移和维持。职业学校要充分利用现有的资源，加强技能训练的针对性，从训练时间、内容、方式等方面全面提升训练的系统性，提高心理技能训练的实效性。职校生心理技能训练可将长期心理技能训练和短期心理技能训练结合起来。长期的心理技能训练应贯穿于职业技能训练的全过程，内容应包括一般心理技能训练和专项心理技能训练。在一般的心理技能训练中，要重点关注职业技能的形成、个性心理的培养、意志力的锻炼、自信心的建立等。在专项心理技能训练中，要注重与特定职业技能相关的专门的感知、表象以及注意力等方面的训练。短期的心理技能训练应专门针对比赛期间的心理调整，包括赛前、赛中及赛后三个阶段。赛前的训练重点是调整学生的临场情绪和动机以获得最佳的比赛状态，训练方法主要是模拟训练法、放松训练法、自我暗示训练法、心理咨询法；比赛阶段主要是集中注意力训练法、自我暗示训练法、呼吸调整法；而赛后调整恢复阶段主要是针对学生出现的情绪或认知问题的心理咨询法。

需要强调的是，心理技能训练实际上是"他助"和"自助"的结合，而他助的最终目的是实现心理自助，这就要求训练时要充分考虑职校生的生理、心理的发展状况，训练的方式和内容要便于职校生理解掌握，便于职校生随时进行自主练习、自我调控。如提高注意力的训练，可采用"秒表练习法"❶：注视手表秒针的转动保持 1 分钟，如果 1 分钟内注视没有离开秒针，则可延长注视到 2 分钟、3 分钟，一般持续 5 分钟而不转移注意，就是较好的成绩。像这样的方法简单实用，应该在职校生心理技能训练中

---

❶ 张力为．现代心理训练方法［M］．北京：北京体育大学出版社，2004：6.

多加采用。

（六）自主保持技能竞赛的积极心态

可以说，职校生技能竞赛既是打知识战，也是打心理战，越是临近竞赛，心态在其中的作用与意义也就愈加突出，更为关键。心态对人的行为起导向和支配作用，不同的心态直接导致不同的结果。积极心态是一种正向、进取的心态，表现为自信、乐观、希望和坚韧等核心品质。而消极心态则相反，是一种悲观、颓废、抱怨、退缩的负面的心态。什么是技能竞赛的积极心态？就是在成功面前学会进取，在失败面前学会执着，在选择面前学会果断，在苦难面前学会坚持，在荣誉面前学会淡定，在获得之前学会付出，在责任面前学会承担。❶ 职校生技能竞赛从训练到比赛是一个相对长期的过程，会面临诸多的困难和挑战，没有积极乐观的心态，很难在比赛中取得理想的成绩。

保持技能竞赛的积极心态，关键是强化信心、优化情绪、进入状态、充分发挥。一要引导职校生树立正确的竞赛观念，正确看待比赛的意义，端正比赛的动机。培养职校生对技能本身的兴趣，尽量避免参赛的功利心态；引导职校生将训练和比赛看作是人生的历练，自我的提高和完善，使职校生明白技能竞赛只是漫漫人生路的一小步，既不是第一步，也不是最后一步。二要提升职校生的自信心，唤醒竞赛竞争的自主意识，增强学生的自我效能感。要让学生明白：我的竞赛我做主，我的责任我担当，我的成长我能行！引导职校生想一想自己曾经有过的梦想，去为之奋斗；想一想自己经历过的成功，为自己鼓劲；想一想竞赛所得的收获，为自己加油！努力做到回避困难不如正视困难，怨天尤人不如调整认知，抱怨环境不如改善心境，默默忍受不如寻求支持，消极等待不如改变自我。三要引导职校生努力保持一种瓦伦达心态。人们把专注于做自己的事情，不考虑得失的心态称之为瓦伦达心态。让职校生学会自控，专心致志投入比赛，屏蔽对失败的担忧，注销对荣辱的在意，抛却对得失的顾虑。在竞赛时不

---

❶ 张力为，张凯．自我控制的辩证法：帮助运动员处理 8 对关系的基本思想 ［J］．天津体育学院学报，2011，26（3）：185－190．

要过多地考虑一些虚无缥缈的东西，比如必须取得什么奖牌，拿不上名次会怎样，人生未来就会如何等；也不要过分关注周围人的言行，以平常心对待技能竞赛，做到心平气和、淡定从容。

职校生技能竞赛是一项复杂的系统工程，是体力、才力和精力的较量，也是智力、毅力和心力的比拼，既是对职校生知识技能素质的考核，但更是对其心理能力与素养的考验。技能竞赛的过程，也是职校生心理自主成长、和谐发展、走向成熟的过程。职校生技能竞赛既不同于一般的体育竞技比赛，也不同于一般的应试考核，因此将积极心理学的基本原理与技术应用于职校生技能竞赛，还需要进一步思考和探索，而建立科学完善的职校生技能竞赛心理辅导体系更要持续创新实践、系统深入研究。

三、职校生技能竞赛心理训练的积极策略

心理训练是技能竞赛训练的重要组成部分，是职业学校心理教育的重要内容，也是积极职业教育需要重点关注的新课题。国务院副总理刘延东在2013年全国职业院校技能大赛闭幕式的讲话中强调："要把提高学生综合素质、实现全面发展放在突出位置，深化教育教学改革，加强思想品德和科学文化素质教育，强化职业道德培养和职业技能训练，为学生终身发展打下扎实基础。"[1] 技能大赛既要展示高超的技能，也要展示职校生的思想品德与个性特征；既要展示先进的技术，又要展示职校生的心理能力与素养。因此，立足于当代职业教育改革创新发展的要求，通过系统科学的心理训练引导技能竞赛学生学会心理自助，探索将技能竞赛训练和比赛的经历转化为职校生心理成长、潜能实现的积极过程，为职校生综合素质的提升、全面发展和终身发展的实现提供心理动力和支撑，这是职业教育开展技能竞赛的重要使命。

（一）职校生技能竞赛与心理训练的系统观

概念反映事物的本质，对具体的实践活动起导向作用。对"心理训

---

[1] 教育部. 教育部关于印发刘延东副总理在2013年全国职业院校技能大赛闭幕式上讲话的通知 [Z]. 教职成 [2013] 4 号.

练"加以明晰界定，从系统认识的视野对"心理训练"与"技能竞赛"之间的相互关系进行辨析，有助于避免职校生技能竞赛心理训练理论研究上的混乱和实践行动上的偏差。

1. 心理训练与心理技能训练

在《心理学大辞典》中，心理训练（mental training）被解释为："心理干预方法。采用专门仪器和手段，具体改变人的某种心理状态，以达到最适宜强度、最佳状态的过程。"❶ 然而学界对心理训练的含义存在争议，争论的焦点集中在心理训练与心理技能训练的关系上。一部分研究者将心理训练和心理技能训练视为同义语来处理❷❸，并未对二者加以严格区分。但有研究者认为，心理训练和心理技能训练是有区别的：心理技能（mental skills）是通过练习形成的能影响本体心理过程和心理状态的心理操作系统，心理技能训练是旨在使个体掌握心理技能的有计划、有目的的训练过程，强调的是受训者自主心理调节能力的提高；而心理技能训练是心理训练的主要部分，心理训练则是一个更上位的概念，包含的范围更广，包括所有旨在促进运动操作表现的心理技术的运用，还包括模拟训练、属于临床心理治疗技术的运用过程和对个体施加有意识影响的训练手段等，强调的是施训者在训练过程中对心理技术的运用。❹

实际上，不管是心理训练还是心理技能训练，其最终目的都是为了实现受训者心理能力的提升，实现受训者心理的自主调节。正是基于这一目的，一些研究用"心理技能训练"来代替"心理训练"。如有学者认为："广义来讲，心理技能训练（mental training）是有目的有计划地对受训者的心理过程和个性心理施加影响的过程。狭义来讲，心理技能训练是使用特殊手段使受训者学会调节和控制自己的心理状态并进而调节和控制自己

---

❶ 林崇德，杨治良，黄希庭. 心理学大辞典 ［M］. 上海：上海教育出版社，2003：1414.

❷ 施小菊，张华光，张璐斐. 运动员的心理技能训练 ［J］. 南京体育学院学报（自然科学版），2004，3（3）：53 – 56.

❸ 张力为. 运动员的心理训练：理论与运用的联结 ［J］. 中国运动医学杂志，2013，32（2）：152 – 156.

❹ 张力为，任未多. 体育运动心理学研究进展 ［M］. 北京：高等教育出版社，2000：285 – 286.

行为的过程。"❶ 在这里，广义的心理技能训练实际上指的就是"心理训练"，即"mental training"，而狭义的心理技能训练则是所谓真正意义上的"心理技能训练"，即"mental skills training"，只不过基于上述目的未作严格区分而已。

综上，技能竞赛心理训练是借助于专门的手段，有目的、有计划地对职校学生的心理过程和个性心理施加影响的过程。而心理技能训练是使用特殊手段使学生学会调节和控制自己的心理状态进而调节和控制自己行为的过程。概言之，心理技能训练是心理训练系统的重要组成和主要内容。

2. 职校生技能竞赛需要系统的心理训练

系统科学的心理训练，是职校生技能竞赛训练不可缺少的一部分，它影响、制约着参赛学生身体、技能水平的发挥，可促进技能竞赛心理过程的自主完善与心理调节，使学生的心理状态适应训练和比赛的要求，为达到最佳比赛状态、创造优异成绩奠定坚实的心理基础。系统的心理训练包括训练方法、周期以及内容的系统性。

（1）训练方法的系统性。从训练的方法来看，根据心理训练的理论基础的不同，可分为行为主义理论与方法，如放松训练、生物反馈训练和系统脱敏训练等；认知理论与方法，如表象训练、认知训练等；体育心理训练专用的方法，如模拟训练等。根据心理训练的复杂程度，心理训练的方法又可以分为单一的心理训练方法，如渐进放松训练法、生物反馈法；成套的心理训练方法，如系统脱敏训练、应激接种训练等。

（2）训练时间的系统性。从训练的时间周期来看，心理训练可以分为长期心理训练，即在整个训练和比赛周期的每次训练中都要进行的心理训练；短期心理训练，也称赛期心理训练，即针对既定的竞赛任务进行的心理训练。

（3）训练内容的系统性。从内容看，心理训练包括一般心理技能训练与专项心理技能训练。一般心理技能，是指培养和发展竞赛中普遍需要的心理技能，如应激控制、唤醒水平控制、目标设置、集中注意力、表象技

---

❶ 张力为，毛志雄. 运动心理学［M］. 上海：华东师范大学出版社，2005：250.

能、放松技能、情绪控制技能等。其中前五项最为主要，这五项心理技能的关系如图 17 - 1 所示❶。专门化的心理技能，通常是指适合于某一专项竞赛所必须掌握的心理技能。

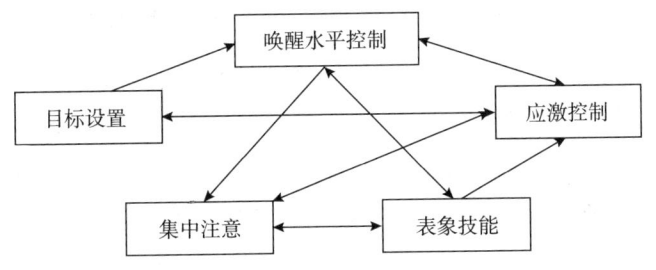

图 17 - 1　五种心理技能及相互关系

心理训练不是魔术，指望心理训练的方法一学就会、一会就用、一用就灵，取得立竿见影的神奇效果是不切实际的，寄希望于通过竞赛集训的一段时间大幅提高学生的心理技能水平是不现实的。心理训练遵循一般技能训练的规律，必须长期地、系统地进行。这里尤其要重视在日常心理教育和技能教学中融入心理训练的内容，通过反复练习，为潜在的技能竞赛选手奠定良好的心理基础，推动全体学生心理素质的提升。

3. 系统心理训练的心育功能

就技能竞赛的内容而言，重在考察职校生运用职业技能解决实际问题能力，同时也对学生的心理素质提出了具体要求。心理训练可以有效消除技能竞赛中学生的各种心理障碍，改变学生的消极心理状态，获得高水平的心理能量储备，最终形成良好的个性心理品质。

一是消除训练的心理问题。在技能训练中，由于对成绩的要求高、训练的强度大、训练环境相对封闭等因素的作用，学生容易产生各种心理问题，如紧张焦虑、厌倦烦躁、心理疲劳等，严重影响技能训练的效果。此时，若采用简单的身体素质训练和技术训练的方法很难奏效，而有针对性地采用放松练习、表象演练、默念暗示等心理训练手段，可以有效消除职校生在技能训练过程中的心理问题，提高操作技能掌握和完成的质量。

❶　张力为，任未多. 体育运动心理学研究进展［M］. 北京：高等教育出版社，2000：286.

二是转变竞赛的消极心态。职校生存在较重的"伤痕心理"和"挫折心理"，普遍学习动力不强、学习兴趣不浓，克服困难掌握专业知识技能的信心不足，往往在训练和比赛中一遇逆境就容易产生抱怨、动摇、退缩、悲观、放弃等消极心态。心理训练，如认知调整训练，就是使学生学会控制和调节自己心理的方法，改变消极的思维，建立积极的自我暗示，改善心理背景，以更加积极的心态投入技能竞赛训练，从而获得良好的训练和比赛效果。

三是积聚比赛的心理能量。有效的心理技能训练是恢复和调节已消耗的身体能量与心理能量的有效手段。心理能量是通过多次的心理训练形成有效控制的心理技能的总和，是以动机为基础，通过心理激活所起作用的能力。心理能量的有效控制与心理的应激、表象、注意及目标控制等心理技能有关。通过上千次的训练熟练自我心理调控技能，有利于提高情绪调控能力，增强意志品质，掌握和改进动作技能，消除身心疲劳，加速恢复过程，从而最大限度地储备心理能量，以备高强度的训练和比赛所需。

四是培养良好的心理品质。心理训练是对大脑的训练。长期有效的心理训练，可以通过大脑对思维过程进行调节，提高情绪的调节和控制能力，纠正和改变不良的身心行为，养成良好的心理习惯，进而形成较好的个性心理品质。这不仅有利于职校生更好地应对技能竞赛训练和比赛，同时对学生的心理成长、今后的学习生活都将产生积极的影响。

（二）职校生技能竞赛心理训练的现实误区

在技能竞赛中，职校生熟练的动作因急躁的情绪而破坏，协调的技能因过度的紧张而僵硬，正确的方案因消极的思维而动摇，清醒的头脑因一念之差而紊乱，由此类心理问题引发的竞赛失利、导致所有努力都功亏一篑的现象并不鲜见。训练的质量决定了比赛的表现。学生在技能比赛中暴露出的心理问题恰恰反映了训练中存在的不足，主要表现为心理训练的缺位、偏位与失位。

1. 忽视专业化的心理训练

即存在缺位现象。由于对专业的心理训练缺乏了解，一些技能教练认为心理辅导无非是做思想工作，跟学生谈谈心、聊聊天，没有什么复杂的技术，认为进行专门的心理训练大可不必。他们坚信"艺高人胆大"这一"至理名言"，认为竞赛要取得好成绩，就要苦练技能，更愿意把时间和精力投入到身体和技术的训练中。殊不知，"胆大艺更高"，理想的比赛成绩不仅是"练"出来的，更是"比"出来的，比的是包括心理能力在内的综合实力，而学生的心理能力不经过专业的心理训练很难得以有效提升。

2. 心理训练的定位有偏差

即存在偏位现象。部分职校过度追求竞赛的成绩，把夺取金牌放在首要位置，打着"以赛代学"的旗号，进行只抓实际操作技能训练的所谓的"小班教学""精英训练"，使学生脱离了正常的班集体生活，脱离了学校的常规教育活动，沦为"竞赛机器人"，导致学生厌学厌倦情绪蔓延、身心俱疲等一系列心理问题。在这样的情况下，职校不反思技能训练本身的偏差，寄希望于通过心理训练来改善学生的心理状态、激发训练动力，是对心理训练教育功能的误读，无异于"边污染边治理""治标不治本"，其效果可想而知。而这种急功近利的应景式、补救式做法，在职校还比较普遍，值得警惕。

3. 心理训练不够系统科学

存在失位现象；一是训练的时间不系统。一些职校虽然认识到心理训练的重要性，但是又不愿意投入时间和精力，仅是集中于比赛前的临时突击；而学生心理技能的形成、心理素质的提升是一个长期的过程，仅仅依靠竞赛集训的两三个月时间效果难以保证；二是训练形式的单一。一些职校认为，对问题严重的学生进行心理咨询，或是请专家做几场讲座，或者进行几次团体心理辅导，就是进行心理训练了。不能说这些方式就一定没有效果，但是缺乏系统性的单一训练方式即便有效，效果也很有限；三是心理训练与技能训练相脱节。心理教师对技能训练工作缺乏必要的了解，与实训教师缺乏有效的沟通与合作，心理训练的内容针对性不强，重点不突出，致使心理训练的效果不能在竞赛中充分地体现。

职校生技能竞赛心理训练工作尚处于起步阶段。结合当今职业教育发展的时代背景、职业技能训练的心理规律以及职校生的心理发展特点，探索技能竞赛心理训练的科学方法和积极策略，是现阶段职业教育技能竞赛训练的发展趋向和必经之路。

（三）职校生技能竞赛心理训练的实践策略

立足于职校生技能竞赛的根本宗旨，着眼于当代职校生心理发展的现实需要，职校必须明确理念，厘清工作思路，做好系统规划，突出阶段重点，注重实践实效，建构职教特色，在积极的行动研究中推进技能竞赛心理训练的科学开展。

1. 建构心理训练的现代理念

技能竞赛心理训练是职校教育情境下的一种专业活动。开展职校生技能竞赛心理训练，既要符合现代技能竞赛的价值取向，又要契合当代职校心理教育发展的基本理念，做到从"人"出发，因"人"而异，为"人"成长，助"人"发展。

一是以人为本。就是要把职校生作为全部技能竞赛心理训练的根本出发点和落脚点，一切为了学生的发展、为了一切学生的发展。心理训练作为技能竞赛训练的重要组成部分，只有以人为本，才能契合开展技能竞赛的初衷，即以竞赛推动职业教育教学改革，全面提高人才培养的质量，促进学生综合能力、综合素质发展。心理训练作为职校心理教育的重要内容，只有以人为本，才能符合"一切从人出发，一切为了人，一切服务于人，一切着眼于人的全面发展，重视人的生命和生活，关怀人的价值和使命，关照人的精神和信仰。"❶ 这一心理教育的根本理念。

二是助人自助。从心理训练的语义看，心理训练包括"训"和"练"两个部分。"训"就是借助于外部的力量对学生心理进行干预，对应广义的心理训练，其目的是"助人"；"练"就是学生通过练习获得心理技能以提高自主调节能力，对应狭义的心理训练，其目的即"自助"。心理训练即为"助人"与"自助"的有机融合。可以说，助人自助是职校生技能竞赛心理训练全部工作的本质概括，是技能竞赛心理训练实践工作必须贯穿始终的重要理念和指导思想。

三是育人至上。育人是一切教育活动的核心目标，以就业为导向或以

---

❶ 崔景贵. 心理教育范式论纲 ［M］. 北京：社会科学文献出版社，2006：88.

技能为导向的职业教育也不例外。作为职校教育情境下的一项重要活动，心理训练应当秉持育人至上的理念，充分利用技能竞赛这一平台，锻炼学生接受挑战的心理能力，引导学生在竞赛活动中充分展示自己的能力和才华，使技能竞赛成为学生重塑发展信心和坚定职业远景的得力载体，实现培养"真正意义上的全面发展、健康文明的'社会人'，富有实践力量和创新精神的'职业人'，富有正义感和使命感的'道德人'，心理健康、心理成熟与心理和谐的'心理人'，人格高尚、人格健全与人格大写的'现代人'"❶的职业教育目标。

2. 坚持心理训练的基本原则

心理训练是有目的、有计划地对职校生心理施加影响的过程，必须坚持积极性、发展性、综合性等基本原则。

（1）积极性原则。坚持技能竞赛心理训练的积极性原则，就是要致力于培养职校生积极的心理品质，促进职校生心理潜能的充分开发，包括积极的心理状态、认知方式、情感体验、行为习惯、自我意识、学习能力、人际关系、人格特征等。在心理训练的过程中，要注重培养职校生自主调适的能力，使他们学会用积极认知方式看待技能训练和比赛中的困难与挫折，学会用幽默、信念、意志等策略积极应对面临的难题与困境，鼓励他们在技能训练中勇于尝试、研究与创造，从而养成自信、乐观、希望、坚韧等积极心理品质，形成奋发向上、积极进取的健全人格。

（2）发展性原则。维护和促进职校生的心理健康和谐发展，是技能竞赛心理训练的基本职能。心理训练固然要解决训练和比赛中暴露出的种种心理问题，但更要致力于发展职校生的良好心理品质，这也是预防心理问题发生的最为有效的手段。要将培养心理技能作为技能竞赛心理训练的重要目标，使全部的心理训练朝着有利于学生自主心理调节能力提升、个性品质完善的方向发展；要致力于创建和实现职校生的"最近发展区"，使心理训练走在学生心理发展的前面，从而引领学生从现有的水平向着可能

---

❶ 崔景贵. 职校问题学生心理与积极职业教育管理［J］. 中国职业技术教育，2012（33）：53－59.

的和潜在的水平不断发展。

（3）综合性原则。这是强调心理训练在方法上必须多管齐下。人的心理是一个复杂的系统，各种心理因素交织在一起，往往互为因果，单一的训练方法有时很难奏效；个体具有不同的个性和习惯，面对相同的问题，对某个学生行之有效的方法不一定适合其他学生；再有就是各种心理调节技能之间本身就存在密切的关系，如放松技能是掌握应激控制、表象、注意集中等心理技能的基础。因此针对不同个体的心理特点，必须综合运用多种训练方法，采取灵活多样的方式以提高心理训练的实效性。如对紧张情绪的调节，教师可指导学生综合进行放松训练、自我暗示训练、转移注意力训练等。

3. 制订心理训练的计划方案

技能竞赛心理训练计划是指在心理训练开始之前，为实现训练的任务和目标，依据心理训练理论以及特定竞赛情景，对心理训练的内容、步骤及其要求预先做出的理论设计和安排，而心理训练方案是依据心理技能训练计划所制订的具体实施方案。要获得理想的心理训练效果，全面、细致的训练计划与方案不可或缺。

明确心理训练的进程与目标。实际上就是在集训期，将心理训练与技能训练在时间安排、内容设置上有机结合，并视心理技能水平为一个逐步提高的过程。围绕着整个技能竞赛的备战，心理技能训练的进程包括四个阶段：一般心理训练—结合技能的心理训练—应对竞赛情境的心理训练—赛后的心理训练；四个阶段相应的目标为：形成基本心理技能—保持积极的训练状态—做好比赛的心理准备—赛后和谐心理的调整，具体如图17-2所示。总的来说，心理训练应遵循循序渐进的原则，结合具体的参赛项目以及学生的特点，科学地、灵活地规划具体的进程与目标。

科学实施心理训练方案。心理技能训练的方案就是将实现心理技能训练计划目标的手段进一步具体化。这部分工作主要包括心理技能训练阶段的划分，训练任务和内容比重的制定，规划心理训练负荷，选择训练方法和手段，确定恢复的措施，确定检查和评定的内容、指标、时间、方法和手段等。需要强调的是，心理训练方案的设计应坚持"为了有效迁移而

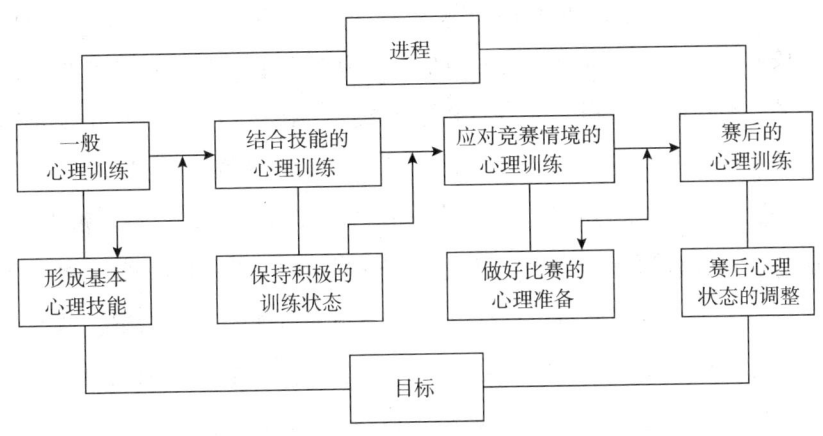

图17－2　心理训练的进程与目标

教"的理念，既能有助于提高学生应对技能竞赛具体情境中某个问题的心理调节能力，同时也能提高其他情境中问题解决的应对能力；不但使学生在技能竞赛中受益，而且对今后的学习生活也能产生积极的影响，最终使学生能够理智、从容地面对人生的各种困难。因此，要鼓励学生在不同的情境中对心理技能加以练习、运用，有意识地培养学生心理技能迁移的意识，提升学生心理技能迁移的能力。

4. 把握心理训练的系统过程

明确的训练目标是技能竞赛心理训练有效开展的必要前提，而学生的心理需求则是制定训练目标的基础。从开展技能竞赛心理训练可利用的时间周期来看，心理训练包括集训前、集训期以及比赛后三个阶段；但是从心理训练重点目标的组成来看，也即从学生的现实心理需求来看，技能集训期的心理训练还应解决临赛前以及比赛中学生的心理调整问题。因此，基于心理训练目标的系统性，这里将完整的技能竞赛心理训练分为以下四个部分。

集训前的心理训练——基本心理技能的习得。之所以在集训前就开展基本的心理训练，一方面是由于人的心理素质的提升是一个长期的过程，仅仅依靠集训期短时间的强化训练很难达到理想的效果；另一方面，从教育公平的角度来看，举办技能大赛的重要目的是要将技能竞赛的成果惠及每一位职校生，这就要求心理训练不应只针对参赛的部分学生，而应该作为学校心理教育的一部分让每一位职校生从中获益。集训前的心理训练是针对某一专业技能竞赛待选拔的全体职校生进行的心理训练，主要是结合日常的专业技能教学，在学校日常心理教育活动中渗透心理训练的内容，包括一般心理技能的知识与技术，如放松、表象、注意集中、积极暗示、自信心、目标设置等，以及与专业技能相关的专项心理技能的知识与技术。该阶段训练的主要目标是让学生了解心理技能的有关知识，熟悉各种心理技能的操作程序，鼓励学生通过日常学习生活中的自主练习、勤加运用以掌握基本的心理技能。实现该目标可以在提升全体学生心理素质的同时，为将来参赛学生的心理训练打下良好的基础。

集训期的心理训练——积极训练状态的保持。集训期的时间跨度因专业项目、比赛级别的不同而异，一般为两至三个月的时间。该阶段是技能训练的强化期，是技能水平快速提高的关键期，其特点是时间紧、任务重、压力大，训练成绩与心理状态交互影响的作用明显。因此，心理训练的主要目标是帮助学生保持良好的训练状态，为技能水平快速有效地提高奠定良好的心理基础。心理教师和实训教师要密切关注学生的心理波动，做好心理咨询等疏导工作，预防焦虑、倦怠等心理问题的发生。在学生已掌握的心理技能的基础上，强化学生对各项心理技能的运用，指导学生进行有效的自主调节，如通过合理的目标设置，增强学生对训练成绩的控制感以及自我效能感，激发学生的自信心；通过表象演练，促进学生建立和巩固专业技能的动作图式，提高训练效率，等等。

临赛前的心理训练——最佳比赛状态的获得。临赛前，学生的技能水平基本定型，技能的训练逐步让位于身心的调整，心理训练的目的就是帮助职校生获得最佳的比赛状态。从心理角度来看，所谓最佳状态"应该是镇静的、有战斗性的、有信心的，相信自己的技术和能力，情绪状态应表现为神经过程兴奋性水平适中，有顽强的意志和坚定的取胜志向、良好的抗干扰能力与自我控制能力以及高度集中的注意力"❶。在该阶段，要重视对学生参赛动机的调整，防止学生的动机水平过高、对比赛成绩的期望值过高、对自我的要求过严等所引起的过度紧张、焦虑甚至是对比赛的恐惧心理，避免造成学生赛前体能、精力的过度损耗。另外，还要指导学生做好应对比赛的心理准备，主要是模拟训练法的运用。一是针对竞赛中可能出现的意外情况或问题进行模拟实战的反复练习，指导学生自主准备有针对性的应对逆境的心理预案，如竞赛中紧张时采用呼吸调整法，设备出现故障采用积极的自我语言暗示法等，使学生能镇定沉着、自信从容地面对技能竞赛。二是通过模拟实战强化学生以技术为导向的目标设置能力，使学生在比赛中能尽快地将注意力集中于技术的流畅性、精确性、规范性，尽可能排除荣誉、成功、失败、对手、环境、裁判等因素的干扰，使学生在比赛中能迅速进入并保持良好的比赛状态，从而发挥最佳水平。

竞赛后的心理训练——及时的心理平衡调整。赛后心理训练常被人们所忽视，认为该阶段的心理训练无关紧要，其实这是一种认识上的误区。赛后无论成功或失败，职校生都会产生特殊的情绪体验，这种体验会对今后的训练、比赛乃至生活产生深远的影响，而这与认知方式有着密切的联系。因此在赛后，心理教师、实训教师应和学生一起对比赛表现和比赛结果进行客观、科学的分析，使他们能正确对待自己的成功与失败，防止他们自我意象的骤然变化，避免过度自信或过度失落。尤其要关注比赛失利学生，防止心理无助、心理危机现象的发生。

5. 注重心理训练的实用技术

职校生技能竞赛心理训练技术很多，但是比较实用的心理技术主要有以下几种。

（1）放松训练。放松训练是一种以暗示语集中注意，调节呼吸，使肌肉得到充分放松，从而调节中枢神经系统兴奋性的方法，主要包括渐进放松、自身放松、三线放松、松弛反应等。各种放松技术的共同点是：注意

---

❶ 华欣欣. 世界技能大赛新视角——心理技能训练成现代技能训练发展必然趋势［J］. 职业，2013（11）：16-17.

力高度集中于自我暗示语或他人暗示语、深沉的腹式呼吸、全身肌肉完全放松。该方法不仅可以降低中枢神经系统的兴奋性，避免情绪紧张引起的心理能量的过度损耗，而且是开展其他心理训练的基础。因此在技能竞赛心理训练过程中，要格外重视该训练方法的运用。每种放松方法都有一套系统的训练程序，看上去比较复杂，实际上如果坚持练习并能运用自如，对学生心理的自主调整是比较有效的。

（2）自我谈话。自我谈话是心理技能训练的一种，恰当的自我谈话是与任务有关的、积极的和有针对性的。自我谈话具有认知功能和动机功能。认知功能有助于学生技能的学习和掌握；动机功能包括动机唤醒、掌控和驱动功能，有助于学生控制唤醒水平、放松、集中注意力、降低焦虑、保持信心等。自我谈话不受时间、环境的限制，在技能训练和比赛的全过程学生都可以使用自我谈话，以改善心理活动、提高行为效率。由于消极思维习惯的影响，一些学生在面临问题和困境时往往容易产生自动化的消极自我谈话。在训练的过程中，教师要反复强调"积极"二字的重要性，引导学生养成积极的思维习惯；要引导学生自主设计针对不同情境和问题的自我谈话的内容，通过不断提醒及学生的自我强化，使学生真正掌握并灵活运用。

（3）表象演练。表象演练是在放松的基础上，在暗示语的指导下，在头脑中反复想象某种动作或情境，从而提高操作技能和情绪控制能力的一种方法。表象演练有助于建立和巩固正确操作技能的动力定型，加深技能记忆、加快技能的熟练化；赛前对成功表象的体验还有助于提升自信心，形成良好的比赛状态。表象演练分为一般性的表象练习以及针对专项技能的表象练习。如在技能学习中，可以采用如下程序指导学生进行练习：先放松，在默念动作概念的同时，要求学生想象教师操作的过程，仔细回想动作的细节，然后开始操作练习。操作完成后，将自己的实践与先前的想象进行比较，并听取教师的指导，及时纠正错误。在短暂休息后，再次进行练习。

需要强调的是，要使学生牢固掌握并有效运用这几种方法技术，必须严格按照科学的训练程序指导学生反复练习。另外，要注意根据学生的特点、结合不同的职业技能进行方法的优化与组合，唯有如此，才能收到良好的效果。

6. 彰显心理训练的职教特色

随着现代生产的日趋复杂化和技术基础整体水平的提升，职业岗位对劳动者的要求也日益提高。促进职校生职业能力的发展，使学生具备符合社会发展需要的职业素养，是职业教育开展职业技能竞赛的一项重要任务。心理训练在帮助学生克服各种心理障碍、提高心理素质水平、提高技能竞赛成绩的同时，也要为学生学会社会适应、担当社会责任做好充分准备。

（1）注重职业能力。技能竞赛是以促进学生的综合职业能力为培养目标的，即在真实工作情境中整体化地解决综合性专业问题的能力，其中包括专业能力（工作方式方法、工具认识及使用、材料的处理）和关键能力（获取和处理信息的方法、工作与学习的方法、交流与合作能力、组织与完成任务能力、独立性与责任心）。技能竞赛心理训练就是要将培养学生的心理技能与职业技能结合起来，在二者的有效互动中互补互促，推动学生整体职业能力的发展。

（2）专业优势互补。心理训练需要心理教师和技能实训教师在训练过程中展开密切的专业协作。心理教师应向实训教师了解某一专项职业技能的特点、学生的一般心理特征和训练中学生的心理状态等，并在制订训练计划和实施心理训练的过程中积极听取实训教师的意见和建议；实训教师不仅应主动向心理教师提供必要的帮助，而且要积极参与到学生的心理训练中去，认真学习心理训练的理论和操作方法，并科学运用于技能训练的过程中。只有双方密切联系，沟通交流，优势互补，才能将两方面的工作并轨形成合力，提高心理训练的针对性和实效性。

（3）倡导团队合作。技能训练是一个长期的、艰苦的过程，学生之间建立和谐融洽的关系，共同面对和解决困难、一起分享成功、相互鼓励与支持，对于增强学生训练的动力至关重要，而这就需要团队合作。团队合作是指个体为了实现共同的目标，相互协作、互补互助、努力奋斗的过程。技能竞赛心理训练，要增强学生团队合作意识，培养学生的团队合作能力，不仅使学生通过相互协作提高技能训练的效率，同时为将来的职场发展奠定良好的基础。如建立合作训练小组，鼓励学生创设团队的共同奋斗目标，使学生在互相学习与帮助中学会沟通、欣赏、宽容、理解、尊重，等等，让学生体会合作训练带来的成就感，不断提高技能竞赛团队的凝聚力。

技能竞赛心理训练是一个专业的、复杂的系统工程，对职校教育教学改革来说是一个崭新的课题。这就要求职校教育工作者积极投身技能竞赛心理训练的实践，在积极的行动研究中，探索技能竞赛心理训练的科学规律，总结技能竞赛心理训练的成功经验，构建技能竞赛心理训练的实践模式。在研究内容上，重视心理训练内容与专业技能的有机融合；在研究方法上，重视心理训练的实验研究；在研究工具上，重视相关心理量表的研发。在求真务实的同时大胆创新，职校生技能竞赛心理训练的理论建构与实践操作才能获得更好、更快的发展。

本章小结

本章探讨职校生技能竞赛中常见的不良心理现象，如心理错觉、心理倦怠、心理失常和心理无助等，心理技能水平是影响职校生技能竞赛的重要因素，自信心不足、自控力不强是两种主要心理因素，心理压力过大、心理状态消极、心理品质不良和心理危机易发是技能竞赛职校生常见的心理误区。基于积极心理学视角，引导职校生在技能竞赛过程中积极应对的心理策略有：遵循技能形成过程的心理规律，坚持技能练习安排的心理原则，运用矫正错误技能的心理技术，合理设置技能竞赛的心理目标，开展系统实用的心理技能训练，自主保持技能竞赛的积极心态。心理训练是技能竞赛训练系统的重要组成部分。职校生技能竞赛需要系统的心理训练，科学的心理训练有助于提升技能竞赛成绩。本章探讨影响职校生技能竞赛心理训练的意蕴，分析职校生技能竞赛常见的心理误区，心理训练的缺位、失位或错位是重要影响因素。基于积极心理学视角，提出职校生技能竞赛过程中心理训练的有效策略：建构现代理念，坚持基本原则，制订计划方案，把握系统过程，注重实用技术，突出职教特色。

读懂职校生心理，做专业卓越的积极职业教育实践者

在职业教育学术交流研讨的多个场合，一些同仁、同行经常向笔者提出同样的三个问题，即积极职业教育究竟是什么？能够做什么？应该怎么做？这些问题的确需要我们深刻思考、理性回答和创新行动。这本书就是试图积极回答这些问题的。研究积极职业教育范式，就要从积极的视角理性看待现实的职业教育，基于积极的立场做好做优真正的现代职业教育，把握积极的策略建构理想的积极职业教育。如何才能建构理想的现代职业教育范式，或者说，为了积极职业教育范式的理想，我们该做些什么？积极职业教育范式是一个多因素组成的复杂系统，涉及职业教育信念、目标、功能、方式、内容、载体和评价等要素。建构理想的积极职业教育范式，首先需要我们全方位更新教育观念，从读懂职校生心理入手。读懂职校生心理，同样要认识和把握三个问题：一是需要重点读懂职校学生哪些心理或群体心理？二是读懂学生心理的教育标准是什么？三是如何才能真正读懂学生心理？基于读懂职校学生心理的视角，结合本书相关章节的论述，对这些问题再谈一些个人的初步认识和思考。

一、读懂职校生心理：积极职业教育实践的逻辑起点

读懂学生是当下职业教育界的热门话题。读懂学生是现代职业教育实

践的逻辑起点和开端，只有真正读懂学生，才能解决好"培养什么人、怎样培养人"的根本问题。教育是为了人的发展和幸福，首先要理解人的社会属性和心理属性。人的心理具有主观能动性和个别差异性，相当复杂。笔者认为，读懂职校生心理，主要是读懂心态、读懂心智、读懂心灵、读懂心力、读懂心结、读懂心声，尤其是要读懂特殊特别的青春期，读懂00后的语言、思维和文化，读懂职校生的个性特征和自我意识，理性认识代际间的心理冲突。只有读懂学生的认知发展规律和特立独行方式，读懂学生的心理需求和职业倾向，读懂学生的社会交往和情感态度，职校教师才算真正读懂了现代职业教育的未来。

读懂职校生心理，读的方式方法与专业视角至关重要。读是要勤于并善于解读、研读、精读和深读，而不是误读、粗读、浅读或泛读。读懂是要积极地读透读通、深刻而全面地科学理解，而不是消极地读歪读错、简单而片面地错误认识。职校教师要善于做学生心理世界的关怀者、支持者和引导者，积极而专业地解读、研读和精读职校生的心理。读懂职校学生，就要学会积极的倾听与沟通，而不是我说你听、我讲你通。激励赏识教育是有效解决职校生问题行为的积极策略，而不是搬用沿袭惩罚、训斥与奴化的消极教育方式。倡导心本管理是引导问题学生的积极心理策略，如无限关爱、充分尊重、相信潜能、赞赏鼓励、希望期待、宽容耐心和坚持不懈。

读懂学生心理是职校教师专业发展的基本功。在一些教师的眼中，职校学生也许是不求上进、不够成熟、不谙世事、无聊无助、消极颓废或另类异常的群体。一些职校教师总习惯于用成年人的目光去看学生，其实学生的心理世界是一个变化变幻而多元多样的复杂系统，他们或许会认为他们自己是很有个性的，应当有属于他们自己的价值、观念和生活。现实的境遇是，许多职校教师不愿意去研读，或者自以为是地推断臆断，认为没有人能够比自己更懂现在的职校生，其实他们并没有真正了解学生、全面读懂学生，或者认识得相当肤浅、浮光掠影。没有读懂学生的消极教育表现主要是：急功近利、实用至上的教育观念，毁人自尊、伤害人格的教育语言，居高临下、盛气凌人的师生关系，简单生硬、严厉严酷的教育管理，忽视个性、无视差异的学生评价。跟不上时代前行的教育步伐，读不懂职校学生的心理感受、需求和状态，职校教师自然就不会做或者说也不可能做好职业学校教育。

什么样的职业教育才是让人满意、学生需要的好教育？能够真正读懂职校生心理的教育就是最优质、最适合的现代职业教育。读懂职校生心理，就是读懂积极职业教育，读懂幸福教育人生。读懂职校生的心理，职校教师也就掌握了打开学生心门或心锁的一把"心"钥匙，也只有读懂学生的心理，职校教师才会真正理性认识学生，了解问题学生的特殊表现是"因何而起"，个别学生的异常反应是"何以如此"。只有读懂了学生，职校教师才能做到因时而化、因势利导和因材施教，才能使学生的认知思维、职业能力、情感态度、人格特征等方面得到实实在在的发展和提高，课堂教学才能真正充满生机活力，教育管理服务才能务实高效。职校教师要树立积极的学生发展观，善于从积极职业教育的视角，读懂青春期、心理需求、问题行为、语言文化、师生关系和生命状态，走进心灵、理解心态、启迪心智，学会做学生需要的"精神关怀者"和"重要他人"，坚持走"科教融合、教学相长"专业发展之路，积极践行"助人自助、阳光心灵""从心出发、用心而为"的教育理念，努力做真心理解学生、追求积极卓越的职校好教师。

读懂职校学生心理是追寻积极职业教育的实践诉求。读懂职校生心理，就是要读懂现代职业教育的精髓和实质，读懂这个转型升级的特殊时代和注重质量提升的职业教育大局，全面理解和把握现代职业教育发展的新常态、新挑战和新变革。现代职业教育要让每一个人都有人生出彩的机会，就是要求摒弃、抵制和拒绝传承流行的消极职业教育，倡导、实践和深化真正卓越的积极职业教育。积极职业教育是一种追求理想的教育信仰和实践范式。积极职业教育主张从职校生的各种积极力量和积极品质入手，其主要目的在于促使职校生的积极品质不断增长，并使职校生所具有的积极力量（包括潜质潜力和智能优势）得到充分发挥，如自信、乐观、希望、善良、感恩、责任等品质的养成。积极职业教育主张从积极认识职校生存在的各种问题入手，主要目的在于帮助职校生自主解决一些困扰自身发展的各种心理问题，如自卑、无助等。

二、为积极而教：用心做积极职业教育实践的开拓者

"为积极而教、与阳光同行"，应该成为我们共同的职业教育信念。积极是一种价值追求，是一种人生态度，更是一种与时俱进的教育精神。积极职业教育的核心价值就是积极。积极是现代职业教育发展的主题、主线和主张，也必定会成为现代职业教育未来的主体、主导和主流。追寻积极是现代职业教育发展的希望之路和必由之路。加快发展现代职业教育，必须汲取积极哲学、积极心理学、积极教育学等思想智慧，自觉自主追寻积极，实现追寻积极理想的现代职业教育发展愿景，科学系统地建构富有中国特色、风格和气派的积极职业教育范式。

第一，走近转型发展大局。改革创新是现代职业教育发展的"原动力"和"风向标"，推进改革创新职业教育才能真正赢得希望无限的未来。现代职业教育要面向市场积极应对转型升级的新挑战，致力于追求教育面貌的积极变化，培养高素质的劳动者和技术技能人才。而创设最优化的"最近发展区"，创造积极和谐的教与学是现代职业教育发展的中心与重心。实施以积极为主的现代职业教育，呼唤着积极教育、积极教师、积极教法、积极教学、积极教改、积极教研和积极教管。做积极职业教育实践的"有心人"和"开拓者"，职校教师就要建构人本生本的教育价值观念，建构积极乐观的教育情感体验，建构理性平和的教育文化环境，建构和谐民主的教育人际关系，建构正向引导的教育教学方式，建构快乐幸福的教育管理服务，加快实现消极职业教育向积极职业教育的转型转变。

第二，走进学生心理世界。当今社会转型发展正在进入"心理人"的时代，呼唤职业学校教育培养人格大写健全、积极和谐幸福的现代"心理人"。教育就是助人自助、阳光心灵。积极职业教育要从心出发、用心而为，为积极人性、和谐人格、幸福人生助力导航。追寻积极的现代职业教育是促进和引领职校生成长成人成才的"希望工程""阳光工程"和"幸福工程"。追寻积极的现代职业教育要为职校学生幸福人生奠基，为教师专业持续发展铺路，让每一个职校师生都有人生出彩的机会。只有播种幸

福的职业教育才能够培养富有生活幸福感、生存成就感和生命价值感的学生，职校教师必须转变问题教育观念，从消极的认知视角转向积极行动策略，与时俱进创新职业教育实践。职校教师要理性认识当代职校生的心理状态与特征，直面职校生的心理潜能、心理优势与心理资本，读懂00后职校生心理发展需求，深刻把握现代职教加快发展的新机遇、新常态和新趋向，用心做真正适合的、更加优质的积极职业教育，系统建构职业教育现代化进程中的积极范式。

第三，走秀教育理念创新。在经济发展新常态下，面对工业4.0、中国制造2025、互联网＋等新挑战、新机遇，面对00后职校生这一新群体的心理特点与发展需求，我们要以改革创新视角思考和推动现代职业教育的人学转型与积极变革。笔者认为，积极职业教育是与人为善、成人之美、助人自助、育人至上的教育，即积极人性教育、积极人格教育、积极人力教育和积极人生教育。积极职业教育努力让每一个学生成为最好的自我，让每一个学生找到适合自己的发展道路，让每一个学生成为服务社会的有用之才。积极职业教育坚持推崇人本、人善、人和与人贵的价值取向，即发掘人的潜能，发现人的优势，发扬人的特长，发展人的个性和发挥人的作用。

第四，走出消极教育误区。消极职业教育的典型特征是人的迷失、消失和缺失，教育管理工作者手中丢"人"、心中缺"人"与目中无"人"。突出表现在职业教育思想、目标、内容、过程、方法、评价与管理等方面，实践误区表现为技术训练主义、职业实用主义、大赛锦标主义、就业完美主义、升学应试主义、纠错惩罚主义、问题标签主义和包办保姆主义等现象。对待职业学校学生，消极职业教育的做法表现为过分揭短补短、过多批评指责、过度关注关爱、过高期望要求和过于严厉严格。我们要跳出"实然的消极职业教育"理性建构"应然的积极职业教育"，重新思考现代职业教育的目的与目标，重新思考职业教育管理者的专业角色与职业定位。

第五，走向积极教育实践。常言道：为者常成、行者常至、思者常达。这就是说：勇敢实践的人，才有可能获得成功；不倦前行的人才有机会到达目的地；勤学善思的人可以在探索和超越中实现自己的理想。我们旗帜鲜明地提出"行动，才有收获；改革，才有未来；创新，才有奇迹；研究，才有成就；坚持，才有卓越"的要求，把现代理念、改革思维、创新意识、研究视野、行动哲学和草根精神，作为积极职业教育学术共同体的重要追求。积极职业教育不但是加快发展现代职业教育的理想或梦想，更是实实在在的职业教育行动与实践。我们并不企求理论研究最好，但要追求职业教育改革创新实践行动更好。真理是在不断实践中得知并得到检验，理想是在持续行动中愈来愈近并得以实现。建构积极职业教育，职业学校不应该只是原地踏步转圈般"吹喇叭""喊口号"和"谈设想"，不能够采用错误的方法解决虚假的职业教育问题，而要脚踏实地务实行动、创新实践取得实效。职业学校要进一步增强改革创新的顶层设计意识，以精益求精的专业视野加强统筹规划，以时不我待的使命感推进研究工作进程，积极自主地做卓越的职业教育，坚定坚持真做积极的职业教育，用心做好卓越的积极职业教育。

第六，走入校本行动研究。做好积极职业教育校本研究，我们的感悟和体会集中在三方面：第一，职业教育发展有规律，科研有原则，管理有规范，只要遵循规律，坚持原则，规范过程，扎扎实实地进行科学研究，就一定能够取得预期效果。第二，职业教育科研要有底气，更要接地气。职教科研离开职校实际实践，可能就没有地气；职校创新实践离开教育科学研究，或许就没有底气。只有相互支持支撑，积极开展协同创新，才能做到"顶天立地"，携手合作共赢。第三，职校教育科研要苦练内功，真的在做职业教育研究，在做真的职业教育研究；实实在在地做研究，做实实在在的研究；在积极行动过程中做研究，在研究过程中积极行动。在行动研究具体策略上，要切实把握研究的专业视角，重在积极职业教育教学的建构研究；注重现状调查分析，重点关注职校生教育管理的积极创新研究；促进职校工作积极实践，突出职业教育管理模式的行动研究。

第七，走心卓越教育人生。科学系统地建构积极职业教育，才能着力成就卓越幸福的教育人生。打一个形象的比方，教育人生如同一辆自行车，保持积极心态、奋力开拓、坚持行动才能一路向前，必须勇担使命、积极应变、善于学习。唯有专业卓越的教师才能培养奋发向上的学生，唯有积极幸福的教师才能培养乐观幸福的学生。职校教师的积极人格魅力和职业心理资本是最有感染力和影响力的教育力量和心理资源。建构积极职业教育范式，基本共识是力图实现"五个改变"：改变学生的消极心态，改变教师的职场状态，改变专业的办学模式，改变职校的研究方式，改变职教的发展范式。充分实现这"五个改变"，积极职业教育范式的基本主张是开展"十大行动"，即直面自我问题、引导学生发展、深化改革创新、立足校本行动、理性教育反思、建设和谐团队、走出消极误区、自主积极实践、倡导心本管理、追求卓越幸福。我们要学会做真懂教育、专业卓越的现代职业教育改革者，做职业教育改革创新的先行者和引路者，扎实推进职业教育转型发展、内涵发展、创新发展和特色发展。

读懂职校学生心理，积极职业教育实践之路正在向我们走来。真正的现代职业教育必定是积极职业教育。职业教育因积极卓越而更加精彩！我们有理由坚守坚信，更需要坚定坚持。追寻理想的积极职业教育，我们一直在探索前行的道路上。做积极职业教育实践的开拓者、开路者，我们一直在用心努力，我们还会更加尽心尽力！

本章小结

读懂职校学生心理，是职校教师专业成长的实践阶梯，是职业教育改革创新的逻辑起点。读懂职校学生心理，就是要求把握现代职业教育的意蕴和实质，以积极为价值取向和发展主线，树立"为积极而教、与阳光同行"信念，用心培育积极心态、培植积极心智、培养积极心灵，增加积极心流、增进积极心语、增强积极心力。做积极职业教育实践的"有心人"和开拓者，职校教师要走近转型发展大局，走进学生心理世界，走秀教育改革创新，走出消极教育误区，走向积极教育实践，走入校本行动研究，走心卓越教育人生，加快实现消极职业教育向积极职业教育的转变。

主要参考文献

［1］班华．心育论［M］．合肥：安徽教育出版社，1994.

［2］班华，郭亨杰，陈家麟．中小学心理教育丛书［M］．南京：南京师范大学出版社，2002.

［3］陈家麟．学校心理健康教育——原理与操作［M］．北京：教育科学出版社，2002.

［4］郑和钧．学校心育系统协同构建的理论与实践［M］．长沙：湖南师范大学出版社，2000.

［5］刘重庆，崔景贵．职业教育心理学［M］．上海：立信会计出版社，1998.

［6］崔景贵．心理教育范式论纲［M］．北京：社会科学文献出版社，2007.

［7］崔景贵．职校生心理教育论纲［M］．北京：科学出版社，2013.

［8］崔景贵．解读心理教育：多学科的视野［M］．北京：高等教育出版社，2004.

［9］崔景贵．心理教育（职业学校）［M］．南京：南京师范大学出版社，2002.

［10］崔景贵．职业教育心理学导论［M］．北京：科学出版社，2008.

［11］崔景贵．职校生心理健康教育模式研究［M］．北京：知识产权出版社，2013.

［12］崔景贵．学校心理辅导新论［M］．南京：南京大学出版社，2014.

［13］崔景贵，夏东民．江苏现代职业教育体系研究［M］．北京：知识产权出版社，2014.

［14］冯忠良，伍新春，姚梅林．教育心理学（第2版）［M］．北京：人民教育出版社，2010.

［15］陈琦，刘儒德．教育心理学（第2版）［M］．北京：高等教育出版社，2011.

［16］皮连生．教育心理学（第4版）［M］．上海：上海教育出版社，2011.

［17］沈德立．发展与教育心理学［M］．沈阳：辽宁大学出版社，2008.

［18］张大均．教育心理学（第2版）［M］．北京：人民教育出版社，2011.

［19］冯建军．当代道德教育的人学论域［M］．福州：福建教育出版社，2015.

［20］尹伟民．职业教育素质教育论［M］．南京：凤凰传媒出版社，2014.

［21］沈贵鹏．心理教育论［M］．徐州：中国矿业大学出版社，2015.

［22］俞国良．为中职服务的心理学探微［M］．北京：中国人民大学出版社，2012.

［23］曾玲娟．职业教育心理学［M］．北京：北京师范大学出版社，2010.

［24］王国华，刘合群．职业教育心理学［M］．广州：广东高等教育出版社，2005.

［25］夏金星．职业教育心理学专题［M］．北京：北京师范大学出版社，2012.

［26］武任恒．职业教育与职业心理研究方法［M］．成都：巴蜀书社，2009.

［27］刘德恩．职业教育心理学［M］．上海：华东师范大学出版社，2001.

［28］卢红，李利军．职业教育心理学［M］．上海：华东师范大学出版社，2010.

［29］徐国庆．实践导向职业教育课程研究：技术学范式［M］．上海：上海教育出版社，2005.

［30］姜大源．当代德国职业教育主流教学思想研究［M］．北京：清华大学出版社，2007.

［31］张志勇．创新教育：中国教育范式的转型［M］．济南：山东教育出版社，2007.

［32］周成海．教师教育范式论［M］．长春：东北师范大学出版社，2008.

［33］刘翔平．当代积极心理学［M］．北京：中国轻工业出版社，2010.

［34］孟万金．积极心理健康教育［M］．北京：中国轻工业出版社，2008.

［35］任俊．积极心理学［M］．上海：上海教育出版社，2006.

［36］任俊．写给教育者的积极心理学［M］．北京：中国轻工业出版社，2010.

［37］周围．积极道德教育：积极心理学视域中的道德教育［M］．北京：中国文史出版社，2014.

［38］朱翠英，凌宇，银小兰．幸福与幸福感——积极心理学之维［M］．北京：人民出版社，2011.

［39］［爱尔兰］卡尔．积极心理学（第二版）：有关幸福和人类优势的科学［M］．于丹，等，译．北京：中国轻工业出版社，2013.

［40］［美］斯奈德沙恩·洛佩斯．积极心理学：探索人类优势的科学与实践［M］．王彦，席居哲，王艳梅，译．北京：人民邮电出版社，2013.

[41]［英］夏洛特·斯戴尔．积极心理密码［M］．刘国兵，译．北京：中国社会科学
　　出版社，2012.

[42]［美］肖恩·埃科尔．快乐竞争力：赢得优势的 7 个积极心理学法则［M］．师冬
　　平，译．北京：中国人民大学出版社，2012.

[43]［美］埃伦·兰格．专念：积极心理学的力量［M］．王佳艺，译．杭州：浙江人
　　民出版社，2012.

[44]［美］彼得森．打开积极心理学之门［M］．侯玉波，王非，译．北京：机械工业
　　出版社，2010.

[45]［美］克里斯托弗·彼得森．积极心理学［M］．徐红，译．北京：群言出版
　　社，2010.

[46]［德］贝克．职业教育教与学过程（第一辑）［M］．徐国庆，等，译．北京：外
　　语教学与研究出版社，2011.

[47]［德］劳耐尔，赵志群，吉利．职业能力与职业能力测评 – KOMET 理论基础与方
　　案［M］．北京：清华大学出版社，2010.

[48]［英］克拉克．职业教育：国际策略、发展与制度（第一辑）［M］．翟海魂，
　　译．北京：外语教学与研究出版社，2011.

[49]［美］安妮塔·伍尔福克．伍尔福克教育心理学（原书第 11 版）［M］．伍新春，
　　等，译．北京：中国人民大学出版社，2012.

[50]［美］斯滕伯格．斯滕伯格教育心理学（第 2 版）［M］．姚梅林，张厚粲，译．
　　北京：机械工业出版社，2012.

[51]［美］库恩．科学革命的结构［M］．金吾伦，胡新和，译．北京：北京大学出版
　　社，2003.

[52]［美］库恩．必要的张力［M］．纪树立，等，译．福州：福建人民出版社，1981.

[53]［法］埃德加·莫兰．迷失的范式：人性研究［M］．陈一壮，译．北京：北京大
　　学出版社，1999.

[54]［法］埃德加·莫兰．方法：思想观念——生境、生命、习性与组织［M］．秦海
　　鹰，译．北京：北京大学出版社，2002.

[55]［法］埃德加·莫兰．方法：天然之天性［M］．吴泓缈，冯学俊，译．北京：北
　　京大学出版社，2002.

[56]［法］埃德加·莫兰．复杂性理论与教育问题［M］．陈一壮，译．北京：北京大
　　学出版社，2004.

后　记

　　这本书是我主持承担的国家社会科学基金教育学一般课题《职校生心理与积极职业教育范式研究》（课题批准号：BJA130094）的代表性研究成果，也是多年来系统研究职校生心理发展与积极职业教育的进一步提升。10多年来，我主持完成江苏省教育科学规划课题《中等职业学校学生心理教育的理论与实践研究》、全国教育科学规划教育部重点课题《当代职校生心理发展与职业教育对策的研究》、教育部人文社科基金研究项目《当代职校生心理健康教育模式的建构研究》等，主编出版《心理教育（职业学校）》《职业教育心理学导论》《职校生心理健康教育模式研究》《今天，我们该怎样做班主任（中职校卷）》和《学校心理辅导新论》等论著或教材，出版《解读心理教育：多学科的视野》《心理教育范式论纲》《职校生心理教育论纲》等专著。2015年9月，我主持的教师教育国家级精品资源共享课程《职业教育心理学》顺利通过教育部专家组的审核验收。

　　多年来，在积极职业教育实践探索之路上，我和20多所职业院校的领导、老师，经常相聚在一起研讨、交流，协同协力协作、携手开拓前行。在举办的积极职业教育论坛和课题工作研讨会上，职业院校教育管理者的创新实践和积极探索总是给我智慧的启迪和思想的火花，让我对自己的研究方向增添更多的执着和坚持。这些职业院校有：江苏省江阴中等专业学校、江苏省武进中等专业学校、江苏省昆山第一中等专业学校、江苏省阜宁中等专业学校、江苏省高邮中等专业学校、江苏省海安中等专业学校、江苏省海安教师进修学校、常州艺术高等职业学校、镇江高等职业技术学校、江苏省润州中等专业学校、无锡机电高等职业技术学校、常州刘国钧高等职业技术学校、徐州经贸高等职业技术学校、张家港中等专业学校、宜兴丁蜀中等专业学校、宜兴张渚中等专业学校、江苏省涟水中等专业学校、江苏省靖江中等专业学校、江苏省江阴南华中等专业学校、南通科技职业学院、无锡职业技术学院等。

这本书的顺利出版，凝聚了我和诸多同事、同学及朋友间的友情与友谊。我的研究生曾永青、杨琛、温清霞、黄亮、江宵宇、杨治菁、姚莹、张艳芸、邵立云、仲倩等，对完成本专著有诸多的贡献，或整理参考文献，或认真校对书稿，和他们一起讨论学习、修改和合作完成的相关文稿，也让我收益很多。我的同事蒋波博士、张长英博士、贺文瑾博士、臧志军博士、尹伟博士、孙健博士、李德方博士、郝永贞老师、马建富教授、方翰青教授、张冬梅教授、胡维芳教授、谭明编审、王明伦研究员等提供了多方面的热情帮助。全国教育科学规划领导小组办公室刘贵华研究员，浙江省教育科学研究院方展画教授，江苏省教育科学规划领导小组办公室彭钢研究员，南京师大缪建东教授、傅宏教授、顾建军教授、冯建军教授、邓铸教授、杨莉萍教授、孙彩平教授，华东师大石伟平教授、徐国庆教授，浙江师大任俊教授，浙江大学田正平教授、吴雪萍教授，湖南农业大学屈正良教授，同济大学李同吉博士、谢莉花博士，东南大学姜飞月博士，浙江工业大学胡斌武教授，上海应用技术学院张金福教授，《中国教育报》翟帆女士，中国人民大学书报资料中心谭旭女士等，在课题研究过程中给予了大力支持和悉心指导，同样我要表示诚挚的谢意。

这里，我要特别感谢江苏理工学院。本书的出版，得到江苏理工学院优秀学术著作出版基金的资助。从 1990 年 6 月底大学毕业来到当时的常州技术师范学院工作，时光荏苒，已经过去 25 年，是学校求是的大学文化和求实的大学精神培养培育了我。2000 年 9 月有幸到南京师范大学教育科学学院攻读博士学位，"正德厚生、笃学敏行"的校训一直激励着我。2003 年 9 月到浙江大学教育学博士后流动站做研究，竺可桢先生的"志存高远、追求卓越"，我一直铭记在心。江苏省职业技术教育科学研究中心、江苏职业教育与终身教育研究基地、江苏省高等职业教育教师培训中心、江苏省职业技术教育学会学术工作委员会的各位专家，以及江苏理工学院职业教育研究院、教育学院心理学系、心理教育研究所和常州市青少年心理研究与指导中心的各位同仁，学校的诸多领导、同事和同学给予我的关心、信任和支持，至今心存感激之情。

这里，再一次特别感谢我的恩师、著名教育学家班华先生。班先生是我国积极德育和积极心理教育的开创者、开拓者，班老师在百忙之中多次来邮件和电话探讨有关研究问题，细心指点学生的写作，我的感激之情真是难以言表。从南师大博士研究生毕业已经 12 年，班华先生给予我很多鼓励和支持，正是因为有先生的积极期待、关心和厚爱，特别是先生诚心做人、专心做事、真心做学问的积极品格，一直激励和引领我在职业教育与心理教育领域努力耕耘、积极进取。

这本书是国内有关积极职业教育研究的第一本论著。北宋著名理学家张载曾经说："为天地立心，为生民立命，为往圣继绝学，为万世开太平。"翻译成现代汉语，就是要为社会重建精神价值，为民众确立生命生活意义，为前圣继承传承已绝之学统，为万世开拓太平之基业。对于我们普通学习者来说，虽不能至，心向往之；非日能之，愿真学焉！事实上，尽管做不到开太平、继绝学，但我们要立志做追求高尚、专业卓越的学人。虽然课题研究难以达到应然的"顶天立地"，起码我们愿意去用心学习与尝试，这同样是积极职业教育所推崇的一种学术境界和理想。

学问永无止境。写一本有思想、有特色和有温度、有深度的学术著作，我一直潜心用心，精心尽心。尽管时常加班加点，严谨细致，一丝不苟，但难免存有疏漏、缺陷和遗憾。其实，有关积极职业教育，我正在思考、关注或想写的问题还有很多，只能留待在后续课题研究和著作中努力完善。哲学家海德格尔说过："不是从我们出发去思，不是我们要去思，而是那被思的拉我们去思，是他在召唤我们，向我们要求着一种执着。"这也许是我在学术研究征途中的期盼和奢望，但这更是我作为一个学习者的执着追求。在探索和建构积极职业教育范式之路上，我还会继续奋力奋进、奋勇奋发前行。

最后，还是借用特伦斯·K. 霍普金斯（Terence K. Hopkins）1980 年赠送给沃勒斯坦的一段话作为本书的结束语，与读者共勉——"别无他途，只有向上、向上、向上，也就是说，攀登更高、更高、更高的学术水准。精练、严密、正确、持久。这就是一切"❶。

崔景贵

2015 年 10 月 1 日于江苏龙城体育花苑品心斋

---

❶ ［美］伊曼纽尔·沃勒斯坦. 所知世界的终结——二十一世纪的社会科学 ［M］. 冯炳昆，译. 北京：社会科学文献出版社，2002：275.